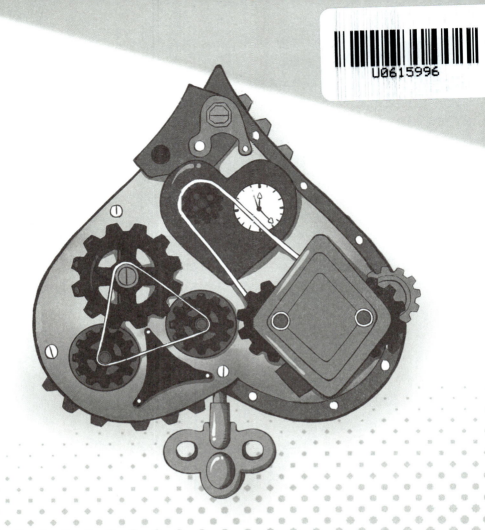

# 挤牌定式

## 与实战名局

赵 卓 编著

成都时代出版社
CHENGDU TIMES PRESS

**图书在版编目（CIP）数据**

挤牌定式与实战名局 / 赵卓编著 . -- 成都：成都
时代出版社 , 2024.6

ISBN 978-7-5464-3440-7

Ⅰ . ①挤… Ⅱ . ①赵… Ⅲ . ①桥牌－基本知识 Ⅳ .
① G892

中国国家版本馆 CIP 数据核字 (2024) 第 071959 号

# 挤牌定式与实战名局

JIPAI DINGSHI YU SHIZHAN MINGJU

赵　卓 /　编著

出 品 人　达　海

责任编辑　刘　瑞

责任校对　周小彦

责任印制　黄　鑫　曾译乐

装帧设计　成都九天众和

出版发行　成都时代出版社

电　　话　（028）86785923（蜀蓉棋艺工作室）

　　　　　（028）86615250（发行部）

印　　刷　成都蜀通印务有限责任公司

规　　格　165mm×238mm

印　　张　19.75

字　　数　380 千

版　　次　2024 年 6 月第 1 版

印　　次　2024 年 6 月第 1 次印刷

书　　号　ISBN 978-7-5464-3440-7

定　　价　58.00 元

# 序

合肥协会杯比赛期间，应厦门朋友阿昌之邀参加晚上的聚餐，于是有缘与赵君相识。

原本以为只是萍水相逢的牌友，本无太多交集，席间闲聊之际，一个共同感兴趣的话题瞬间拉近了我与赵君的距离——赵君在工作之余，写作了《挤牌定式与实战名局》。

挤牌是桥牌打法中较为独特也令人着迷的技巧。做庄中最令人激动的感觉，莫过于通过挤牌完成定约。特别是在重要比赛中，我们能够打出一副挤牌甚至是一副难度较高的挤牌，我们的心情将无比愉悦，这样的牌例可能令我们终生难忘。

与此同时，挤牌也是桥牌打法中较为神秘的部分。有人甚至把能否熟练掌握挤牌打法作为划分中级牌手和高级牌手的分界线。无疑，对任何一位高级牌手来说，挤牌打法是一个必学必修的部分，需要熟练掌握。

本书就聚焦在挤牌——这一神秘又迷人的打法上。作者试图用两步法来介绍挤牌打法，第一步是挤牌局势定式化，大家只需记住标准局势，就能准确地实施挤牌操作。本书介绍了126种基本局势及82个变型。第二步是按图索骥，依照所确立的残局，通过介绍87个实战中的经典牌例，看众多高手如何一步步把牌局引至所需的终局形式。这个过程非常有趣又意义重大，其实是在帮助读者树立挤牌意识和挤牌思维。慢慢地，读者会发现，自己对挤牌了解得越深入，实战中遇到的挤牌牌例就会越多。实际上，这并不是牌手所遇到的牌例本身发生了什么变化，而是树立挤牌思维后的良好体验。

在众多介绍挤牌的书籍中，克莱德·洛夫先生的《挤牌大全》无疑是经典之作。直至今日，我每次重读这本书，都会有不同的收获。《挤牌大全》像是一把钥匙，解开了挤牌打法的众多奥秘。而赵君编写的这本书，则更像是这把钥匙的使用说明书。

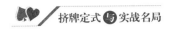 

这本"使用说明书"有丰富的挤牌定式，桥友可以像查字典一样使用；同时通过实战牌例，其中又结合着三十六计的融入，无疑又为"使用说明书"增添了很多趣味。

二十世纪八十年代，清华的王建华老先生经过多年研究，写出了《撞击挤牌》一书。时至今日，我们看到了赵君的《挤牌定式与实战名局》。不知道读者看过之后是否有茅塞顿开之感，我与诸君心有戚戚焉。

2023 年 6 月于成都

# 自　序

对桥牌的热爱，始于大学时期。二十世纪八十年代，桥牌风靡大学校园。也就是那个时期，桥牌走进了我的世界，成为我生活中不可分割的部分。那时大学宿舍人多热闹，我的宿舍组成了一支桥牌队。这支桥牌队伍越打越好，逐渐成为校内一支强队，期间收获了很多的荣誉和快乐。

那是一段美好的岁月，青春飞扬，桥牌为伴。因此，桥牌对我而言，意味着青春，意味着友谊。

毕业后，工作和生活成为主旋律，打桥牌则成了奢侈品。一个人打不了牌，但对桥牌的热爱依旧不减。于是，读桥牌书占据了我不少的业余时光。虽然只能纸上谈兵，但也乐在其中。

也就是在这段时间，我渐渐对挤牌产生了浓厚的兴趣，我认为挤牌是桥牌中最优雅、最美妙的部分。于是如同一位棒球球迷疯狂收集本垒打视频一般，我收集了大量关于挤牌的牌例。五年前，我萌发了一个编辑整理成书的念头。在此期间，自己也曾有过怀疑和动摇，但是金一南教授所说的"做难事必有所得"激励了我，让我坚持了下来。

两年前，我开始在新睿上打牌。网络桥牌的好处是打牌的数量会明显激增。在此期间，我编辑的这本书也基本成稿，正好有机会在实战中演练书中的一招一式。果然，单挤、双挤自然是驾轻就熟，还打出了次级挤牌、倒洗挤牌、迫选挤牌等少见的残局。这也让我坚信了编辑整理这样一本书是有意义的。

我经常思考这样一个问题，桥牌到底是一项什么样的运动？慢慢觉得，这项运动和马拉松太相似了。这项运动不但有机会证明你的实力和水平，更是一个人的修行。如同马拉松一样，我们要持续挑战自己的极限，完成一些自己此前无法完成的定约；也如同马拉松一样，在大多数时候的重复过程中，一些靓丽的风景会跃入眼前，让人产生柳暗花明、怦然心动的感觉。挤牌就是这些挑战和风景，它们让我们的"马拉松"充满新鲜和刺激，

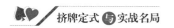

让我们在坚持中收获快乐。

桥牌的灵魂是计算。打牌过程无疑更能触及桥牌的灵魂，而挤牌则是计算过程中的高级部分。我一直认为，在打牌过程中，成功的挤牌带来的快乐是极致的。因此，如果大家能通过阅读本书，在实战中体会到桥牌中极致的快乐，则正是本书的初心和意义所在。

本书的牌例大多来自参考文献中所列的书目。同时，本人还从《桥牌》杂志、标兵桥牌微信公众号等网上资源中挑选了一些精彩的牌例。这些牌例让本书内容更加丰富多彩。

感谢好友 Fuchsia 给本书提供的宝贵建议和牌例；童文昌、黄磊两位挚友则为本书的出版尽心尽力；特别致谢王玉富老师，给予我太多的指导和帮助。最后感谢成都时代出版社的几位编辑老师，为本书增色良多。

编者自知水平有限，书中难免存在疏漏之处，敬请广大读者批评、指正。

赵卓

2023 年 6 月于北京

# 引　言

## 常见情形

通常情况下，桥牌爱好者对于挤牌的认识容易出现两个误区。第一个误区是挤牌是一种少见的打法。事实上，在打牌过程中，我们时常会遇到以下两种情况：

第一种情况，我们在做庄时，会遇到明暗两手赢墩距离定约目标只差一墩的情况。这时，我们会有多种选择，如飞牌、投入等。有时我们也会注意到，当这些打法均不成立时，或许还有一种机会，那就是对手可能会垫牌困难，由此出现的挤牌机会。

第二种情况，我们在防守时，当然做庄也会遇到，就是垫牌困难的局面。这些局面可能是：

1. 被迫垫掉一个保护张；

2. 甚至要垫掉一个赢张；

3. 垫掉一个安全的脱手张；

4. 垫掉一张与同伴沟通的牌；

5. 垫掉一张将牌（将牌低吃）；

6. 被迫垫掉一张暴露牌情的关键牌；

……

其实，这两种情况的相同点在于，我们在打牌过程中需要关注垫牌困难这种情况。在很多时候，当我们确实出现垫牌困难时，我们其实是"受挤"（Squeezed）了。当然，这种情况我们在防守时遇到得更多一些，做庄时偶尔也会遭遇到。

总之，无论我们是做庄一方还是防守一方，挤牌的情况其实都并不罕见，而是一种时常会遇到的局面。

## 存在定式

第二个误区是将挤牌打法神秘化,将其视为桥牌难度最大的打法之一。事实上这种打法不仅是专家的专属工具,而且同样适用于每一位桥牌爱好者。

可以这样理解,挤牌更多表现为一种终局打法(End Play)。这种终局打法本身有其原理,因此掌握了原理就有机会灵活运用。同时,类似于一些棋类游戏,当进入某种残局状态后,这种终局也会有其定式,这样掌握定式就可以帮助、引导我们进入正确的打牌次序,从而实现我们想要的结果。本书的初衷就是试图通过讲解定式这种显性化方式,揭开挤牌"神秘"的面纱。

在本书中,我们提起的挤牌概念,更多指的是一种广义上的挤牌,可以这样理解,因对方垫牌困难,使本方处于更有利的形势,有机会获得更多的赢墩。

## 本书关注点

挤牌的种类、定式繁多。这也是爱好者觉得挤牌打法难、不易掌握的原因之一。笔者自知能力有限,本书也不可能面面俱到。因此,本书关注的重点在于常见的挤牌定式及其实战运用。本书力求从实战中获取的牌例出发,对实战中出现过的挤牌类型进行整理和分类。其中牌例最早可追溯到 1931 年,最近的牌例则为 2022 年,在近百年的时间跨度里找出了 87 个牌例,这些牌例绝大多数为桥坛名家实战中打出来的。

有些类型的挤牌虽然也很重要,但几乎找不到实战牌例。因此,对于这些类型的挤牌,笔者或是蜻蜓点水,或是忍痛割爱。其实,道理也容易理解,这么多年,桥牌名家没能打出的挤牌类型,我们也不必太过在意和纠结。

## 关于牌例中的叫牌说明

本书介绍实战牌例时,尽可能详细列出叫牌过程。但由于叫牌体系不一,有些牌例又过于久远,因此,部分叫牌过程可能会与大家的认知有一定偏差,这种情况下,叫牌过程可仅供参考,相信不会影响大家的阅读。

# 目　录

# 第一章　单挤（Simple Squeeze）

## 第一节　挤牌的基本条件

首先，我们从单挤来认识和了解挤牌。单挤是最重要的挤牌类型。在实战中，这种类型的挤牌也最常见。同时，很多挤牌类型也是基于单挤的变型或组合。

**基本定式【1】　单向单挤基本型**

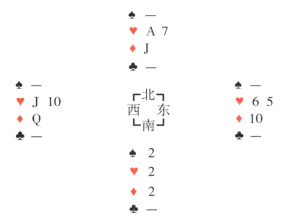

注：以下均为无将定约，或是以 ♠ 为将牌的有将定约。为习惯阅读，如无特别说明，本书的定式默认均是由南家率先出牌。

在此局势下，最后 3 墩牌，虽然南北方只有两个快速赢墩，也就是 ♠2 和 ♥A。但是，南北方有办法全取 3 墩。当南家打出 ♠2，西出现垫牌困难：如果他垫 ♥，明手就可以取得 2 墩 ♥；如果他垫掉 ♦Q 这张大牌，明手的 ♦J 可以取得 1 墩。此时，西家就是受挤了。

### 几个概念

关于挤牌，需要引入的几个概念：

1. 胁张（Menace）

胁张又称威胁张，其字面意思是潜在的赢墩。这个概念是从挤牌方的角度来定义的。胁张和止张的意思刚好相对。

单胁张：北家持有 ♦J，西家持有 ♦Q。可以说西家对北家在方块花色上具

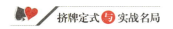

有止张，在挤牌中，我们会说北家的 ♦J 是对西家 ♦Q 的单胁张。

双胁张：北家持有 ♥A-7，西家持有 ♥J-10。我们可以说，西家在红心花色上具有止张，而北家在红心花色上持有对西家的双胁张。

三胁张：例如 ♦Q-J-10 对 ♦A-K-2 有一个止张，而后者就是对前者的三胁张。

2．胁张组合

通常情况下，挤牌的条件是必须要有胁张组合，即至少要有一个双胁张（此处为 ♥）和一个单胁张（此处为 ♦），这样就形成一个胁张组合。胁张组合的出现，使得挤牌已经涉及两门花色。

3．挤牌张

是指使对方出现垫牌困难的其他花色（或称自由花色）的牌。在本例中，♠2 是挤牌张。由于挤牌张的出现，使得单挤包含了三个花色。

4．桥引

在这个基本定式中，♥2 是一张非常重要的牌，它是沟通南北两手的桥引，也是兑现北家赢墩的桥梁。

在挤牌中，桥引极为重要。可以这样理解，在单挤中，正是由于桥引的存在，使得挤牌方两手牌联手形成"二打一"的局面。

5．忙张、闲张

我们将胁张、挤牌张、桥引统称为忙张（Busy card）。在这个基本定式里，西家、北家的牌全部都是忙张。南家的牌中，只有 ♦2 一张并无用途。因此，在挤牌的概念中，我们称之为闲张（Idle card）。闲张的存在也很关键，它使得挤牌局势存在更多的变化可能。

## 基本条件

关于挤牌条件，受到普遍认可的是克莱德·洛夫（Clyde E. Love）总结出来的，挤牌需要满足以下四个基本条件，简称为 BLUE：

（B）某一个防守人需兼顾两门花色（Busy in two-suits），他的同伴没有力量参与防守，也可以理解成该防守人手上全部都是忙张；

（L）定约方处于"只差一墩"（only one Loser）；

（U）至少有一个胁张位于有利位置（threat lies in the Upper hand）；

（E）必须有进手张到建立的胁张（an Entry to the established threat）。

回到基本定式【1】中，我们再逐一检查基本条件：

（B）西家需要兼顾♥和♦两门花色，他手上都是忙张，东家无法提供任何帮助；（√）

（L）定约方此时在最后3墩牌中，有两个快速赢墩，即♠2和♥A，处于只差一墩的状态；（√）

（U）西家持有♥J-10和♦Q，因此北家的胁张♥A-7、♦J均处于有利位置，如果东西家手上的牌互换，挤牌将不成立，因为此时胁张均位于不利位置，北家需要先垫牌，东家可以根据北家的垫牌选择正确的垫牌；（√）

（E）♥2是沟通南家和北家的桥梁，有了♥2，北家才有可能进手，兑现手上的赢张。（√）

BLUE四个条件均满足，对西家的挤牌即可发挥效力，南北方全取3墩。

**实战牌例〖1〗：顺手牵羊**（埃里克·詹纳斯坦，Eric Jannersten）

瑞典著名桥牌记者埃里克·詹纳斯坦是1967年欧洲桥牌锦标赛的特约评论员，而他本人也是一位桥牌好手。下面这副牌由他主打。

南家发牌　南北有局

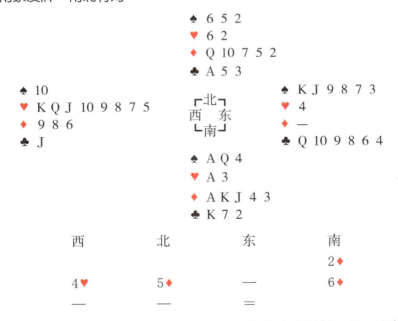

| 西 | 北 | 东 | 南 |
|---|---|---|---|
| | | | 2♦ |
| 4♥ | 5♦ | — | 6♦ |
| — | — | = | |

看上去，6♦几乎是不可能完成的定约。定约人在黑桃、红心和梅花三个花色上各有一个输张，但南家巧妙地完成了定约，让人拍案叫绝！

詹纳斯坦也清楚自己面临的困境。无疑，完成这副牌需要利用挤牌打法。西家持有长红心，其他花色必然都比较短，因此，有机会在两门黑花色上对东家施加压力。但是还有更重要的问题，南北方的牌型完全一样，这种情况怎么能打出挤牌呢？

西家首攻♥K，詹纳斯坦做出了一个非常关键、深谋远虑的决定，明手跟出♥6！东家跟出♥4（很像是个单张），定约人用手中的♥A吃进。南家连续出♦A、♦K，再出♦3，明手用♦Q上手。在此过程中，西家居然跟出3张小方块。按常理，西家争叫4♥应有8张♥，那么他就已经暴露有11张红牌了。

第五墩明手出♠2，南家用♠Q飞牌成功，东家跟出♠10。定约人需要看到西家的最后一张黑牌打出，于是他拔掉手上的♣K，西家跟♣J。此时，定约人已经基本确定西家的牌型为1-8-3-1。现在，西家除红心外的其他花色均已被肃清。

第七墩定约人从手中打出♥3，明手则是♥2，定约人在送出一个必输张（调整挤牌时机）的同时，投入西家！这墩牌西家还不得不拿，拿了后又只有红心可出，只能眼睁睁地看着庄家一吃一垫，这样庄家就消灭了一个输张。

更妙的是，庄家此时还不仅是投入西家。西家打回红心时，明手垫掉♣5，暗手用♦J将吃。这时明手比暗手自然就多了一张将牌，少了一张梅花。庄家顺势形成了挤牌局势并定位了挤牌张。

然后，南家手上打出♣2，明手用♣A上手。再兑现一轮将牌停在明手，形成以下3张牌的残局：

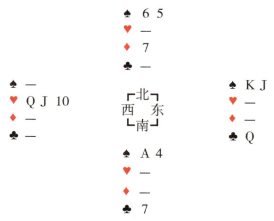

当北家打出♦7时，东家束手就擒（注：最后局势同基本定式【1】）。

需要注意的是，在这副牌中，如果第一轮明手不抛掉♥6的话，在第七墩中西家可以跟出♥5拒绝上手。定约人就无法一吃一垫，也无法形成最后的挤牌局势。定约人虽然减少了红心输张，但在两门黑花色上不得不各失一墩。

有兴趣的读者，可以试着推演以下变化，如果第六墩，西家显示梅花缺门，即他的牌型是 2-8-3-0 时，该如何进行中期的投入和残局的挤牌。

　　**简评**：这副牌涉及投入、挤牌两种打法，顺序是先投入后挤牌。本副牌妙在投入非常坚决，与达成挤牌局势一气呵成。另外，本局最关键的一张牌其实是第一墩牌，这通常也是容易被忽视的。庄家对第一墩牌的重视以及其细致入微的打法，体现出专家严谨、细腻的打牌风格。同时，通过这副牌，我们也能看出挤牌的威力，这种打法确实能够帮助我们完成一些看似无法完成的定约。

## 第二节　单向单挤（Positional Simple Squeeze）

　　让我们再回到基本定式【1】：

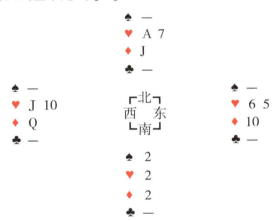

　　这种 3 张牌的残局，也是本书介绍的所有挤牌残局最基本的类型之一。这种局势的特点是：

　　1. 南北方持有一个双胁张（此处为 ♥）、一个单胁张（此处为 ♦）的胁张组合。

　　2. 挤牌张（此处为 ♠2）是在双胁张的对面（大多数是这种情况）。

　　3. 单胁张与双胁张在同一家（北家）手上。

　　4. 西家与北家的三张牌均是忙张，南家打出挤牌张时，由于位置有利，挤牌才成立。如果东西两手牌调换，东家在北家后垫牌，挤牌将不成立。

　　5. 南家还有一张闲牌，也就是 ♦2。这张牌可以换成任何一张非赢墩小牌，或是一张小的 ♥。因为有这张闲牌，接下来就有变化的空间。

　　根据基本定式【1】，可以将其拓展为以下定式：

（1）单胁张花色上增加一张大牌

**定式【1A】 单向单挤变型一**

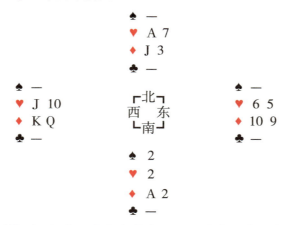

在这种局势下，相当于南北家共有两组双胁张组合，对西的挤牌仍然有效。南家可以先兑现 ♦A，形成基本定式【1】；也可直接打出 ♠2，对西家进行挤牌。

（2）延长双胁张的长度

**定式【1B】 单向单挤变型二**

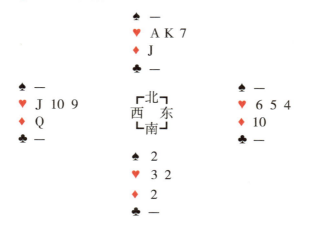

## 定式【1C】　单向单挤变型三

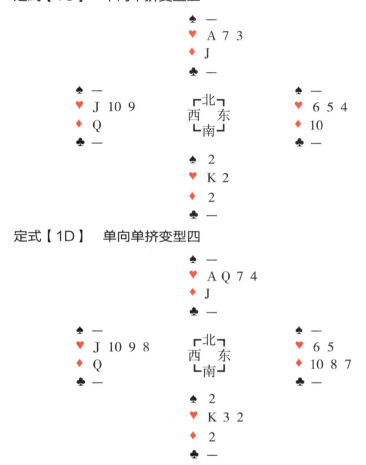

## 定式【1D】　单向单挤变型四

可以在基本定式【1】基础上，将双胁张延长至三胁张或四胁张。特别是【1C】和【1D】两种大牌分离的三胁张和四胁张，保证了南北两家间的桥路畅通。这种结构在后面的一些挤牌残局中还会反复出现。

需要说明的是，在【1D】定式中，挤牌打法兼顾了♥在东西两家3–3分布的可能性。在兑现♠2时，只要西家不垫♦Q，北家就垫掉已经没有用的♦J。

我们再来看一下第二个单向单挤的基本型，这个基本定式也非常重要。这两个单挤是其他挤牌类型的基础和源头，其他的挤牌类型几乎都是基于这两个基本定式的变型。

## 基本定式【2】 单向单挤基本型二

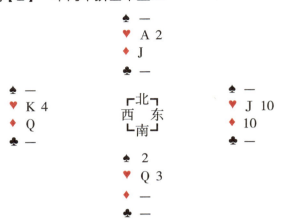

南家打出♠2，西在♥和♦两门红花色上受挤，南北方全取三墩。

这种局势的特点是：

1. 南家与北家各持有一张红心大牌，联手形成了♥花色的双胁张，这种结构被称为分离的双胁张。南家打出挤牌张，西家先于北家出现垫牌困难。假如东西两手牌调换，东家在北家后垫牌，挤牌将不成立。

2. 南家、北家、西家都已经没有闲牌。

### 实战牌例〖2〗：暗度陈仓（楚斯科特夫人，Dorothy Truscott）

在百慕大杯作为公开赛时代（当时尚未有威尼斯杯），女性牌手获准参加百慕大杯。在人才济济的美国队中，只有两位女性曾代表美国参加百慕大杯，一位是索贝尔夫人，另一位就是楚斯科特夫人。楚斯科特夫人曾4次获得世界冠军，17次获得全美冠军。

**南家发牌 局况不详**

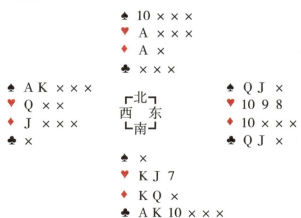

| 西 | 北 | 东 | 南 |
|---|---|---|---|
|  |  |  | 1♣ |
| 1♠ | — | — | × |
| — | 2♥ | — | 3♣ |
| — | 4♣ | — | 4♥ |
| — | 5♣ | — | — |
| = |  |  |  |

楚斯科特夫人坐南主打5♣定约。西家首攻♠K，然后换攻方块。看来定约人要输1墩黑桃、1墩梅花和1墩红心，但是楚斯科特夫人自有妙计，明修栈道，暗度陈仓，精心实施她的挤牌计划：

1．她用明手的♦A吃住，将吃一次黑桃。然后清将牌，在第二轮将牌时西家告缺，定约人并没有感到意外，而是更坚定了她对西家持有♥Q的判断。楚斯科特夫人接着拔掉♦Q。

2．当暗手再出♦K时，她用明手的最后一张将牌将吃赢墩（为明手增加一次进手的机会，这是本局中非常关键的一张牌）。

3．然后，明手出第三轮黑桃，暗手将吃（此时东家已经没有黑桃，黑桃花色的胁张已经孤立成为只针对西家）。

4．出第三轮将牌送给东家（同时调整输墩）。

5．东家打回♥10，庄家用手中的♥K拿（保留明手的♥A）。

此时，南家已经完成所有挤牌准备工作，形成以下残局：

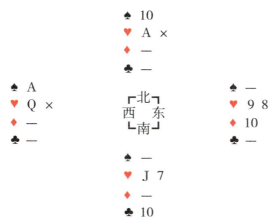

♣10完成了对西家的最后一击，定约顺利完成（注：最后局势同基本定式【2】）。

**基本定式【3】　单向单挤基本型三**

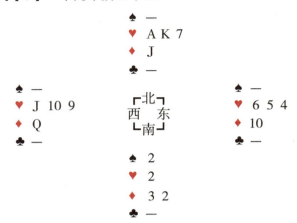

这种局面同【1B】定式的唯一区别是南家只有一张 ♥。因此，在早期绝对不能兑现任何一张 ♥ 大牌。否则，挤牌局面将由于南北桥路不畅而失败。

从挤牌方角度看，这种局面比【1B】定式脆弱，容易受到攻击。如果防守方早期能攻出一张小 ♥，破坏南北两家的联通，基本定式【3】的挤牌将不复存在，而【1B】定式则不受影响。

**带飞牌的单向单挤**

挤牌还可以与飞牌结合，显现出更大的威力。例如，我们可以在【1B】定式基础上拓展成为：

**定式【1E】　带飞牌的单向单挤型一**

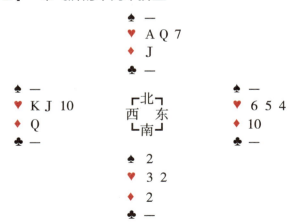

在【1E】定式下，其实也可早期进行一次飞牌，从而简化成为基本定式【1】。但如果南家进手有限，就可以将飞牌保留到最后，也能达到相同的效果。基本

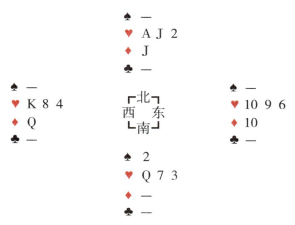

定式【2】的形势也可以拓展成为：

**定式【2A】 带飞牌的单向单挤型二**

```
                    ♠ —
                    ♥ A J 2
                    ♦ J
                    ♣ —
♠ —                 ┌北┐                ♠ —
♥ K 8 4         西  └  ┘  东        ♥ 10 9 6
♦ Q                 └南┘                ♦ 10
♣ —                                     ♣ —
                    ♠ 2
                    ♥ Q 7 3
                    ♦ —
                    ♣ —
```

同理，这种局势下，飞牌可以早期进行，从而简化成为基本定式【2】。但如果南家进手有限，就可以将飞牌保留到最后，最终结果相同。

当然，我们也可以在基本定式【3】的形势下进行拓展：

**定式【3A】 带飞牌的单向单挤型三**

```
                    ♠ —
                    ♥ A Q 7
                    ♦ J
                    ♣ —
♠ —                 ┌北┐                ♠ —
♥ K J 10        西  └  ┘  东        ♥ 6 5 4
♦ Q                 └南┘                ♦ 10
♣ —                                     ♣ —
                    ♠ 2
                    ♥ 2
                    ♦ 3 2
                    ♣ —
```

需要注意的是，这种局势下由于南家只有一张 ♥，因此飞牌不能早期进行，否则最后单挤会因桥路问题失败。但可以将飞牌保留至最后阶段，与挤牌同时完成，达成全取 4 墩的目标。

## 第三节　双向单挤（Automatic Simple Squeeze）

在基本定式【1】中，单胁张与双胁张同时在北家，南家则有一张闲牌。如果把北家单胁张同南家闲牌互换位置，则形成了以下的局势：

**基本定式【4】　双向单挤基本型一**

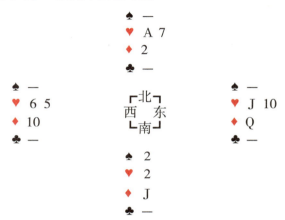

南家打出♠2，北家不再有垫牌困难，可垫掉闲张♦2，东家则在♥和♦两门花色上受挤。如果东西两手牌互换，挤牌同样有效。

相较于单向单挤，这种双向的单挤无疑威力更大。

北家有张闲牌♦2，可把它换成一张小的黑桃，形成这样的局势：

**定式【4A】　双向单挤变型一**

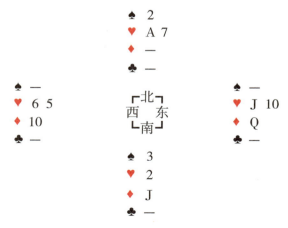

如果北家打出♠2，南家用♠3进手。这时容易给人一种错觉，似乎挤牌张是从持有双胁张的一方（此处为北家）打出来的。

（1）单胁张花色上增加一张大牌

### 定式【4B】 双向单挤变型二

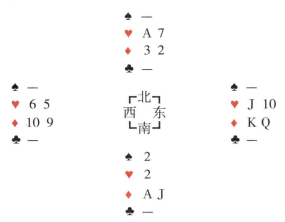

这种局势相当于把南家的单胁张换成了双胁张。由于不存在桥路障碍，这种挤牌对东仍然有效。

（2）延长双胁张的长度

### 定式【4C】 双向单挤变型三

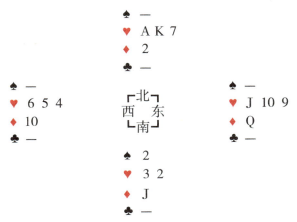

## 定式【4D】 双向单挤变型四

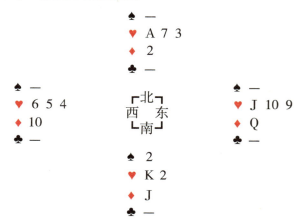

```
              ♠ —
              ♥ A 7 3
              ♦ 2
              ♣ —

♠ —              ┌北┐              ♠ —
♥ 6 5 4        西    东          ♥ J 10 9
♦ 10           └南┘              ♦ Q
♣ —                                ♣ —

              ♠ 2
              ♥ K 2
              ♦ J
              ♣ —
```

## 定式【4E】 双向单挤变型五

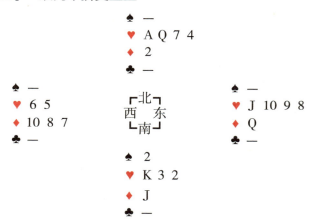

```
              ♠ —
              ♥ A Q 7 4
              ♦ 2
              ♣ —

♠ —              ┌北┐              ♠ —
♥ 6 5          西    东          ♥ J 10 9 8
♦ 10 8 7       └南┘              ♦ Q
♣ —                                ♣ —

              ♠ 2
              ♥ K 3 2
              ♦ J
              ♣ —
```

接下来，我们再看一个重要的基本定式。

## 基本定式【5】 双向单挤基本型二

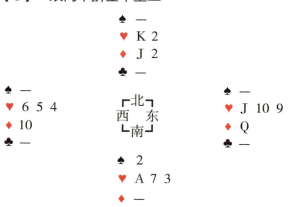

```
              ♠ —
              ♥ K 2
              ♦ J 2
              ♣ —

♠ —              ┌北┐              ♠ —
♥ 6 5 4        西    东          ♥ J 10 9
♦ 10           └南┘              ♦ Q
♣ —                                ♣ —

              ♠ 2
              ♥ A 7 3
              ♦ —
              ♣ —
```

　　南家打出♠2，北家垫去没用的♦2，东在♥和♦两门红花色受挤，南北方全取4墩。

　　这种4张牌的、不可简化的局势非常重要，其特点是：

　　1．挤牌张与长胁张（三胁张）均在同一个人（南家）手里；单胁张则在挤牌张的对面。

　　2．对东家来说，南家与北家的♥结构是一种分离的三胁张结构。

　　3．北家必须要有一张♥的大牌，这样保有当单胁张转化为赢张后的进手。

### 定式【5A】　双向单挤变型六

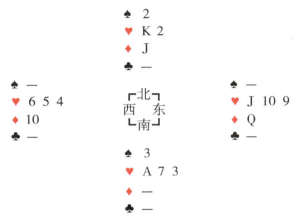

　　南家打出♠3，北家跟♠2，东在♥和♦两门红花色上受挤；或是北家打出♠2到南家的♠3，结果都是南北方全取4墩。

　　这种局势中，如果南家的♠3和北家的♠2互换位置，其实就是定式【4D】。从中，我们也可以看到这两个定式的区别与联系。

### 实战牌例〖3〗：瞒天过海（皮埃尔·阿拉巴朗，Pierre Albarran）

　　20世纪30年代，正是定约桥牌在欧美上流社会蓬勃发展时期。当时最负盛名的是美国的艾利·克勃森、法国的皮埃尔·阿拉巴朗、奥地利的卡尔·施奈德，他们并称为"20世纪30年代的世界桥坛三杰"。下面我们来欣赏一下法国大师阿拉巴朗的表演。

**南家发牌　局况不详**

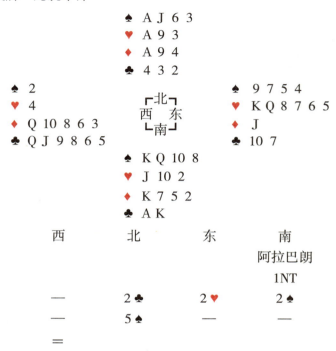

|   | 西 | 北 | 东 | 南 |
|---|---|---|---|---|
|   |   |   |   | 阿拉巴朗 |
|   |   |   |   | 1NT |
|   | — | 2♣ | 2♥ | 2♠ |
|   | — | 5♠ | — | — |
|   | = |   |   |   |

北家的 5♠ 给阿拉巴朗出了难题，幸亏阿拉巴朗停了下来。但是，看上去定约人还是要输两墩红心和一墩方块。似乎定约必宕无疑，可是到了阿拉巴朗手里，一切皆有可能。

西家首攻 ♥4，明手放小牌，东家出 ♥Q，阿拉巴朗手中跟出 ♥10！东家由于无法判断 ♥2 在谁手里，未敢贸然再出 ♥，他换攻 ♣10，南家用 ♣A 止住。庄家第一次瞒天过海取得成功！阿拉巴朗清将，经过四轮才把东家的将牌清光。至此，阿拉巴朗已知东家有 6 张红心、4 张黑桃和至少 1 张梅花。所以他再打 ♣K，东家掉出 ♣7。现在更加清楚了，东家是双张梅花，4-6-1-2 牌型，方块是单张。

阿拉巴朗还不知道东家单张方块是一张怎样的牌。他从手中出小方块，西家这时只有打出 ♦Q 才能使东家脱险（鳄鱼妙招），但是西家怎么能料到呢？西家很自然地打出一张小牌，明手也出小牌放过。这是庄家第二次瞒天过海！可怜的东家用 ♦J 拿了一墩，现在却被投入了，他只有红心可出，被迫向南北家的嵌张结构出牌。此时的残局如下：

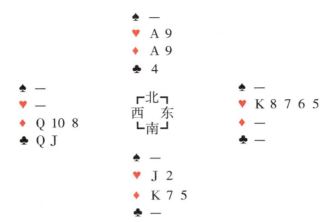

阿拉巴朗精心策划的打法使他已经拿到 6 墩牌，剩下的牌必须全部得到才能完成定约。这时东家被迫送给阿拉巴朗多赢 1 墩红心，在打最后一墩红心时，西家受挤了。

大家可以试着推演接下来的变化，如果东家打出 ♥K，最后就会形成定式【5A】的局势；而如果东家打出小红心，则形成定式【4D】的局势。

实战中，西家最终选择了垫小方块，阿拉巴朗用 ♦7 取得最后一墩，从而完成了这个艰难的定约。

基本定式【5】也可以拓展成为：

### 定式【5B】 双向单挤变型七

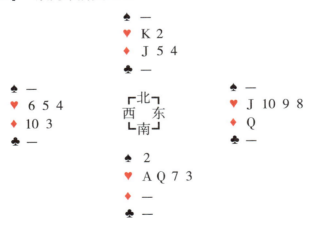

## 基本定式【6】 双向单挤基本型三

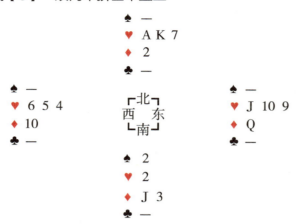

这种局势同基本定式【3】情况相似,在此不再赘述。

**带飞牌的双向单挤**

双向单挤也存在带一次飞牌的局势,虽然飞牌是存在方向的,但飞牌仅仅是多带来 1 个赢墩,与挤牌针对的防守方位置并无必然的联系。也就是说,存在"飞一家,挤另一家"的可能。

首先,可在基本定式【6】基础上拓展:

## 定式【6A】 带飞牌的双向单挤型一

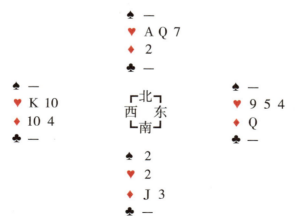

南家打出 ♠2,北家垫去没用的 ♦2,东在 ♥ 和 ♦ 两门红花色上受挤,南北方全取 4 墩。在这副牌中,对西家实施的是在 ♥ 花色上的飞牌,对东家实施挤牌。

下面这个略复杂的定式是在【5B】定式上变化过来的:

## 定式【5C】 带飞牌的双向单挤型二

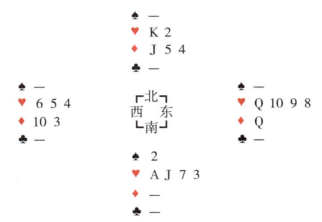

当然，还有更复杂一点的定式，这个定式相当于是在定式【4B】的基础上变化过来的：

## 定式【4F】 带飞牌的双向单挤型三

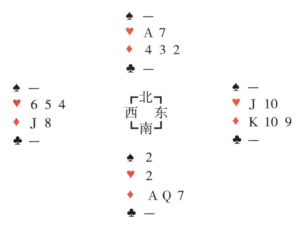

当南打出 ♠2 时，北家垫去 ♦2，东家仍然受挤。这种局势可以通过前期 ♦花色上进行飞牌，从而简化为基本定式【4】或者定式【4B】。♦的牌张组合也可能是这样的：

## 定式【4G】 带飞牌的双向单挤型四

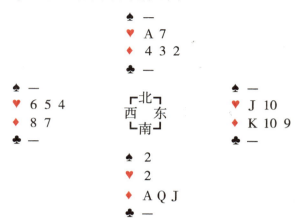

如果北家还有其他进手张，那么采用飞两次♦打法即可全取 5 墩。但如果北家并无其他进手张时，就可以结合挤牌打法，弥补飞牌进张不足的问题。由此可见，挤牌与飞牌相结合，威力更大。

### 实战牌例〖4〗：苦肉计（何塞·达米亚尼，Jose Damiani）

担任过国际桥联主席的达米亚尼，曾是法国桥牌队"不出场的队长"，他担任过法国桥协主席、欧洲桥联主席。同时，他本人也是一位桥牌好手，在这副牌中，他展现出自己深厚的功底和非凡的想象力。

东家发牌　南北有局

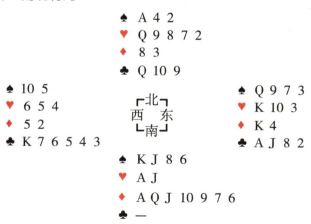

| 西 | 北 | 东 | 南 |
|---|---|---|---|
|  |  |  | 达米亚尼 |
|  |  | 1♣ | 2♦ |
| — | 2♥ | — | 4NT |
| — | 5♦ | — | 6♦ |
| — | — | = |  |

西家首攻♣5，明手放上♣9，东家犹豫一下后出♣J，庄家用♦6将吃。

达米亚尼察觉到东家的犹豫，估计他手中没有♣K，在这种情况下东家开叫需要他持有♠Q、♥K、♦K和♣A。几张大牌位置很有利，但明手的进张只有一个♠A，怎么办呢？如果用♠A上手，飞东家的♦K，虽然能保证方块一墩不失，但红心和黑桃都将各失一墩。

我们看看庄家的妙招。第二墩，达米亚尼果断从手上打出♦10，这张牌真是神来之笔！明手跟♦3，东家只好用♦K吃进。这样，明手的♦8就成为一张宝贵的进手张。

东家续攻♣2，定约人用♦9将吃。出♦7，明手用♦8上手！此时从容打出♥2，东家♥3，南家用♥J飞牌成功。庄家拔掉♥A，再连拿两墩方块，形成如下残局：

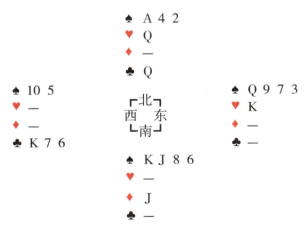

南家打出♦J，明手垫掉♠2，东家被挤，为了看住♥Q只好垫掉♠3。南家出♠6，明手♠A上手后，再出♠4，飞东家♠Q后全取4墩黑桃，完成定约（注：最后局势为基本定式【5C】）。

**简评**：这副牌充分体现了进张在桥牌中的重要性，如果庄家早早用掉了明手重要进手张♠A，虽然在将牌上不再有失墩，但不可避免地会在两门高花上

各失一墩。相反，送出将牌一墩，换来明手一个进张，这样明手两个进张的存在，使得挤牌局势得以形成，从而处理两门高花上的输张。绝妙的打法！

# 第四节　维也纳谱（Vienna Coup）

从定义上看，维也纳谱（又称维也纳妙招）是指在挤牌打法前期，需要先打掉某一花色的大牌，使对方的一张牌暂时升级成为最大的牌，其目的是在最后的挤牌残局时桥路不被阻塞，对方的大牌最终仍将无法取得赢墩。这种解封打法被称为维也纳谱。

因此，维也纳谱并不是一种定式，而是一种打法。下面我们通过残局变化来说明维也纳谱的作用。

在基本定式【2】基础下，我们可以给北家增加一张方块的绝对大牌，使北家的方块由单胁张拓展成为双胁张，将形成以下局面：

**定式【2B】　单向单挤变型五**

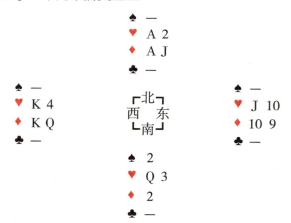

当南家打出♠2时，西家依旧无法垫牌。但这个局势仍然是单向挤牌，当东西两手互换时，由于北家先于东家垫牌，如北家垫出♥2，东可垫掉♥4，即使能打下单张♥K，但♥花色已经形成阻塞，南家无法兑现已经做大的♥Q，挤牌打法失败。

如果东西两手互换，在早期北家先兑现♥A，将形成残局A：

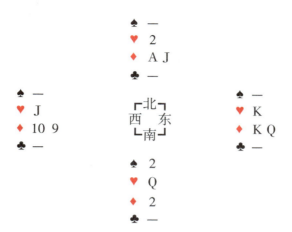

这个残局 A 是标准的基本定式【4】。为此早期兑现 ♥A 的打法就是维也纳谱，可以认为，维也纳谱的实质是通过解封，使得原本的单向挤牌变成了可以对任意防守人都起作用的双向挤牌。

那么，同样是在定式【2B】的基础上，如果我们继续将东西两手互换，但在早期北家先兑现不是 ♥A，而是 ♦A，将形成残局 B：

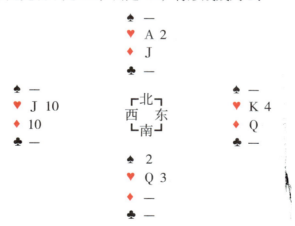

这个残局 B 则是标准的基本定式【2】中的失败情形。那么，在同一种状态下，为什么兑现 ♥大牌就形成维也纳谱,而兑现 ♦大牌就会进入到挤牌失败的情形呢？

我们可以从胁张组合的角度来看维也纳谱。定式【2B】是以红心为双胁张花色进行的挤牌（因为定式【2】中红心是双胁张花色，这点也可以从残局 B 中清晰地看出），而残局 A 是以方块为双胁张花色进行的挤牌。在定式【2B】这种双胁张组合下，北家没有闲牌，所以挤牌只对西家有效；兑现 ♥A 后，♥不再是双胁张花色，而是单胁张花色，由于单胁张与挤牌张同在南家，就演变

为双向挤牌。

因此，在一些可选择双胁张花色的局势中，维也纳谱的实质，可以视为选择、调整挤牌过程中双胁张、单胁张的胁张花色组合。从这一角度理解，有助于我们对挤牌胁张组合的认识，导入正确的挤牌残局。

# 第五节　胁张准备与调整输墩

在实战中，挤牌局势并不是显而易见或是自然形成的。牌局初期，挤牌所必需的条件，即 BLUE，往往会欠缺一个或几个条件。这时，需要定约人做好胁张组合设计、调整挤牌时机、寻找挤牌张等相应准备工作。

## 第一小节　胁张准备

**发现胁张**

大多数情况下，胁张还是比较明显和确定的。但有些情况下，胁张需要仔细发现并加以保护。

**实战牌例〖5〗：金蝉脱壳（加比诺·辛特拉，Gabino Cintra）**

辛特拉是巴西著名的国际桥牌特级大师，他曾作为巴西队主力，与队友一起赢得 1976 年第五届桥牌奥林匹克锦标赛的冠军。他还与布兰科合作获得 1978 年世界桥牌双人锦标赛的冠军。

**南家发牌　双方无局**

```
                    ♠ 9 7 6 4
                    ♥ A Q 5 2
                    ♦ 5 4
                    ♣ A 9 4
    ♠ 10 5                          ♠ A 3
    ♥ K 10 8          北            ♥ 9 6 4
    ♦ A 6         西      东        ♦ 10 9 8 7 3 2
    ♣ K J 10 8 5 2    南            ♣ 7 3
                    ♠ K Q J 8 2
                    ♥ J 7 3
                    ♦ K Q J
                    ♣ Q 6
```

| 西 | 北 | 东 | 南 |
|---|---|---|---|
| | | | 辛特拉 |
| | | | 1 ♠ |
| 2 ♣ | 2 ♠ | — | 4 ♠ |
| — | | = | |

这副牌是辛特拉在百慕大杯赛上打出的一个经典牌例。

西家首攻 ♦A；赢得首墩后，西家续攻 ♦6，辛特拉用 ♦K 取得。庄家从手上出 ♠K，东用 ♠A 取得；东家犀利地攻出第 3 张 ♦，西家用 ♠10 将吃。此时明手还需要垫 1 张牌。

现在，定约已经到了非常危险的境地。庄家已经失了 3 墩，剩余的牌必须一墩不失。坏消息是，即使能飞中 ♥K，这门花色还有可能存在失墩；而且庄家在梅花花色上也有 1 个失墩。好消息是，西家将吃这墩后，其实是被投入了。从叫牌来看，可以判断 ♥K 和 ♣K 应该都在西家手上。西家被投入后，可以减少庄家的 1 个失张，但另 1 个失张该如何处理呢？

辛特拉决定依靠挤牌找到定约回家之路。因此，在西家用 ♠10 将吃时，辛特拉并不垫 ♥2 或 ♣4，因为他知道这两张牌对他来说均至关重要。此时他选择将牌低吃——跟出 ♠6！

西家果然是被投入了。此时如果他回 ♥，南家只要用暗手的 ♥J 取得，清光将牌后再飞西家的 ♥K，就可以用明手第 4 张 ♥ 垫掉梅花失张，从而轻松完成定约。

实战中，西家选择最佳回攻 ♣K，明手用 ♣A 拿到；清掉外面将牌，让南家上手；南兑现 ♣Q，然后连打两轮将牌，最后 4 张牌的残局形势如下：

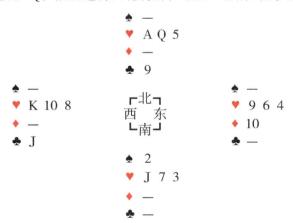

辛特拉从手中打出最后的将牌 ♠2，现在可以看到明手保留 ♣9 的重要性，西家受挤了。西如果垫 ♣J，明手的 ♣9 就会成为大牌；如果垫小 ♥，明手就垫

♣9，庄家就可以赢得 3 墩 ♥，从而完成定约（注：最后局势为定式【2A】）。

简评：将牌低吃这种打法通常被防守方所采用。定约方采用将牌低吃，以保留在旁门花色胁张的打法，非常值得借鉴。

## 胁张孤立（Isolating the menace）

在单挤中，一个重要的前提条件是只有一名防守人保护两门花色，而他的同伴无能为力。因此，定约人需要做的是，使得某一个花色的胁张只针对某一特定防守人，这种做法被称为"胁张孤立"。在有将定约的挤牌中，这种方法通常会借助于将吃手段而实现。

例如，我们持有这样的牌张组合时：

♦ A 7

♦ J 10 9 3　　　　　　♦ Q 8 6

♦ K 5 4 2

当方块在两个防守人是 4-3 分布时，南北方兑现两轮方块大牌，这时两个防守人都能看住这门花色。但如果再让北家将吃第三轮，这样就只剩下一个防守人单独防守第四轮，而这个防守人可能正好是你所期望的挤牌目标。

或者，在以下牌张组合中：

♦ 7 5 4 2

♦ J 10 8　　　　　　♦ K Q 9 6 3

♦ A

在这种情况下，必须两次进入北家，通过将吃两次方块，才能使一名防守人（西家）失去对这门花色的保护能力。

本章第二节中的实战牌例〖2〗即为这种打法的典型牌例。

## 胁张转移（Transferring the menace）

胁张转移也是一种常见的打法，它是指使一个花色的控制由一个防守人转移到另一个防守人的处理过程。这是一种更"精细"的打法，需要挤牌方对这门花色上大牌位置有着准确的判断。

例如，在以下牌张组合中：

♦ A 7 2

♦ K 9 5 3　　　　　　♦ J 8 6 4

♦ Q 10

这里南北联手持有一个对西家的分散威胁。定约人可以确定西家持有♦K，但是西家手中并无其他任何有用的牌力。如果东家才是残局阶段挤牌的目标，就需要让东家取代西家成为保护方块的唯一防守人。因此，可以假设东家持有 ♦J，南家打出 ♦Q，逼迫西家用 ♦K 盖打，这样就使得南家的 ♦10 成为针对东家 ♦J 的胁张。

类似地，在这种牌张组合下：

♦ J 9 5

♦ 10 4 3　　　　　　　　　　♦ Q 8 7 6

♦ A K 2

西家是南北方挤牌的主攻方向。在为挤牌铺路的过程中，北家打出 ♦J，逼迫东家用 ♦Q 盖打，从而使得北家的 ♦9 成为针对西家 ♦10 的威胁张。

这种打法需要对大牌牌张的位置做出一些判断，必要时还需要做出一些特定的假设。

**实战牌例〖6〗：调虎离山**（安德烈·威尔克茨，Andrzej Wilkosz）

沃尔克茨是波兰国家队的主力成员。这副牌是他 1980 年 1 月在匈牙利进行的莫里斯杯桥牌赛上完成的。

**东家发牌　东西有局**

```
                    ♠ Q 5 2
                    ♥ A Q J 5 4
                    ♦ Q
                    ♣ K J 9 4

  ♠ J 10 9 8         ┌北┐          ♠ K 6 4 3
  ♥ K 7 3 2        西    东         ♥ 10 8 6
  ♦ 10              └南┘          ♦ A J 9 7 6 5
  ♣ 6 5 3 2                        ♣ —

                    ♠ A 7
                    ♥ 9
                    ♦ K 8 4 3 2
                    ♣ A Q 10 8 7
```

| 西 | 北 | 东 | 南 |
|----|----|----|----|
|  |  | — | 1♦ |
| — | 1♥ | — | 2♣ |
| — | 2♠ | — | 3♣ |
| — | 4♣ | — | 4♦ |
| — | 4♥ | — | 4♠ |
| — | 6♣ | — | — |
| = |  |  |  |

对 6♣ 定约来说,西家通常的首攻是 ♠J。南家只需要飞一轮 ♥K,利用 ♥A 垫去黑桃失张;然后再送 1 墩方块,由于持有 ♦A 的东家无法动将牌,使得庄家可以采取交叉将吃的方法,轻松赢得 12 墩牌。

但沃尔克茨遭遇到了最强的首攻——1 张小将牌,定约立即变得非常艰难。算上必须飞中的红心,南北方也只能看到 11 个赢墩。

沃尔克茨镇静从容,首墩让明手出小 ♣,发现东家将牌缺门,暗手取得第 1 墩;立即打出小方块,明手的 ♦Q 被东 ♦A 吃掉;东回出 ♦J,沃尔克茨正确地放小,西家垫出 ♠8,明手将吃。

沃尔克茨停下来检查,西家似乎是 4-4-1-4 牌型,但不像有 ♠K,因为东家没有回攻黑桃。如果西家垫的 ♠8 是一张真牌,西家的黑桃将是 J-10-9-8。这样就有可能用暗手的 ♠7 来威胁西家。据此,沃尔克茨第 4 墩由明手出 ♠Q,逼出东家的 ♠K(对东家的调虎离山),暗手 ♠A 盖吃(成功完成了胁张转移)。然后让明手将吃第 3 轮方块,清光将牌后再兑现 ♦K,形成了以下局面:

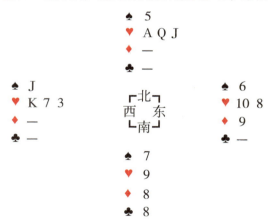

沃尔克茨打出最后一张将牌时,西家只有投降,他最终选择垫去 ♠J,定约顺利完成(注:最后局势为定式【6A】)。

继续探讨一下,东家在第 3 轮如果换攻红心能否击败定约呢?红心回攻的确可以破坏庄家对西的挤牌,但沃尔克茨仍有良好的对策,他将采取倒明手的打法树立第 5 张红心,以完成对东家的挤牌。他将由明手赢得红心换攻,再出 ♥A 垫一张方块,暗手将吃第 3 轮红心,明手再以 ♣J 进手,出第 4 轮红心给暗手 ♠A 将吃,打成如下局面:

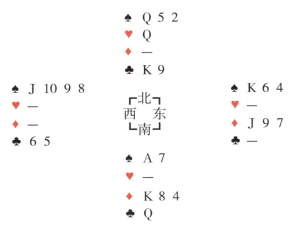

此时，南家出 ♣Q，北家 ♣K 超吃，接着清掉西家最后一张将牌，垫掉手上一张方块。当只剩 4 张牌时，北家打出 ♥Q，东家受挤（注：最后 4 张牌与定式【2A】基本相同）。

## 第二小节　调整输墩

要实施挤牌打法，需要满足 BLUE 中的 L 条件，即在残局中形成挤牌方"只差一墩"的局面。因此，挤牌的时机非常重要，正确的时机才能使挤牌发挥威力。

作为定约人，当我们面对只差一墩牌的定约时，我们需要增强挤牌意识，适时调整输墩。通常情况下，调整输墩越早越好，有些时候，面对首攻，我们就要判断是否需要让过以便顺利调整输墩。

调整输墩的难点在于，当我们主动或被动送出输墩时，要防止防守方破坏挤牌的其他条件，如胁张或桥引。

### 避免危险一方上手

为达成挤牌所必需的条件，挤牌方需要在恰当的时机送出必输张，这时挤牌方需要考虑的是，必须把必输张送给一位对定约没有直接威胁的防守人。这就是我们经常提到的"规避"打法。

### 实战牌例〖7〗：远交近攻（佩特罗·福奎特，Pietro Forquet）

在桥牌历史上，意大利蓝队堪称一支梦之队。他们中的多位天才牌手将桥牌带到了一个前所未有的高度。甚至在今天，我们仍然需要仰视他们。蓝队主力福奎特所著的《意大利蓝队与桥牌》记录了福奎特和其他蓝队成员的众多经典牌例，是一本难得的桥牌经典书，书中的很多牌例可称为不朽的佳作、璀璨的明珠。

**西家发牌　双方有局**

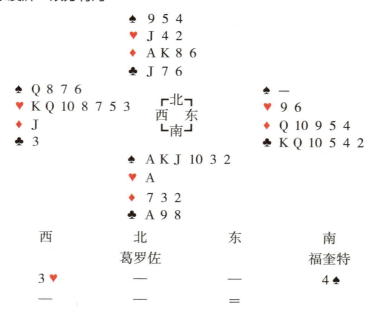

| 西 | 北 | 东 | 南 |
|---|---|---|---|
| | 葛罗佐 | | 福奎特 |
| 3♥ | ── | ── | 4♠ |
| | | = | |

这副牌出现在一次意大利锦标赛上。西首攻♣3，后面两家分别是♣6、♣10，很明显♣3是个单张，南家不敢怠慢，用♣A止住。

由于要丢2墩梅花和1墩方块，这个定约的完成看来取决于能否捕捉到♠Q。鉴于西家的3♥开叫，东家更有可能持有较多的将牌。因此，福奎特的计划是先兑现♠A，如果♠Q没出现，再以♦A进入到明手进行将牌的飞牌。

但当庄家兑现♠A时，东家意外地垫掉了1张♣5。就是说，尽管西持有以Q带头的4张黑桃，却开叫了3♥。那么，庄家此时已经基本知晓了西家的牌型是4-7-1-1，东家则是0-2-5-6。

由于将牌必输1墩，现在成功的唯一希望是对东家实施两门低花上的挤牌，但要实施这个挤牌，必须调整好输墩。难点在于调整输墩的过程中，是绝对不能让东家上手的，因为东家上手后会立即兑现2个梅花赢墩，挤牌局势也随之化为乌有。

福奎特先兑现♥A；再出♠2，送出将牌的必输墩，西家以♠Q赢得。西家换攻♦J，庄家以明手的♦A赢得；明手打出♥J（此时不能出小牌，否则可能被东家上手），暗手垫♣8，这是输张垫输张打法，送出了第二个必输张。西家赢得后，只好出将牌到明手的♠9。庄家继续出♥4，手上垫掉♦3，送出第3个输墩，西赢进，再出一张♥。南家将吃后，清掉西家最后的将牌，达到如下残局：

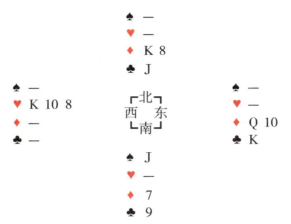

当南家打出最后一张将牌时，明手垫♣J，而东家则在梅花和方块上受挤了（注：最后局势为基本定式【4】）。

当人们称赞福奎特这副牌的成功打法时，他却谦虚地说："非常侥幸，其实我的打法存在一个较大的漏洞。"

他解释道："在以♣A赢得进首攻，继而以♠A、♥A、♠Q、♦A、♥Q赢得♥J，再到明手♠9之后，形势如下：

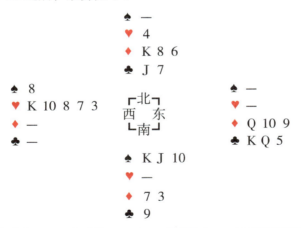

当南从明手出♥4、暗手垫♦3时，西可跟出♥3让明手赢得！

这种情况下定约必将失败，因为庄家被封锁在明手而无法避免再丢失两墩。

为避免这一点，万全之策是在出♥A时明手垫掉♥4，而当明手再打出精心保留的♥2时，西家无论如何也躲不开了。"

**简评**：正是福奎特等蓝队队员这种精益求精的态度，才成就了意大利蓝队无数的辉煌。

## 调整输墩有时还需要冒一定的风险

在一些情况下，挤牌方调整输墩还需要冒一定的风险。毕竟，有时送出的输墩还不止一墩。

### 实战牌例〖8〗：空城计（亨利·司瓦克，Henri Szwarc）

司瓦克是法国名将、国际桥牌特级大师，曾在 1980 年为法国队夺得奥林匹克桥牌赛的冠军立下赫赫战功。他还与队友多次获得欧洲锦标赛的冠军。

北家发牌　双方无局

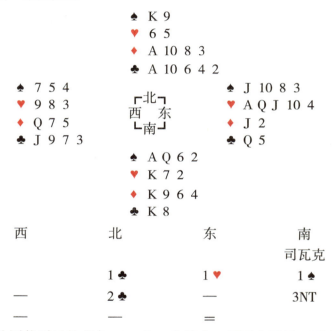

|  ♠ K 9 |
|  ♥ 6 5 |
|  ♦ A 10 8 3 |
|  ♣ A 10 6 4 2 |

| 西家 | | | 东家 |
| ♠ 7 5 4 | | | ♠ J 10 8 3 |
| ♥ 9 8 3 | | | ♥ A Q J 10 4 |
| ♦ Q 7 5 | | | ♦ J 2 |
| ♣ J 9 7 3 | | | ♣ Q 5 |

|  ♠ A Q 6 2 |
|  ♥ K 7 2 |
|  ♦ K 9 6 4 |
|  ♣ K 8 |

| 西 | 北 | 东 | 南 |
| --- | --- | --- | --- |
|  |  |  | 司瓦克 |
|  | 1♣ | 1♥ | 1♠ |
| — | 2♣ | — | 3NT |
| — | — | = |  |

西家首攻同伴叫过的花色 ♥9，北、东放小，司瓦克忍让。西家续攻 ♥8，东家用 ♥10 盖过，司瓦克不得不用 ♥K 拿。

目前南北方共有 3 墩 ♠、1 墩 ♥、2 墩 ♦ 和 2 墩 ♣，共 8 墩牌，♦ 花色最容易做出第 9 墩。但是此时东西 ♥ 花色处于良好联通状态，一旦送出 ♦，防守方兑现 ♥ 赢墩就会击败定约。如果要挤牌，并不具备挤牌的时机。

司瓦克笃定东家只有 5 张 ♥，于是他从手中主动打出 ♥7！东家深感意外，很愉快地兑现了全部红心赢张。在此期间，南家垫了 2 张 ♦，西家垫了 2 张 ♠，明手垫 1 张 ♦ 和 2 张 ♣。

东家再换攻 ♠J，明手用 ♠K 赢得；再出 ♠9，东家盖 ♠10，南用大牌回到暗手。此时 6 张牌的残局形势如下：

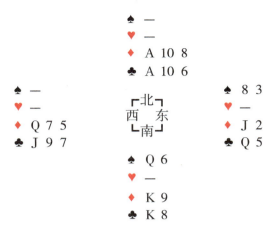

司瓦克再兑现♠Q，西家受挤，不得不放弃1门低花，送给庄家完成定约（注：最后局势可简化为基本定式【1】）。

在这副牌中，如果东家上手后不兑现全部的♥赢墩，会怎样呢？这样，司瓦克就有足够的时间做出1墩♦来完成定约。因为送出的小♥相当于断桥打法，切断了东西两家在这门花色上的联通。接下来，庄家需要做的仅仅是采取规避打法，不让东家上手即可。

## 第三小节 输张作为挤牌张

输张也可扮演挤牌张的角色，这样的定式对牌张的要求会更高些。

### 定式【1F】 输张挤牌一

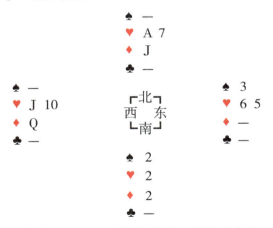

在此局势下，南家打出♠2，这张牌虽然会输给东家的♠3，但作用是相同的。西家仍然受挤，北家根据西家垫牌决定留下两个确定的赢墩。

这种局势下，其实对东所剩余的另外两张牌要求更高，这两张牌只能是北

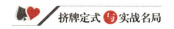 

家能够完全控制的花色——也就是红心。

## 第六节　十字交叉挤牌（Criss-Cross Squeeze）

让我们再回到基本定式【2】：

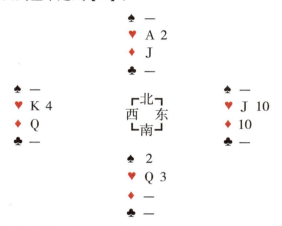

这个挤牌是单向的，由于明手没有闲牌，挤牌对东将失效。【2B】定式中，我们试着在北家的牌中增加了一张方块大牌，最终转化成维也纳谱。现在，我们在南家增加一张大的方块，看看会有怎样的"化学反应"：

**定式【2C】　单向单挤变型六**

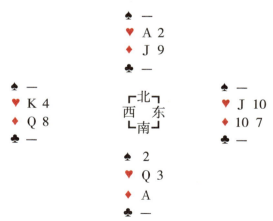

无疑，这个挤牌对西家仍然有效。同时，我们会发现在这个局势下，由于南家有 ◆A 可用于进手，明手的 ♥2 可以视为一张闲牌，这个挤牌对东开始发挥作用，因此，这就形成了一个新的挤牌定式。

**基本定式【7】　十字交叉挤牌基本型一**

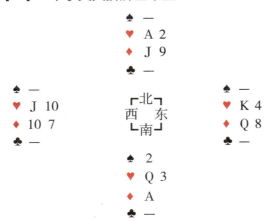

南家打出 ♠2，明手可垫去闲张 ♥2。东出现垫牌困难：如果他垫 ♥4，则南家先出 ♥3 到明手的 ♥A，击落东的 ♥K，然后用 ♥A 回手兑现已经做大的 ♥Q；如果他垫去 ♦8 这个保护张，则南家首先用 ♦A 击落东家的 ♦Q，然后用 ♥A 进入到明手，兑现做大的 ♦J。

这个挤牌是双向的，对西家、东家均有效。但是在这种局势下，我们主要针对的是东家。因为如果我们的目标是对西家实施挤牌，我们是可以先兑现 ♦A 的，这样就可以将其转化成为一个单向单挤【2】的局面。

那么，我们再做一点调整，就会形成一个真正意义的十字交叉挤牌，尽管在实战中，这种新的定式并不及基本定式【7】常见。

**基本定式【8】　十字交叉挤牌基本型二**

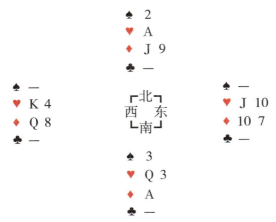

从这个基本形势上看，真正意义上的十字交叉挤牌定式的特点是：

1. 南、北家在 ♥ 和 ♦ 两个花色均持有一个有阻塞特点的分离双胁张，以此对同时持有这两门花色第二大牌的防守人形成压力。

2．南、北家各有一张大牌，作为进手张，可根据受挤方的垫牌，选择打牌次序，兑现最后的赢张。

3．这个定式是双向的，针对东家、西家均有效。

4．这个定式中，南、北家的两门红花色结构完全相同。南、北家的♠3 和♠2 是可以互换位置的。

如果把维也纳谱看作是解放防守方一张大牌，属于"放虎归山"；十字交叉挤牌就如同庄家布下"天罗地网"，让防守方无处藏身。

这个基本定式还可以拓展成为：

### 定式【8A】 十字交叉挤牌变型一

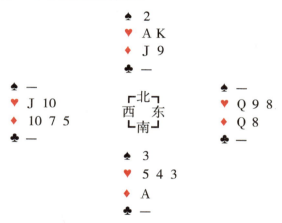

这个局势中北家有两个进手张，这点非常重要，将来在介绍将吃挤牌时可以看到两个进手张的作用。

### 定式【8B】 十字交叉挤牌变型二

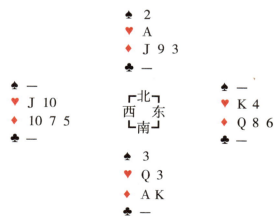

**实战牌例〖9〗：美人计（罗贝尔·勒泰）**

关于这副牌的主打人，我们并没有找到更多的信息，但丝毫不影响这副牌的精彩程度。

**局况及叫牌过程不详**

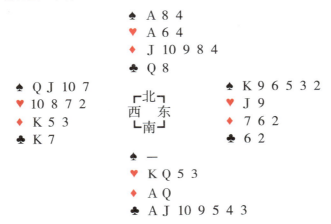

南北方叫到6♣，由南家勒泰主打。西家首攻♥2。

由于叫牌过程缺失，或许庄家是从叫牌上判断出，两门低花K大概率是飞不中。这时我们看到，明手的♠A虽然可以垫掉1个输张，但红心上的输张又无法通过将吃消除。似乎完成定约的希望渺茫，勒泰却另有妙计。

面对♥2首攻，明手放♥4，东家出♥J，定约人用♥Q取得。接着南家从手上出♣3！西家♣K不得不取，这样明手就多了一个宝贵的进张。西家续攻♥7，明手出♥6，东家♥9，南家♥K。

南家出♣4，明手用♣Q进手。明手兑现♠A，暗手垫♦Q！庄家用将吃♠回手，然后连打三轮将牌，形成最后4张牌的残局：

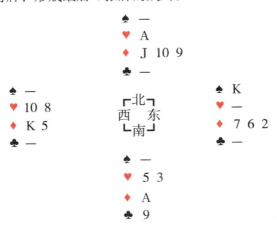

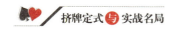

南家再出♣9，西家受挤。西家若垫♦5，庄家就先拔♦A，明手方块全好；西家若垫♥8，庄家先就出♥3，明手用♥A击落西家的♥10后，暗手的♥5就大了（注：最后局势为基本定式【8】）。

简评：这副牌同实战牌例【4】在打法上非常相似。送出1墩必输的将牌，换来1个宝贵的进手张。这样就可以精心保留明手的♥A，从而达成挤牌局面。

十字交叉挤牌也有5张牌残局的基本型：

**基本定式【9】 十字交叉挤牌基本型三**

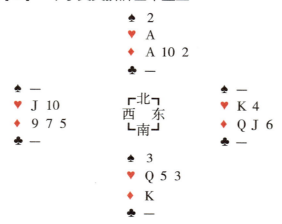

这个基本定式同【8B】有很大的区别。这个局势中，南北家在♥上有一个两赢墩胁张。两赢墩胁张的意思是，东家如果垫掉♥4，将直接给南北家在♥花色上带来2个赢墩。在以后的三门花色挤牌中，我们还会涉及更多的两赢墩胁张结构。

打牌进程是这样的：南家打出♠3，明手跟出♠2。东家出现垫牌困难：如果他垫♥4，则南家先出♥3到明手的♥A，击落东的♥K，然后用♦K回手兑现已经做大的♥Q和♥5；如果他垫♦6，则南家先兑现自己手上的♦K，再出♥3进入明手的♥A，再用♦A击落东家的♦Q，并兑现做好的♦10。

可以注意到，南家打出♠3、东家垫♥4时，其实北家的♦A是没有机会兑现的，但南家可以多得到♥的两个赢墩。

这种挤牌局势是双向的。而且，南北家的♠3和♠2也可以互换位置。

**实战牌例〖10〗：关门捉贼**（楚斯科特夫人，Dorothy Truscotty）

楚斯科特夫人是最早获得"国际桥牌特级大师"称号的女牌手之一。让我们再来欣赏她高超的做庄技巧。

**东家发牌　南北有局**

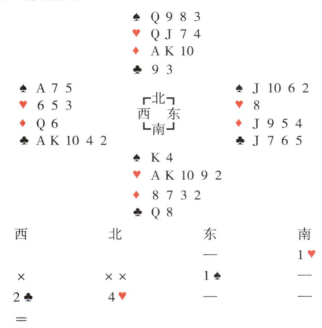

| 西 | 北 | 东 | 南 |
|---|---|---|---|
| — | — | — | 1 ♥ |
| × | × × | 1 ♠ | — |
| 2 ♣ | 4 ♥ | — | — |
| = | | | |

西家首攻♣K，赢得后继续拿♣A 和♠A，随即转攻♦6。至此，防守方一口气拿到前 3 墩，而且定约人在方块中还有一个似乎无法避免的失张。

第 4 墩，楚斯科特夫人并没有把完成定约的希望寄托在双飞西家的♦Q-J上，而是直接用明手的♦K 赢得。庄家随即清了 4 轮将牌，东家相继垫出♣J、♣7 和♦5，西家则垫♣2。

此时，楚斯科特夫人已经有了形势判断：东家曾在北家叫出再加倍后应叫 1♠，其黑桃显然不少于 4 张；而西家叫出的 2♣ 则意味着他原本持有 5 张梅花，那么东家的梅花就应该是 4 张；东家同时只有 1 张红心。显然，如果东家原本有 5 张黑桃，那么防守方的方块就是 3-3 分布，在这种情况下定约必败；不过，如果东家只有 4 张黑桃，他的牌型就是 4-1-4-4，这样最后一家将牌就有机会让东家在黑桃和方块两门花色上受挤。实际的残局如下：

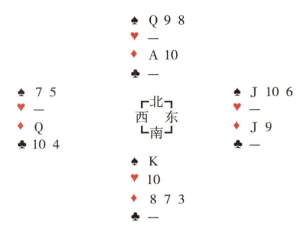

当楚斯科特夫人打出手中的♥10、明手垫♦10时，南北方的黑桃和方块大牌就如同巨大的铁门牢牢地关住了东家（注：最后局势为基本定式【9】）。

简评：西家如果在第4墩继续攻黑桃的话，就会破坏最后的挤牌局势，庄家无法完成定约。

### 十字交叉挤牌的双重迷惑性

十字交叉挤牌独特的胁张结构，使得这种挤牌表现得较为复杂、较难把握。在实战中，无论是挤牌方还是防守方，遇到十字交叉挤牌时，均有可能出现错误。这种错误来源于十字交叉挤牌本身具有的迷惑性。

首先，防守方最容易犯的错误是垫错牌。

### 定式【7A】 十字交叉挤牌失败型

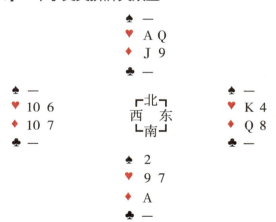

这种残局中，如果看四家牌，我们知道挤牌是不成立的。南家打出♠2，西家正确地垫♦7后，东家的垫牌就会比较轻松。明手垫哪门花色，他就跟着垫哪门花色。但是，西家也很容易打错牌，因为情况可能是这样发展的：

1. 西家在两门红花色上持有 10，表面上看，♥10 要比明手的两张牌都要小，似乎很难参与到防守中来；相反，♦10 至少可以看住明手的 ♦9，因此，似乎 ♦10 比 ♥10 的作用更大些。因此，这时很容易相信表面现象，先垫掉 ♥6。

2. 事实上，当南家打出 ♠2 时，由于是对东家实施挤牌，明手的 ♥Q 是要垫掉的，真正要做大的是暗手的 ♥9，这时西家的 ♥10 就是举足轻重的一张牌了。如果西家随手垫了 ♥6，就会使同伴真正陷入受挤的境地。

所以，对西家来说，北家的 ♥Q 是非常具有欺骗性的一张牌。作为防守人，需要擦亮眼睛，看清挤牌方真正的挤牌结构。

同样地，十字交叉挤牌是把"双刃剑"，挤牌方也可能犯错误。那就是会受有经验防守人的误导，把牌张次序打错。比如，在下面的定式中：

**定式【7B】　十字交叉挤牌变型三**

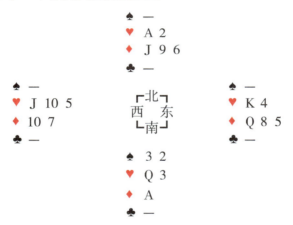

这种 5 张牌的残局，南家打出 ♠3 时，正常这一轮的垫牌是西家垫 ♥5、明手垫 ♦6、东家垫 ♦5，从而成为基本定式【7】；下一墩南家再出 ♠2，明手垫 ♥2，东家在两门红花色上受挤。也就是说，这原本是个挤牌成功的局势。

如果挤牌方无法准确判断出东西两家的牌型，他就会根据防守人的垫牌来决定打牌次序。这时，有经验的东家会预判到最后 4 张牌的形势，所以在 ♠3 这一墩上他会选择垫 ♥4，提早将 ♥K 留成单张。而在下墩 ♠2 时，东家垫 ♦8，造成无奈放弃防守方块花色的错觉。

我们看了四家的牌，当然知道，这时先拔 ♥A，再 ♦A、♥Q 的次序是正确的。但是，南家可能会对东家的牌型产生误判，他会根据东家最后垫的是 ♦8，坚持先 ♦A，再 ♥A、♦J 的"正常"打牌次序。而一旦南家先拔掉 ♦A，发现东跟出的♦5时，南北就再也无法全取后面的赢墩了。

也就是说，在防守十字交叉挤牌时，防守人存在打"假牌"误导挤牌方的机会。

### 带飞牌的十字交叉挤牌

大多数存在飞牌的十字交叉挤牌，如果进张允许的话，均可以早期进行飞牌，再简化成为一种基本形式。例如，根据【8A】演化过来的：

**定式【8C】 带飞牌的十字交叉挤牌变型**

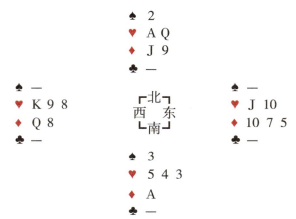

如果南先出牌，可以先进行♥飞牌，然后再打出♠2，对西家进行挤牌。如果是北先出牌，就必须出52进入南家手里，直接进行挤牌，再根据西家的垫牌决定飞牌的时机。

十字交叉挤牌也存在不可提前进行飞牌的挤牌，由于这种挤牌局势无法简化，我们破例将其作为一种基本定式来对待。

**基本定式【10】 带飞牌的十字交叉挤牌基本型**

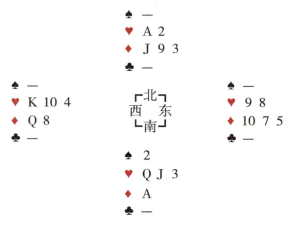

如果不利用挤牌，依靠 ♥ 上的飞牌，南北方仅可取得 4 墩牌。但当南家打出 ♠2 时，北家垫去 ♦3，西家无法垫牌。如果西家垫掉 ♦8，南家一定要先出 ♦A，再进行 ♥ 上的倒飞；如果西家垫掉 ♥4，接下来南家先进行倒飞，西家盖与不盖均无法阻止南北全取 5 墩牌。这种局势下是先挤牌，再飞牌。

但如果早期南家先进行飞牌出 ♥Q 而西不盖过，就成为十字交叉挤牌基本定式；如果西家盖过，北家由于缺乏进张，挤牌将不成立。这种情况下，飞牌不可以提前进行，否则正确的防守可以破坏挤牌局面。

# 第七节　单挤变型

## 第一小节　弃货挤牌和反弃货挤牌

单挤中还存在一种情况，就是挤牌方在长胁张花色上形成桥路阻塞状态，使得挤牌方无法去兑现他的一个"确定的"赢墩，这时需要借助于挤牌打法。

### 定式【1G】　半阻塞单挤型一

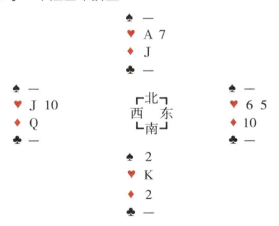

这种定式中，南北方有 3 个大牌赢墩，但由于桥路不畅，必须通过挤牌打法实现全取 3 墩。其实，这时完全可以把 ♥K 当作是一张小 ♥ 来打，实施对西家的一个单向单挤。

这种定式对牌张的要求是，在长胁张花色上，北家持有的 ♥A 一定要大过南家持有的 ♥K。

同样，基本定式【4】也可以有这样的变型：

### 定式【4I】 半阻塞单挤型二

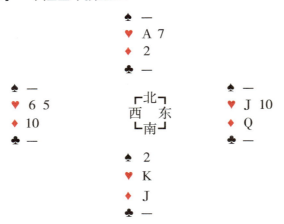

这种定式是双向的。在挤牌过程中，如果东家垫掉了 ◆Q，南家的最后两张牌 ♥K、◆J 就已经全是大牌。

我们再来看弃货挤牌，这种挤牌也被称为丢弃赢张挤牌法。

### 基本定式【11】 弃货单挤基本型（Jettsion Squeeze）

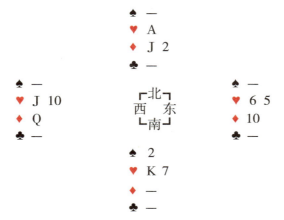

在这种特殊的 3 张牌残局的单挤定式中，挤牌张和双胁张在一家手上，那么另一家一定要有单胁张的进手张。

长胁张花色红心处于完全阻塞状态，南北双方虽然有 3 个大牌赢墩，却苦于无法兑现。好在南家的 ♥K–7 是对西家 ♥J–10 的一个双胁张，同时北家的 ◆J 对西家的 ◆Q 是一个单胁张，挤牌可以发挥作用。

此时，南家打出 2，西家如果垫掉 ♥10，北家就垫 ♥A 解封！如果西家垫

掉 ◆Q，明手就正常垫 ◆2。因此南北方可全取最后 3 墩牌。这种挤牌对东家失效，虽然北家有 ◆2 这张闲牌，但北家首先要决定是否垫掉 ♥A。

**实战牌例〖11〗：欲擒故纵（格雷什·伯德绍尔，Gareth Birdsall）**

在 1998 年第十届世界桥牌锦标赛青年组比赛中，英国青年牌手伯德绍尔打出了华丽的终局。

**东家发牌　南北有局**

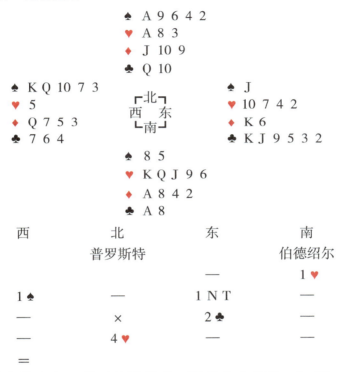

|  | 西 | 北 | 东 | 南 |
|---|---|---|---|---|
|  |  | 普罗斯特 |  | 伯德绍尔 |
|  |  |  | — | 1 ♥ |
|  | 1 ♠ | — | 1 N T | — |
|  | — | × | 2 ♣ | — |
|  | — | 4 ♥ | — | — |
|  | = |  |  |  |

西家没有首攻自己所叫的黑桃套，而是首攻梅花 ♣6，到 ♣10、♣J 和 ♣A。南家清 3 轮将牌，第 3 轮停在明手。明手出 ◆J，东家盖上 ◆K，南家用 ◆A 赢得。

南家清掉东家最后一张将牌；手上再出方块 ◆2，西家用 ◆Q 吃住。西家继续出 ♣7，北家的 ♣Q 被东家的 ♣K 所擒获。

东家不依不饶，继续打出第 3 轮梅花！南家此时如果将吃，就会陷入尴尬境地：虽然他已有 10 墩牌，但是，由于方块桥路阻塞，暗手再无进手机会，赢张 ◆8 无法兑现。因此，南家此时果断垫了一张 ♠5，明手也垫掉了一张黑桃！这一输张垫输张的绝妙打法，相当于为接下来的挤牌调整好了输墩。此时残局形势如下：

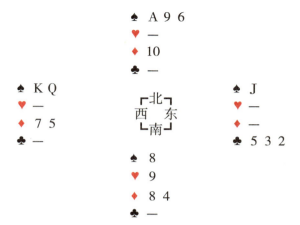

东家再出第4轮梅花，南家坚定地用♥9将吃。庄家很确信，西家此时无法垫牌。实战中，西家为守住黑桃，不得已垫掉♦5。明手则垫掉♦10解封！接着庄家兑现手上两个方块赢墩和明手的♠A，顺利完成定约（注：最后局势为基本定式【11】）。

对防守方来说，无可奈何，无能为力。如果东家不出第4轮梅花而出黑桃，当然就破坏了挤牌局面，但是庄家就可以从容地兑现明手的♦10，再依靠将吃黑桃回手兑现♦8赢墩，轻松完成定约。

**基本定式【12】 反弃货单挤基本型**

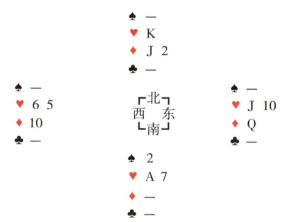

如果将基本定式【11】中的♥A和♥K互换一下位置，长胁张花色上就没有形成完全阻塞。当南家出♠2时，北家可以从容地垫掉闲张♦2，然后观察东家的垫牌。如果东家垫♥10，南家就打♥A，鲸吞明手的♥K，让♥7取得最后一墩。

如果东家垫 ♦Q，南家就出 ♥7 进入北家，兑现北家的两张大牌。

这个定式同基本定式【5】有着惊人相似的结构，而且结果也完全相同，两者都是双向的。其实，如果将此局势中四家手中同时增加 1 张小红心，就得到基本定式【5】。

在这个残局中，♦2 是闲张，如果将其换成一张大的黑桃如 ♠3，则这一局势其实就是定式【4I】。

## 第二小节　计算式挤牌（Count Squeeze）

计算式挤牌是指在某种情况下，挤牌方迫使防守方垫掉一张牌，这张牌并不是大牌，甚至不是真正意义的忙张，但是这张牌能使挤牌方得以对关键花色的牌张分布做出计算，进而做出正确的选择。这种局势可能是：

### 定式【1I】　计算式挤牌型一

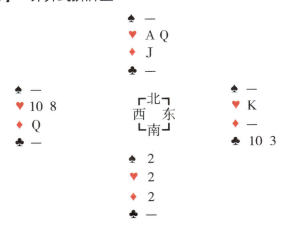

假设已经知道 ♦Q 在西家，并清楚外面还有 3 张 ♥。当南家打出 ♠2 时，西家只能垫 ♥8，北家垫 ♦J。接着南家出 ♥2，西家出 ♥10。现在北家必须打 ♥A，击落东家的单张 ♥K，因为已经知道西家手中剩下的最后一张牌是 ♦Q。如果西家持有关键张 ♥K，则这时西家的 ♥K 就一定会显露出来。因此，计算式挤牌通常也被称为显露式挤牌（Discovery Squeeze）。

这类挤牌需要一个隐含的条件，就是东西两家的 ♥ 总张数是可以计算出来的。实战中，下面这种残局出现的概率更大些。

## 定式【1J】 计算式挤牌型二

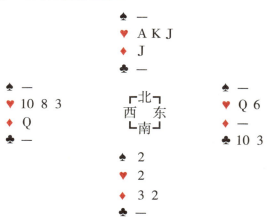

```
              ♠  —
              ♥  A K J
              ♦  J
              ♣  —

♠  —              北          ♠  —
♥  10 8 3      西    东        ♥  Q 6
♦  Q              南          ♦  —
♣  —                          ♣  10 3

              ♠  2
              ♥  2
              ♦  3 2
              ♣
```

南北方的红心组合是一个可飞可打、非常难猜的局势。但假如南家已知外面还有 5 张 ♥，而且西家手上只有 ♥ 和 ♦Q。当南家打出 ♠2 时，西家只能垫一张小 ♥。因此，庄家就不需要再猜 ♥Q 的位置，因为西家的 ♥ 垫牌是一张清晰暴露牌情的垫牌。

### 实战牌例【12】：打草惊蛇（萨宾·奥肯，Sabine Auken）

来自德国的奥肯夫人和丹尼拉曾被誉为世界女子最强组合之一。下面这副牌选自 1999 年 IOC 国际桥牌大奖赛，奥肯夫人以其细腻的牌技和正确的读牌打成了这个在大多数桌都宕了的 3NT 定约。

北家发牌　双方无局

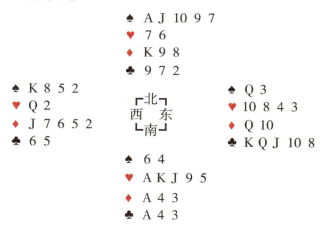

```
              ♠  A J 10 9 7
              ♥  7 6
              ♦  K 9 8
              ♣  9 7 2

♠  K 8 5 2        北          ♠  Q 3
♥  Q 2        西    东        ♥  10 8 4 3
♦  J 7 6 5 2     南          ♦  Q 10
♣  6 5                        ♣  K Q J 10 8

              ♠  6 4
              ♥  A K J 9 5
              ♦  A 4 3
              ♣  A 4 3
```

| 西 | 北 | 东 | 南 |
|---|---|---|---|
| | 丹尼拉 | | 奥肯夫人 |
| — | — | — | 1♣ |
| — | 1♠ | — | 2♥ |
| — | 2♠ | — | 2NT |
| — | 3NT | — | — |
| = | | | |

西家首攻♦5，明手出♦8，东家♦Q，南家用♦A赢得。庄家计划做黑桃套，立即飞黑桃到东家♠Q手中。

东家此时最好的防守是换攻梅花，但奥肯夫人选择回攻♦10，庄家则冷静地放过。东家这时换攻♣K，奥肯夫人继续忍让，并聪明地赢得第二轮梅花。庄家成功进行了♠飞牌，接着拔♠A，但是东家垫出的♣8让奥肯夫人感到失望。

奥肯夫人此时分析，西家持有4张♠、5张♦和至少2张♣，♥则最多双张，红心花色不像是能吃通。奥肯夫人认为西家有3张梅花的可能性较小，因此♠9送给西家♠K，东家再垫一张梅花。果然如奥肯夫人所料，西家只能打回♦给明手的♦K，东家垫去一张小红心。此时的残局如下：

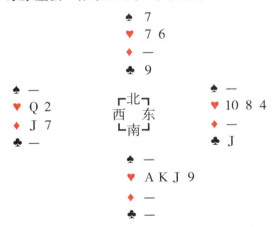

当明手打出♠7时，东家不能垫♣J，只好再垫去1张小红心。此时，奥肯夫人不用猜了，东、西两家手里都只剩下2张红心。因此，她连出♥A、♥K，很高兴地看到♥Q是从西家掉出来的。她细腻的打法让自己取得了很好的成绩（注：最后局势为定式【1J】）。

### 第三小节　假挤牌（Pseudo Squeeze）

在一些特殊的情况下，由于挤牌的 BLUE 条件不齐全，无法形成真正的挤牌局势。通常情况是缺乏 E 条件，也就是暗手并无打向明手的进手张，而其他挤牌条件都具备。

这种情况下，定约人仍然按照挤牌方式出牌，目的是给一个防守人造成一种假象，使他误以为自己已受挤，从而做出错误的垫牌。

**定式【4J】　假挤牌**

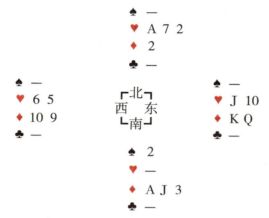

这是一种比较适合实施假挤牌打法的局势。在这个残局中，四家持有的 16 张牌同定式【4B】完全相同，但位置有些差异。核心差异在于南家并无通向北家的进手张。

当南家打出♠2 时，如果东家错误地认为他已经受挤时，就有可能出现垫牌放松的情形。如果他垫掉♦Q，这时假挤牌就发挥了作用，南家的 3 张方块就会取得最后 3 墩。

当然，随着现代防守信号体系的日益成熟，防守人之间可以通过严密的信号向同伴描述自己的牌型，同伴据此可以推断出定约人的牌型，假挤牌成功的可能性会越来越小。

# 第二章 双挤（Double Squeeze）

双挤是指两个防守人都遭受挤牌的情况。从残局结构来看，双挤局势中包含两个单挤局势，这两个单挤局势可能是在同一墩发生，也可能不在同一墩发生。

也就是说，双挤局势是两个单挤局势的结合体，两个防守人分别遭遇到一个单挤。两个防守人每人需要防守两门花色，其中在一门花色上，两个防守人都有止张，都参与防守；而另外两门花色的牌则是只有一个防守人持有止张。

ACBL（北美桥牌协会）命名的双挤基本型共有 7 种，其中包括 3 种同步双挤和 4 种不同步双挤。二者的区别是：同步双挤是指对两位防守人的挤牌同时完成，在打出挤牌张时，两个防守人同时受挤，两个防守人为了保护住自己单独防守的花色，只能放弃对共同防守花色的保护；不同步双挤是指挤牌张打出后只能完成对一位防守人的挤牌，先使其放弃对共同防守花色的防守，然后一墩或几墩后，挤牌方再完成对另一位防守人的挤牌。

为更好地理解双挤，我们需要引入几个概念：

1. 花色的重新分类：

共同花色（B 花色）：两个防守人都参与保护的花色，牌例中用 ♥ 代表。

左胁张花色（L 花色）：南家的左手方单独保护的花色，牌例中用 ♦ 代表。

右胁张花色（R 花色）：南家的右手方单独保护的花色，牌例中用 ♣ 代表。

挤牌张花色（又称自由花色或第四花色，S 花色）：由南家持有，牌例中用 ♠ 代表。

2. 位置：我们统一定位，南家持有自由花色挤牌张。接下来所有定式的视角也都是南家的视角。

3. 牌张组合：除挤牌张外，南北方联手共有三个花色的胁张。基本原理是，三个花色的胁张不可能集中在南家或北家一个人手上。事实上，南家在持有挤牌张的同时，其持有的胁张共存在四种情况：一是只持有 R 花色胁张；二是持有 R 花色胁张、L 花色胁张；三是只持有 B 花色胁张；四是持有 B 花色胁张、R 花色胁张。

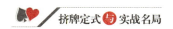

这四种情况的残局形势也是越来越复杂的。其中第一种、第二种情况肯定是同步双挤；第三种情况，既有同步双挤，也有不同步双挤；第四种情况，则全部是不同步双挤。

南家持有的胁张组合，不可能出现的两种情况：一是南家只持有 L 花色胁张；二是持有 B 花色胁张、L 花色胁张。

判断双挤是否同步发生也很简单，左胁张花色、右胁张花色的胁张如果都是单胁张，就可以打出同步双挤；否则，那个双挤就一定是不同步的。

# 第一节  同步双挤（Simultaneous Double Squeeze）

同步双挤是指在同一墩牌，两名防守人同时遭遇到挤牌，为保护其单独保护的花色，不得不放弃对共同花色的保护，从而送给挤牌方一个额外的赢墩。

在 ACBL 的分类中，共有三种标准的同步双挤，它们分别是基本定式【13】【15】和【16】。ACBL 也分别为这三个基本定式给出了非常生动形象的英文名称。

## 第一小节  挤牌张在共同花色双胁张（三胁张）的对面

我们先来看一种最常见的双挤。

**基本定式【13】  同步双挤对称型（Simultaneous Balanced）**

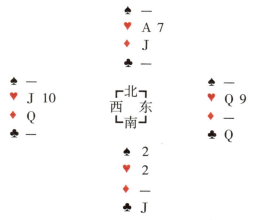

南家打出♠2时，西家受挤，只能垫去一张红心，明手垫去已经无用的♦J；然后，东家也变成单独防守红心，为保护♣花色，他也只能垫掉一张红心，

这样东西两家均无力保护红心，南北方全取两墩红心。

这个基本定式的结构是：南家持有挤牌张、B 花色的桥引、R 花色的单胁张；北家持有 B 花色的双胁张、L 花色单胁张。

这个定式其实是基本定式【1】（对西家）和基本定式【4】（对东家）的结合体。这种定式的特点是：

1. 挤牌张是在 B 花色双胁张的对面。

2. 南家持有进入北家 B 花色的桥引。

3. 四家都已经没有任何一张闲牌。

4. 假如东西两手牌调换，由于方块胁张位置不利，挤牌将不成立。

这是最常见的双挤定式，体现出双挤的对称之美。

根据基本定式【13】，可以将其拓展为以下定式：

（1）L 花色或 R 花色上增加一张大牌

### 定式【13A】　同步双挤变型一

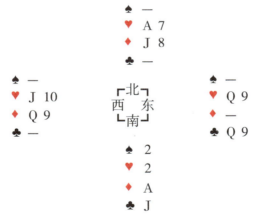

南家打出 ♠2，西家先受挤，只好垫掉一张 ♥，明手垫 ♦8；东家此时尚无压力，还有闲牌 ♣9 可垫；然后，南家打出 ♦A，东家受挤。这种局势似乎有些不同步双挤的味道。

这种局势，先挤左手方，再挤右手方。当然，也有先挤右手方的：

### 定式【13B】 同步双挤变型二

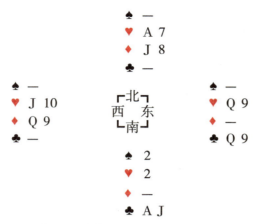

南家打出♠2，西家、北家各垫1张方块，这时东家率先受挤，只好垫掉一张♥；然后，南家打出♣A，西家受挤。

但是，这两种均不属于真正意义上的不同步双挤。真正的不同步双挤无法简化成为同步双挤。

（2）延长双胁张的长度

### 定式【13C】 同步双挤变型三

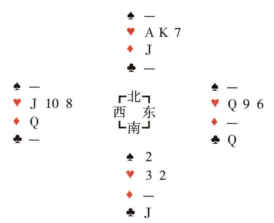

同样地，这种定式其实是定式【1B】（对西家）和定式【4C】（对东家）的结合体。或是：

## 定式【13D】　同步双挤变型四

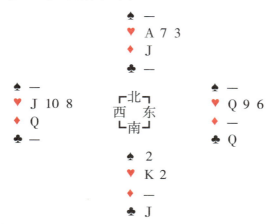

这是定式【1C】（对西家）和定式【4D】（对东家）的结合体。

**实战牌例〖13〗：连环计**（哈里·菲什比恩，Harry Fishbein）

美国桥坛元老菲什比恩在 1940 年设计的"菲什比恩约定叫"，为叫牌理论的发展做出了重要的贡献。

**南家发牌　双方无局**

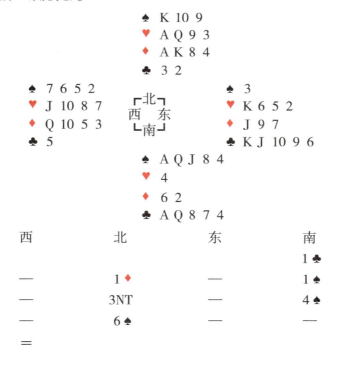

| 西 | 北 | 东 | 南 |
|---|---|---|---|
|  |  |  | 1♣ |
| — | 1♦ | — | 1♠ |
| — | 3NT | — | 4♠ |
| — | 6♠ | — | — |
| = |  |  |  |

在这副牌中，菲什比恩做庄，完成了一个难度很高的小满贯定约。

西家首攻♥J，看到首攻和明手的牌后，菲什比恩对整个牌局做出判断：首先，♥K应该是在东家手中，而西家持有♥10的可能性极大；其次，如果♣K也在东家且防守方的梅花不偏于4-2分布，那么庄家就可以通过交叉将吃，用明手的♠K-10-9三张大将牌将牌吃掉手中的梅花输张，从而拿到13墩牌。于是，他在以明手的♥A赢得首墩；接着换出梅花，东家出♣9，手中以♣Q成功飞过；然后打出♣A，结果不幸被西家♣2将吃，西家马上回攻♠5！

现在明手只剩下两张将牌，而庄家手中还有3张小梅花。怎么办？菲什比恩意识到完成定约的方法只能是靠挤牌，为此首先需要把防守方的红心胁张由东家转移到西家。于是他用暗手的♠J得进后续出第3轮梅花，西家垫♦3，明手以♠10将吃；明手出♥Q，东家只好盖♥K，庄家以♠4将吃，这一打法顺利完成了胁张转移。此时残局如下：

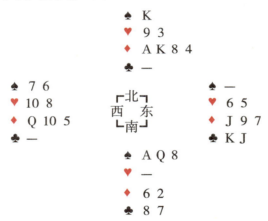

庄家打出第4轮梅花，西家已经出现垫牌困难。此时，他不能垫掉♥8，否则，庄家有机会通过将吃红心树立♥9为赢张；此外，西家还需要保护方块这门花色，因此他也未敢轻易垫去♦5。经过反复的思考后，在明知道北家会用♠K将吃的情况下，西家仍然选择用♠6将吃。其实，这是一种较为罕见的"将牌垫吃"局面。这种情况下，垫将牌是暂时摆脱挤牌的一种打法。

明手续出♥3给庄家的♠8将吃。庄家用♠A清掉西家最后一张将牌，明手垫♦4，东家垫出♥6。形成如下残局：

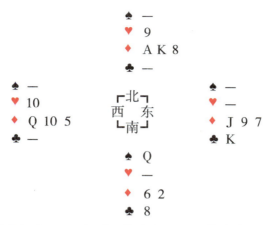

菲什比恩现在打出♠Q，东西两位防家已经无能为力，只好缴械投降（注：最后局势为定式【13C】）。

**基本定式【14】　同步双挤基本型**

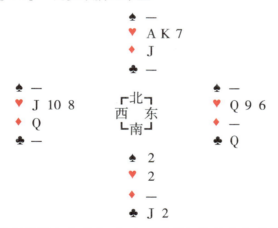

这个定式其实是基本定式【3】（对西家）和基本定式【6】（对东家）的结合体，即南家只有一张小红心的局势。从挤牌方视角看，这种局势与基本定式【3】【6】一样，比较脆弱，容易受到攻击。如果防守方早期能攻出一张小♥，挤牌局势将不复存在。

在基本定式【14】中，南家还有一张闲牌，即♣2。如果我们把这张♣2换成北家的♦J，就会得到一个新的定式。

## 基本定式【15】 同步双挤自动型（Simultaneous Automatic）

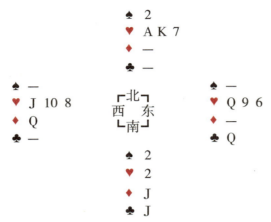

```
                    ♠ 2
                    ♥ A K 7
                    ♦ —
                    ♣ —
    ♠ —                           ♠ —
    ♥ J 10 8        ┌北┐          ♥ Q 9 6
    ♦ Q          西      东        ♦ —
    ♣ —             └南┘          ♣ Q
                    ♠ 2
                    ♥ 2
                    ♦ J
                    ♣ J
```

这个定式的结构是：南家持有挤牌张、B 花色的桥引、L 花色单胁张、R 花色单胁张；北家持有 B 花色的三胁张。

这种定式其实是两个基本定式【6】的结合体。这种定式的特点是：

1. 挤牌张是在 B 花色三胁张的对面。

2. 南家持有进入北家 B 花色的桥引。

3. 南家手上没有闲牌，北家还有一张闲牌。

4. 这种局势是双向的，东西两手牌互换，挤牌依然成立。

需要特别说明的是，在 7 种双挤基本定式中，这是唯一一种南家持有 L 花色胁张的情况。

## 第二小节 挤牌张与共同花色分离三胁张在同一手上

在第一章第三节中，我们介绍过基本定式【5】。在这个定式中，挤牌张与三胁张均在南家手里。南家已经没有闲牌，但北家的 ♦2 是一个闲张，如果把 ♦2 换成是对右手方防守人的胁张 ♣J，并且东西家均参与红心花色的防守，那么，我们就可以得到新的同步双挤。

## 基本定式【16】　同步双挤双进手型（Simultaneous Twin Entry）

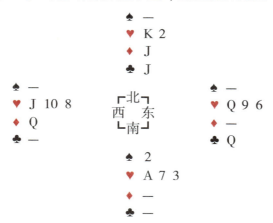

这个定式的结构是：南家持有挤牌张、B花色单大牌的三胁张；北家持有B花色的进手张、L花色单胁张、R花色单胁张。

这个定式其实是两个基本定式【5】的结合体，其特点是：

1. 挤牌张与B花色三胁张在同一手中。

2. 南家、北家各持有一个B花色的进手张。

3. 四家手上均没有闲牌。

4. 东西方的牌互换后，挤牌仍然可以成立。但前提是挤牌方必须知道北家的两个单胁张分别是针对东西哪一家的（通常情况下，这点在打牌过程中不难做到）。严格意义上讲，这个定式并不是双向双挤，仍是单向双挤，但是通常可视同双向双挤来打。

这种局势非常重要，也较为常见，本书后面所涉及的三门花色止张挤牌与此定式有着密切的联系。

### 实战牌例【14】：打草惊蛇（阿尔伯特·多默，Albert Dormer）

英国桥牌选手多默是一位享有世界声誉的桥牌理论家。1981年，由于其在桥牌理论方面所取得的辉煌成就，他获得IBPA颁发的"桥牌名人奖"。下面这副牌出自一次在伦敦举行的英国名人双人赛。

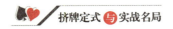

南家发牌　南北有局

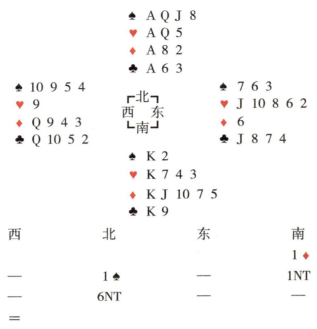

| 西 | 北 | 东 | 南 |
|---|---|---|---|
| | | | 1♦ |
| — | 1♠ | — | 1NT |
| — | 6NT | — | — |
| = | | | |

　　针对多默主打的 6NT 定约，西家首攻 ♠4。多默知道，叫牌各桌可能不同，但各桌差不多都会叫到 6NT。得 12 墩不会得到双人赛最高分，只有设法拿到 13 墩，才有可能获得顶分。

　　首墩明手放 ♠8，东家跟出 ♠3，庄家 ♠K 吃住。多默决定先侦察一下信息，看一下对方的红心分布。他兑现明手的 ♥A 和 ♥Q，结果发现西家只有 ♥9 并垫出 ♣2。多默分析西家在几无叫牌信息借鉴的情况下，大多会首攻自己手中最长的一门，而 ♠4 又是西家手中最小的一张，因此多默判断西家的牌是 4-1-4-4，并且在梅花上持有并非连张的大牌。根据西家的首攻和前 3 墩牌，多默就已经对整个牌局有了较为清晰的了解。专家的思路值得我们学习。

　　多默的做庄路线如下：明手续出 ♥5 给手中的 ♥K 赢得，西家垫 ♠5；庄家继续探听牌情，当他打出 ♦J 时，果然西家盖上 ♦Q，明手以 ♦A 吃住；明手继续出 ♦8，东家思考后垫 ♣4，庄家连打 ♦10、♦K，东家再垫 ♠6；多默接着出黑桃进入明手兑现 ♠A 和 ♠Q，东家垫 ♥10，庄家手中垫 ♦5。从而获得如下残局：

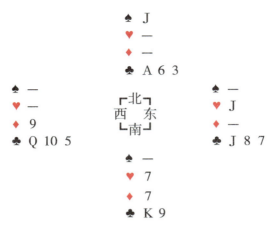

当多默打出 ♠J 时，他很清楚东家要看护 ♥，西家则要守住 ♦，东西方只好双双放弃对梅花的防守（注：最后局势为基本定式【16】）。

# 第二节　不同步双挤（Non–Simultaneous Double Squeeze）

普遍认为，不同步双挤是双挤中的一个难点。这类双挤之所以表现出一定难度，在于其结构的复杂性以及不易掌握的变化脉络。

ACBL 共列出 4 种不同步双挤。这 4 种双挤形势有一个相同点，就是挤牌张与共同花色长胁张在同一手上。

那么，不同步产生的根源就找到了，挤牌张既然在长胁张手上，就必须有打到对面胁张的桥引，因此，通常需要在左胁张花色或右胁张花色上，至少要有一个进手张，这时左胁张花色、右胁张花色就会有一个不是单胁张。于是，就会产生不同步双挤。

## 第一小节　不同步双挤的简单定式

首先，让我们看一种最简单的类型。

**基本定式【17】　不同步倒双挤左型**（Non-Simultaneous Inverted Left）

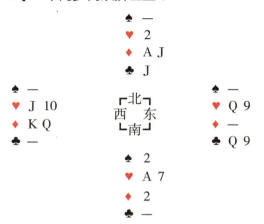

这个定式其实是由两次挤牌构成的。第一次挤牌，南家打出♠2，西家先在红心和方块上受挤，方块不能垫，只好垫♥10，北家则垫掉已经无用的♦J；这时东家未受挤，还有闲牌♣9可垫。第二次挤牌，南家出♦2给北家的♦A，东家在红心和梅花两门花色受挤。这个不同步双挤是单向的，如果东西两手牌对换，双挤将失败。

这种定式的结构是：南家持有挤牌张、L花色的桥引、B花色双胁张；北家持有L花色的双胁张、R花色单胁张、B花色的桥引。

这个定式的特点是：

1. 挤牌张与B花色双胁张在同一手上。

2. 南家持有进入北家L花色的桥引，北家持有进入B花色的桥引。

3. 四家手上，除东家的♣9之外，没有任何一张闲牌。

4. 挤牌的顺序是先挤西家，再挤东家。

5. 假如东西两手牌互换，双挤将不成立。

我们再来分析一下这个定式中的两次挤牌。第一次挤牌其实是定式【1A】，如果从桥引来判断，第一次挤牌是针对西家、基于♦为双胁张进行的单向单挤。第二次挤牌则是【4A】定式，是利用方块上的大牌作为挤牌张，针对东家、基于♥为双胁张进行的双向单挤。两次挤牌中的双胁张的花色是不同的。

这样，就能够让我们真正理解不同步双挤中的两个挤牌张，第一次挤牌张来自自由花色；而第二次挤牌张一定是第二次挤牌受挤方所未参与保护的花色，如针对东家（右手方）实施第二次挤牌，则挤牌张一定是 L 花色赢墩，反之亦然。

因此，我们在打这个定式的挤牌时，最后赢墩必须按照精确的次序兑现，可最先兑现的是 R 花色赢墩（挤牌前），然后是自由花色赢墩（实施第一次挤牌），最后是 L 花色赢墩（实施第二次挤牌）。因此，基于这种打牌顺序，克莱德·洛夫先生将这种双挤称为 RFL 双挤。

基本定式【17】还可以拓展为南家持有 B 花色三胁张的局势：

## 定式【17A】　不同步双挤变型一

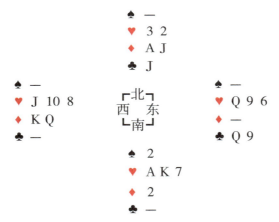

另外，基本定式【17】是两次挤牌只间隔一墩的不同步双挤。如果我们在其基础上把方块的结构变化一下，就会得到间隔两墩的甚至间隔三墩的不同步双挤。

## 定式【17B】　不同步双挤变型二

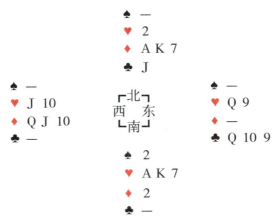

由于南家只有 1 张方块，因此，不可以在早期兑现方块大牌而使定式简化。因此，这也是一种不能再简化的定式。

### 定式【17C】 不同步双挤变型三

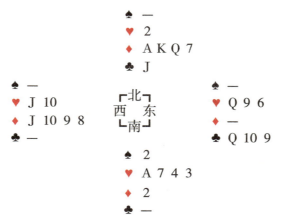

上述这两种变型，在打法上与基本型都是相同的，都是按照最先兑现 R 花色赢墩（挤牌前），然后自由花色赢墩（第一次挤牌），最后 L 花色赢墩（第二次挤牌）这一顺序来进行的。

### 实战牌例〖15〗：远交近攻（班尼托·葛罗佐，Benito Garozzo）

葛罗佐是意大利蓝队的绝对主力，是桥牌史上的传奇人物。他曾 3 次获得奥林匹克冠军，10 次百慕大杯冠军，5 次欧洲锦标赛冠军，其他国内比赛的冠军更是数不胜数。

**北家发牌　南北有局**

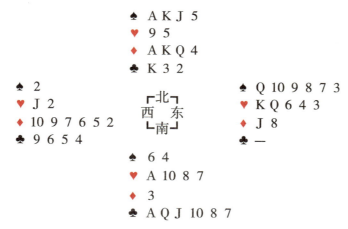

| 西 | 北 | 东 | 南 |
|---|---|---|---|
| | 夏里夫 | | 葛罗佐 |
| | 1♣ | 1♠ | 1NT |
| — | 2NT | 3♥ | 4♣ |
| — | 4♦ | — | 4♥ |
| — | 5♣ | — | 6♣ |
| — | 6NT | — | — |
| = | | | |

在贝鲁特举行的一次双人赛上，葛罗佐与夏里夫搭档，遇上了这副无将小满贯。

南家葛罗佐已经可以数出 12 墩牌，由于这是双人赛，关键问题是，在西家首攻♠2 后，如何拿到 13 墩。

东家的叫牌应该是提供了所有必需的线索。为了赢得全部的 13 墩牌，南家需要实施双挤：对西是 ♥–♦，对东是 ♠–♥。挤牌的目标是清晰的，但还需要正确的步骤才能实现。

这副牌非常有代表性，因为在实施挤牌中，通常我们有不止一条打牌路线，每种路线形成不同的残局，但是有些残局会让我们走向成功，有些残局却只能抱憾而归。那么在这副牌中，该如何掌握正确次序来建立起挤牌的局势呢？大家不妨自测一下自己的打牌路线。

接下来的关键，在于到底先兑现♠顶张，还是♦顶张呢？由于这两门花色的桥路都是畅通的,因此两条路都可以选择。让我们通过实战来看一下两者的区别。

不少庄家在面对同样的问题时，首先兑现的是♦顶张（次序有误，因为这是 L 花色赢墩），按以下次序来建立双挤：♠A、♦A、♦K 和♦Q，5 轮♣，达到如下残局：

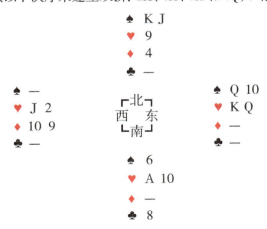

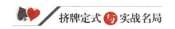

在 ♣8 上西家垫一张 ♦，而明手在东家之前先受挤：如果丢掉 ♥9，庄家将失去进入暗手的重要桥引；如果垫 ♠J，东就可以放弃 ♠ 而保留 ♥；如果垫 ♦4 这一关键胁张，东将丢掉 ♥，因为这时西的 ♥J 双张已能控制住这门花色。所以，按照这条路线，庄家只能得到 12 墩牌。

然而，桥牌传奇葛罗佐自然能找到囊括全部 13 墩的路线：

在用 ♠A 赢进首攻后，葛罗佐兑现 ♠K（正解，兑现 R 花色赢墩）以及 5 轮 ♣，达到如下形势：

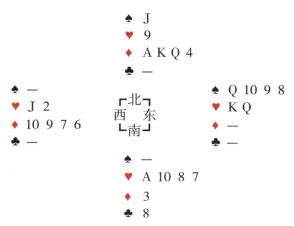

现在南家出 ♣8，西家被迫垫一张 ♥ 以守住 ♦，葛罗佐让明手垫 ♦4，然后再打三张 ♦ 大牌（最后兑现 L 花色赢墩），东家也只好缴械投降（注：最后局势为定式【17C】）。

**简评**：这副牌可以视为研究不同步双挤打牌次序的教科书般的牌例。需要说明的是，在这个双挤的牌例中，西家如果首攻 ♦，将会是精彩的断桥打法，这个双挤将不成立；当然，如果西家首攻 ♥，也会破坏双挤的局势。

基本定式【17】是单向的，先挤西家，再挤东家。东西牌互换后，第二次挤牌由于是双向的，理论上依然存在；但是由于北家没有闲牌，北家需要在东家之前垫牌，导致第一次挤牌会破坏第二次挤牌的结构，从而双挤失败。如果此时为北家增加 1 张闲牌，那么要继续形成挤牌局面，需要将南家红心的双胁张增加至三胁张，就会得到这样一个 5 张牌残局的定式。

**基本定式【18】　不同步倒双挤右型（Non-Simultaneous Inverted Right）**

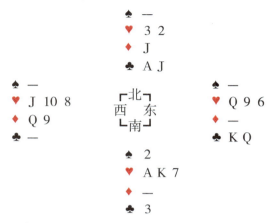

　　南家出 ♠2，西家可垫 ♦9，北家垫闲牌 ♥2，东家先在红心和梅花上受挤，梅花不能垫，只好垫 ♥6。第二次挤牌，南家出 ♣3 到北家的 ♣A，西家则在红心和方块两门花色上受挤。

　　这个定式的结构是：南家持有挤牌张、B 花色的三胁张、R 花色的桥引；北家持有 L 花色的单胁张、R 花色的双胁张、B 花色的桥引。

　　这个定式与同步双挤基本定式【16】在结构上也很相似，但不同点是北家在 B 花色上无进手张，这样必须在 R 花色上赋予北家一个进手张。这样一来，这种定式自然也就无法像基本定式【16】那样，打出同步的双挤。

　　这个定式的特点是：

　　1. 挤牌张与 B 花色三胁张在同一手上。

　　2. 南家持有进入北家 R 花色的桥引，北家持有进入 B 花色的桥引。

　　3. 北家和西家各有一张闲牌。

　　4. 挤牌的顺序是，先挤东家，再挤西家。这也是不同步双挤 4 种基本型中唯一按照此顺序的定式。

　　5. 这也是 4 种不同步双挤中唯一的双向双挤。东西两手牌互换后，挤牌仍然成立，这时就是定式【17A】。

　　我们在实施这种双挤时，最后赢墩必须按照正确的次序兑现，可最先兑现的是 L 花色赢墩（挤牌前），然后是自由花色赢墩（实施第一次挤牌），最后是 R 花色赢墩（实施第二次挤牌）。

## 第二小节　不同步双挤的复杂定式

前面两种不同步双挤的结构中，有一个共同特点，即南家持有挤牌张、L（或 R）花色的桥引、B 花色的长胁张；北家持有 L 花色的胁张、B 花色的胁张、B 花色的桥引。

现在，我们在基本定式【17】的基础上，再给南家追加任务，让其持有 R 花色的单胁张，这样南家至少持有 5 张牌，从而形成：

**基本定式【19】　不同步倒双挤左隐蔽型**（Non-Simultaneous Inverted Left Recessed）

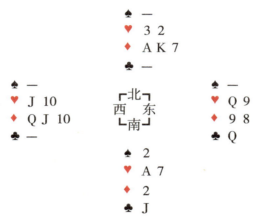

这个定式同定式【17】【18】有一个较大的区别，其第二次挤牌是一个单向单挤。

这个定式的结构是：南家持有挤牌张、L 花色桥引、B 花色的双胁张、R 花色单胁张（已经有 5 张牌）；北家持有 L 花色的三胁张、B 花色的桥引。

这种定式的特点是：

1. 挤牌张与 B 花色双胁张在同一手上。

2. 南家持有进入北家 L 花色的桥引，北家持有进入 B 花色的桥引。

3. 北家持有 L 花色的三胁张，其目的是，在这种 5 张牌的残局中，南家打出的自由花色挤牌张能够使西家受挤。

4. 南家、西家没有闲牌；北家有一张闲牌，东家有两张闲牌。

5. 北家的闲牌不能是 ♣ 小牌，这是因为西家已没有能力再参与到 ♣ 这门花色的防守，此时北家的 ♣ 就成为单胁张，从而使南家持有的 ♣ 胁张失去了意义。这时可以看作是定式【17B】。

6. 挤牌的顺序是，先挤西家，再挤东家。

7. 由于第二次挤牌是单向的，如果东西两手牌互换后，第一次挤牌成立，但第二次挤牌将会失败。

我们在实施这种双挤时，最后赢墩兑现的次序是 R 花色赢墩与自由花色赢墩可先兑现，这两种花色可不分先后，需要注意的是，L 花色赢墩（实施第二次挤牌）一定要最后兑现。

接下来，我们对基本定式【19】再做一点调整，假设南家手上并无进入 L 花色的桥引，这时我们就需要将 B 花色调整为南北两方均可进手的三胁张，得到以下定式：

**基本定式【20】 不同步双挤双进手左型（Non–Simultaneous Twin Entry Left）**

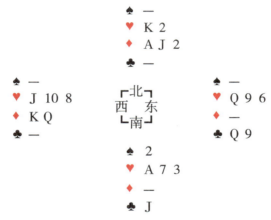

这种定式不能简化，虽然北家有 B 花色的进手张，但早期不能打出 ♦A，否则南家将无牌可垫。而且，由于第二次挤牌也是单向的，所以东西方两手牌互换后，挤牌将会失败。

这个定式的结构是：南家持有挤牌张、B 花色的三胁张、R 花色单胁张；北家持有 B 花色可进手的双胁张、L 花色的双胁张。

这种定式的特点是：

1. 挤牌张与 B 花色三胁张在同一手上。

2. B 花色为南、北家均有进手的三胁张。

3. 北家持有 L 花色的双胁张，这样南家打出的自由花色挤牌张才能够使

西家受挤。

4. 南家、西家、北家没有闲牌；东家有一张闲牌。

5. 同样，北家的♦2不能是♣小牌，道理同基本定式【19】；北家的♦2也不能是♥小牌或挤牌张花色的牌，否则早期拔掉♦A，就成为基本定式【13】。

6. 挤牌的顺序是，先挤西家，再挤东家。

7. 与基本定式【19】相同，这也是单向双挤。

我们在实施这种双挤时，最后赢墩兑现的次序是，R花色赢墩与自由花色赢墩可先兑现，这两种花色可不分先后，需要注意的是，L花色赢墩（实施第二次挤牌）一定要最后兑现。

我们还可以从另外一个角度来看这个定式。这个定式与基本定式【16】有一定的区别和联系。

### 定式【16A】 不同步双挤变型四

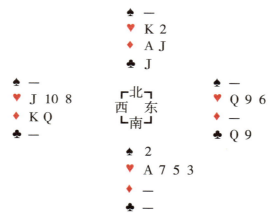

这是一种5张牌的残局结构。如果南北方早期没有机会提前兑现♦A，就会形成这样的局势。此时，双挤成立，这就是由同步双挤变型出来的不同步双挤。

这里，南家的♥5是张闲牌，我们可将这张闲牌换成♣J，把北家的♣J换作♦2，就得到基本定式【20】。

同基本定式【16】相同，这个定式中的两次挤牌都是基于红心为长胁张花色的单挤。这点与其他3种不同步双挤又有着明显的不同。此外，这种定式也与三门花色止张挤牌有着密切的联系。

我们在本节最后展示七种双挤基本型的结构列表，以便大家更好地了解和掌握这些双挤基本型的区别。

七种双挤基本型列表

| 序号 | 英文名称 | 中文名称 | 牌张 | 结构 | 共同花色结构 | 挤牌顺序 | 位置 |
|---|---|---|---|---|---|---|---|
| 13 | Simultaneous Balanced | 同步对称型 | 3张 | 南：S、R<br>北：B、L | 双胁张 | 同步 | 单向 |
| 15 | Simultaneous Automatic | 同步自动型 | 4张 | 南：S、L、R<br>北：B | 三胁张单进手 | 同步 | 双向 |
| 16 | Simultaneous Twin Entry | 同步双进手型 | 4张 | 南：S、B<br>北：L、R | 三胁张双进手 | 同步 | 视同双向 |
| 17 | Non–Simultaneous Inverted Left | 不同步倒双挤左型 | 4张 | 南：S、B<br>北：L、R | 双胁张 | 先左后右 | 单向 |
| 18 | Non–Simultaneous Inverted Right | 不同步倒双挤右型 | 5张 | 南：S、B<br>北：L、R | 三胁张单进手 | 先右后左 | 双向 |
| 19 | Non–Simultaneous Inverted Left Recessed | 不同步倒双挤左隐蔽型 | 5张 | 南：S、B、R<br>北：L | 双胁张 | 先左后右 | 单向 |
| 20 | Non–Simultaneous Twin Entry Left | 不同步双挤双进手左型 | 5张 | 南：S、B、R<br>北：L | 三胁张双进手 | 先左后右 | 单向 |

# 第三节　运用双挤原理实施单挤（Either–or Squeeze）

双挤的原理在于，两个防守人都参与防守，他们每个人单独保护一门花色，两人又同时保护共同花色。结果，两人为了守住其单独保护的花色，最终都无力再守住共同花色。

在明确的双挤中，两个防守人都参与保护共同花色。但在实战中，可能会有这样的情况：两个防守人都在单独保护一门花色；而在共同花色上，其实只有一个防守人在保护（我们姑且仍视其为共同花色）。这时的结果，并不存在双挤局势，而只是存在一个确定的单挤。

这种情况下，我们可以做的是，把这个单挤当作是双挤来打，甚至无需知道到底是哪个防守人最终受挤。这个道理其实也很简单，两个防守人都无法承受的挤牌，单独一个防守人更不可能承受。

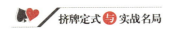 

《桥牌大百科全书》中，将这种挤牌称为可变挤牌（Either-or Squeeze），笔者将其称为二择一挤牌。

也可以换个角度来理解，当我们只需要知道两个防守人都在分别保护某一门花色时，那么，他们谁都将无力再保护第三门花色了。理解这一点，也有助于当我们成为防守方时，能够做出正确的防守花色选择。

我们在【13D】的基础上做一点变型来解释说明：

**定式【13E】　二择一挤牌基本型**

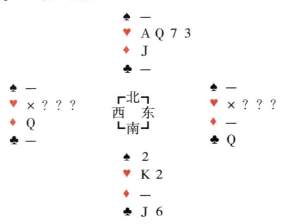

假设南北家共持有 6 张 ♥，事实上只会有一个防守人能够守住这门花色。此时南家只需知道西家在防守 ♦，东家在防守 ♣，那么南家即可宣布，不论他东西两家的 ♥ 如何分布，他都将全取最后 5 墩牌。因为，持有 4 张以上 ♥ 的那个防守人必然将受到一个单挤。

如果南北家共持有 7 张 ♥，或者存在一个二择一挤牌，或者 ♥ 是 3-3 分布时，这时甚至不需要挤牌。

我们来看实战中出现的这种牌例。

**实战牌例【16】：以逸待劳（吉尔·海尔格莫，Geir Helgemo）**

被誉为"天才牌手"的海尔格莫少年成名，他在 1988 年就代表挪威参加欧洲青年桥牌锦标赛并获得第三名的好成绩。进入成年队后，同样战绩优异，2007 年，他以绝对主力身份带领挪威夺得百慕大杯冠军。

**东家发牌 南北有局**

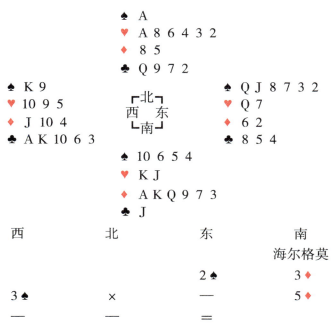

| 西 | 北 | 东 | 南 |
|---|---|---|---|
| | | | 海尔格莫 |
| | | 2♠ | 3♦ |
| 3♠ | × | — | 5♦ |
| — | — | = | |

西家首攻 ♣K，取得这墩后，西家忌惮明手的红心长套，直接换攻 ♠9，打掉明手关键的进手张 ♠A。

海尔格莫停下来思考如何完成定约。如果外面将牌 3–2 分布，定约人已有 9 墩牌。明手还可以安排将吃 1 墩小 ♠，这样就有 10 墩牌。似乎，第 11 墩牌的来源只能是如何正确处理好红心套。

海尔格莫发现，根据首攻可以认为西家还持有 ♣A，由于东家持有 ♠ 长套，那么南北两家的 ♣Q 和 ♠10 就都处于有利位置。因此，可以考虑挤牌打法。现在万事俱备，只欠东风，也就是挤牌的时机。

于是，庄家第三墩从明手打出 ♣7，暗手并不将吃，而是垫掉 ♠5（调整输墩）！庄家调整输墩的时机非常好，防守方进手后动将牌。庄家用 ♦A 停住后，让明手将吃 ♠6；再出梅花将吃回手；接着南家兑现将牌赢张，最后 4 张牌的残局如下：

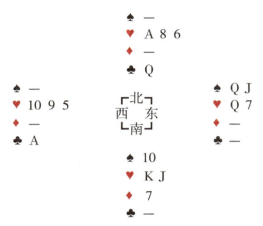

事实上，当海尔格莫打出♦7时，他甚至无须知道到底哪个防守人是挤牌的最终受害者。他只需要在外面的♣A、♠大牌相继未垫出时，兑现♥K、♥A和♥8即可全取3墩（注：最后局势为定式【13E】）。

下面这副牌是本书中唯一的挤牌失败牌例，而这却是笔者非常喜欢的一副牌。这副牌体现出来的不仅有专家不凡的思路和打法，更有桥牌顶尖高手之间的互相理解、互相欣赏、互相敬佩。

### 实战牌例〖17〗：假痴不癫（班尼托·葛罗佐，Benito Garozzo）

桥牌是个很神奇的游戏，偶尔也会有这样的情况，一个大师级牌手失败的定约却被一般牌手很容易地完成了。以下这副牌局出现在意大利帕尔马的一次队式比赛上。意大利蓝队的贝拉多纳—阿瓦涅利坐闭室，葛罗佐—福奎特坐开室。

**南家发牌 双方有局**

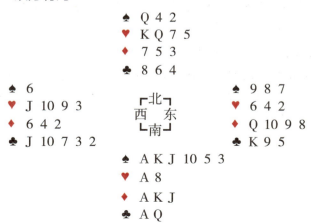

| 西 | 北 | 东 | 南 |
|---|---|---|---|
|  | 福奎特 |  | 葛罗佐 |
|  |  |  | 1♣ |
| — | 1♥ | — | 2♠ |
| — | 3♠ | — | 4♣ |
| — | 4♥ | — | 5♦ |
| — | 5♥ | — | 7♠ |
| — | — | = |  |

当开室正在打这副牌的时候，贝拉多纳已经从闭室打完牌走进解说室了。他正好听到专家评论员的预测：闭室中西班牙的南北方已经打完这副牌，他们成功地叫到并做成了7♠定约。由于♦Q和♣K都处于有利位置，这多半是一副没有输赢的牌。

此时贝拉多纳却语出惊人，说道："如果西家首攻一张黑桃或红心，葛罗佐将会把7♠定约打宕！"

西家果然首攻了一张黑桃，结果也证实了贝拉多纳的预言。

我们先看看闭室西班牙南家的打法。面对开室同样的黑桃首攻，南家肃清将牌后，先打出♦A和♦K，希望击落♦Q。当这一希望不能实现时，南家连出三轮红心，垫去♦J，然后飞梅花完成定约。

那么，葛罗佐是怎样打宕定约的呢？

葛罗佐很清楚，只要能飞中♦Q和♣K中的任何一张牌，就可以完成定约。但是具体飞哪一张牌，这种猜测又是非常艰难的选择。

为此，葛罗佐决定不进行任何飞牌，而是采取挤牌的路线。赢进将牌首攻后，葛罗佐清光外面的将牌，兑现♦A、♦K以及♣A，再出将牌直到手上只剩一张将牌，达到如下残局：

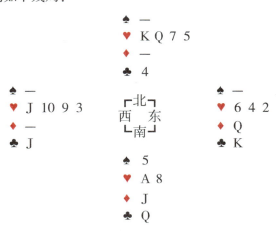

南家打出最后一墩将牌，只要 ♦Q、♣K 分别位于两家，那么他们不管谁再持有 4 张 ♥，都将受到一个单挤；还有一个机会，就是持有 ♦Q 和 ♣K 的一方，同时还持有 4 张 ♥，葛罗佐都能取得成功（注：葛罗佐期望按基本定式【15】实施一个单挤）。这种打法同时也兼顾了击落任何一个防守人持有双张 ♦Q 的机会。

但是，牌张并不配合，结果是西家持有 4 张 ♥，而东家持有 ♦Q、♣K，预期中的挤牌并不存在。葛罗佐无奈地接受定约宕一的结果。

**简评：** 贝拉多纳之所以能极快预见到葛罗佐失败的结果，是因为他认为葛罗佐选择的是最佳打法。如果他是定约人，他也一定会采取这种打法。因此，这种预测又何尝不是对葛罗佐打法的一种认可和赞赏呢！

# 第四节　带飞牌的双挤

飞牌在双挤中依然可以发挥巨大的威力。在很多双挤的残局中，我们都可以将其拓展成为带有飞牌结构的双挤。

## 带飞牌的同步双挤

只要在同步双挤定式中略做调整，即可演化出这些残局结构。

首先，这是在定式【13C】的基础上变化过来的：

### 定式【13F】　带飞牌的双挤一

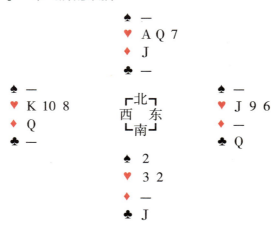

这是在基本定式【14】的基础上拓展的：

### 定式【14A】　带飞牌的双挤二

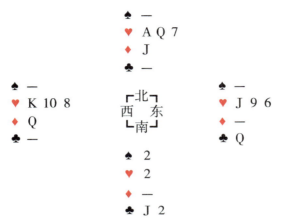

这是在基本定式【15】的基础上拓展的：

### 定式【15A】　带飞牌的双挤三

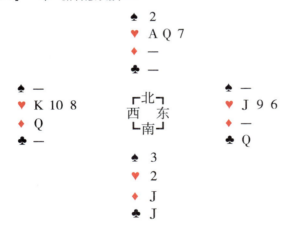

同理，定式【13F】的飞牌可提前进行；而定式【14A】【15A】的飞牌不能提前进行，只能保留到最后。

## 实战牌例〖18〗：顺手牵羊（爱德加·凯普兰，Edgar Kaplan）

凯普兰既是一位优秀的牌手，又是一位杰出的桥牌作家和教师。他曾多次代表美国队参加百慕大杯比赛，又因熟知欧洲的各种叫牌体制，长期担任美国队的教练。

**东家发牌　双方无局**

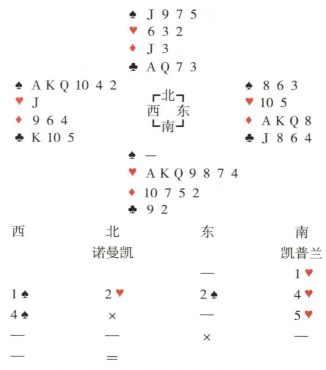

|  | ♠ J 9 7 5 |  |
|---|---|---|
|  | ♥ 6 3 2 |  |
|  | ♦ J 3 |  |
|  | ♣ A Q 7 3 |  |
| ♠ A K Q 10 4 2 | 北 | ♠ 8 6 3 |
| ♥ J | 西　东 | ♥ 10 5 |
| ♦ 9 6 4 | 南 | ♦ A K Q 8 |
| ♣ K 10 5 |  | ♣ J 8 6 4 |
|  | ♠ — |  |
|  | ♥ A K Q 9 8 7 4 |  |
|  | ♦ 10 7 5 2 |  |
|  | ♣ 9 2 |  |

| 西 | 北 | 东 | 南 |
|---|---|---|---|
|  | 诺曼凯 |  | 凯普兰 |
|  |  | — | 1♥ |
| 1♠ | 2♥ | 2♠ | 4♥ |
| 4♠ | × | — | 5♥ |
| — | — | × | — |
| — | — | = |  |

这副牌选自 1977 年全美终身大师桥牌双人赛。其中，凯普兰坐南主打被加倍的 5♥ 定约。

西家首攻 ♠Q，庄家将吃后立即打出小方块，明手放 ♦J，东家吃进后不失时机地打出 ♥5，南家以 ♥A 赢进。南家再出小方块，东家进手后继续出 ♥10。

至此，庄家已丢失两墩方块，所以即使能够飞中西家的 ♣K，定约似乎也要宕一，因为庄家手中还有两张小方块有待处理，而明手仅剩有一张将牌。

凯普兰思考，从西家首攻 ♠Q 来看，似乎黑桃的三张大牌均在西家，因此，明手的 ♠J 将是对西家在黑桃花色上的胁张；如果东家持有 4 张方块的话，那么暗手的 ♦10 将是对东家在方块花色上的胁张。这样一来，两位防家都将无力看守梅花这门花色。

于是，南家用 ♥K 停住东家的将牌回攻。再出第三轮方块，西家跟出 ♥9，明手用最后一张将牌将吃。明手再出 ♠7，南家将吃回手。然后，南家再出两轮将牌，形成以下残局：

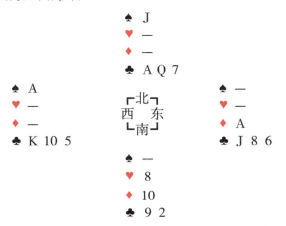

现在南家打出 ♥8，西家、东家分别为保护他们持有单独花色的大牌，被迫双双垫去一张小梅花。凯普兰此时用明手的 ♣Q 飞牌成功后，用 ♣A 击落西家的 ♣K 的同时，顺带打下 ♣J，最终 ♣7 取得了最后一墩，顺利完成了这个加倍定约（注：最后局势为定式【13F】）。

### 带飞牌的不同步双挤

在不同步双挤局势中，也存在着带飞牌的变化。在不同步双挤定式【17B】的基础上，我们可以针对 L 花色胁张进行调整，成为以下定式：

### 定式【17D】　带飞牌的双挤四

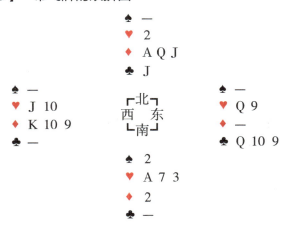

## 定式【19A】 带飞牌的双挤五

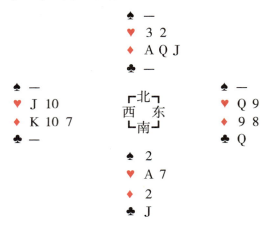

也可在 B 花色的三胁张引入飞牌结构：

## 定式【18A】 带飞牌的双挤六

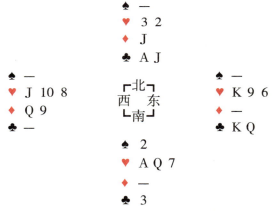

以上三个飞牌定式，或是单张桥引，或是双挤结构要求，飞牌都不能提前进行，只能"先挤后飞"。这种桥引结构也是此类挤牌局势的薄弱环节，防守方如果能早期进攻桥路，就有机会破坏挤牌局势。

### 实战牌例【19】：浑水摸鱼（加布里尔·查格斯，Gabriel Chagas）

巴西老将查格斯是一位世界级名将，是巴西队的绝对主力。

下面这副牌出现在 1995 年的百慕大杯，这届杯赛在中国北京举行。当时小组赛上，中巴两队遭遇，这副牌正在开室现场直播，闭室中国队已打成 4♠超一。当巴西队叫到黑桃花色小满贯定约时，现场中国观众已暗自庆祝，认为巴西队的 6♠似乎必宕无疑，在这副牌上中国队可以实现双得分。

南家发牌　东西有局

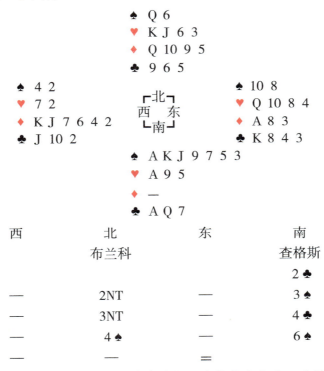

| 西 | 北 | 东 | 南 |
|---|---|---|---|
|  | 布兰科 |  | 查格斯 |
|  |  |  | 2♣ |
| — | 2NT | — | 3♠ |
| — | 3NT | — | 4♣ |
| — | 4♠ | — | 6♠ |
| — | — | = |  |

小满贯定约看上去无法完成，庄家在红心和梅花上各有一个输张，中国观众的提前庆祝不无道理。

西家首攻 ♦6，明手的 ♦9 逼出东家的 ♦A 后，查格斯察觉到了完成定约的额外机会。如果西家有 ♦K，而东家持有带 ♥Q 的长红心，那么他们谁还能守住三张梅花呢！由于要按东家持有长红心来打，查格斯处理得十分小心谨慎。

南家将吃首轮 ♦A 后，查格斯调两轮将止于明手，发现已经清光外面的将牌；然后他将吃明手的 ♦5 回手；接下来他先试飞 ♥Q 的机会，结果明手的 ♥J 被东家的 ♥Q 吃住。东家继续攻 ♦3，这是个过于求稳的防守张，因此错失了打宕定约的唯一机会。

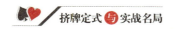

庄家将吃方块回攻，再调一轮将牌，形成如下残局：

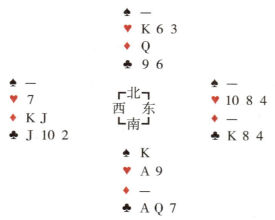

庄家此时打出♠K，西家垫♥7，北家垫♣6，东家首先受挤，被迫垫一张梅花。然后第三轮红心上（相当于最后兑现R花色赢墩），西家也遭受到同样的待遇。最后，查格斯简单飞了一下梅花后，全取梅花3墩（注：最后局势为定式【18A】）。

中国桥牌观众在为结果惋惜的同时，也不得不赞叹查格斯高超的技艺。

**简评：**东家打宕定约的唯一机会在于，他用♥Q上手后要换攻梅花。这样北家再无多余的梅花闲张，被迫要在东家之前垫牌（也可理解成破坏了这种挤牌在共同花色上的三胁张结构），双挤就会失败。

# 第五节　其他形式的双挤

还有一些双挤，这些局势虽然并不常见，却体现出双挤结构的独特魅力。

## 第一小节　交替挤牌（Reciprocal Squeeze）

前面我们提到的7种双挤，都是涉及4种花色。在一些双挤局势中，并没有自由花色挤牌张。两次挤牌的挤牌张均是单胁张花色上的大牌，两位防守人先后被其同伴单独保护花色上的大牌挤住，交替挤牌的名字由此产生。这种双挤仅涉及3种花色，而且它们一定是不同步双挤。

交替挤牌一共有4种残局，它们均是由前面我们提到的双挤基本型演化而成的。从结构上看，7种双挤基本型中，只有南家（也就是发动挤牌的这一侧）持有R花色胁张的4种残局可以演化出交替挤牌，另外3种南家不持有R花色胁张的双挤无法演化成为交替挤牌。

我们先回到基本定式【13】，在这个基本定式中增加些变化：

### 定式【13G】　同步双挤变型五

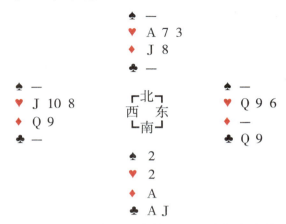

这本来是个同步双挤的定式。通常情况下，我们会先兑现两个单胁张花色大牌，两位防守人分别垫 1 张小♥；这时就是标准的基本定式【13】。如果我们先兑现♣A，则成为定式【13A】；如果我们先兑现♦A，就是定式【13B】。

此时，如果我们率先兑现自由花色赢墩♠2，另外三家各垫掉一张小♥，那就形成了一个新的挤牌定式。

### 基本定式【21】　交替挤牌基本型一

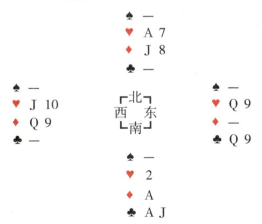

而且，这个局势非常有趣：南家既可以先出♣A，挤住西家，迫使西家垫♥10，北家则垫掉已经无用的♦8；然后南家再出♦A，挤住东家，东家也只能垫掉一张红心。或者，南家也可以先出♦A，西家、北家正常跟出，这样就首

先挤住东家，迫使东家垫掉♥9；然后南家再出♣A挤住西家，迫使西家也垫掉一张红心。

同基本形势【13】一样，这个交替挤牌也是单向的。

**实战牌例〖20〗：树上开花**（张亚兰，Zhang Yalan）

张亚兰曾是中国女队绝对主力，威尼斯杯冠军队成员。下面这副牌出现在1987年迈阿密的世界锦标赛。能够在世界大赛上打出这样一个并不常见的挤牌类型，足以展现中国女子世界冠军的风采。

**南家发牌　双方有局**

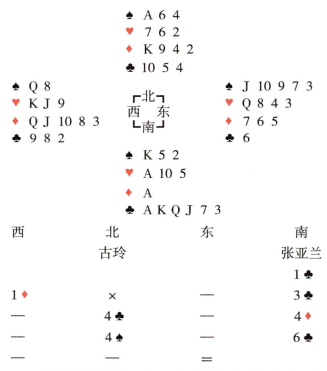

|  | ♠ A 6 4 |  |
|---|---|---|
|  | ♥ 7 6 2 |  |
|  | ♦ K 9 4 2 |  |
|  | ♣ 10 5 4 |  |

| ♠ Q 8 | 北 | ♠ J 10 9 7 3 |
| ♥ K J 9 | 西　东 | ♥ Q 8 4 3 |
| ♦ Q J 10 8 3 | 南 | ♦ 7 6 5 |
| ♣ 9 8 2 |  | ♣ 6 |

|  | ♠ K 5 2 |  |
|---|---|---|
|  | ♥ A 10 5 |  |
|  | ♦ A |  |
|  | ♣ A K Q J 7 3 |  |

| 西 | 北 | 东 | 南 |
|---|---|---|---|
|  | 古玲 |  | 张亚兰 |
|  |  |  | 1♣ |
| 1♦ | × | — | 3♣ |
| — | 4♣ | — | 4♦ |
| — | 4♠ | — | 6♣ |
| — |  | = |  |

西家首攻♦Q，明手摊下牌后，张亚兰感到完成定约的难度极大。两门高花上都是3-3配合，输张如何处理，似乎毫无头绪。

张亚兰思考，如果北家的长方块对西家是胁张，南家的黑桃又可以威胁东家的话，那么两位防守人都将无力守住红心花色。但是，如果挤牌张是从明手打出来的话，明手又缺乏自由花色挤牌张。怎么办呢？张亚兰心中已有对策，但她知道还需要防守方的一点疏忽。

南家首先用单张♦A止住西家的首攻。然后手中打出♣3，明手♣10取得

进手后打出 ♥2，东家放小，这时张亚兰也跟出 ♥5，西家用 ♥9 赢进。

此时，西家正在面对南家所给出的难题。张亚兰这种打法的目的是，第三墩就进行必要的输张调整，此时防守双方关于牌局的信息交换还较为有限，防守方在虚实不分之际，可能会错失致命的回攻。

果然，西家采取谨慎性回攻，攻出 ♦J，南家略微松了一口气。她让明手放小，自己手上将吃。尽管庄家的计划是采取双挤打法，但这次双挤打法并不寻常。南家先把将牌（自由花色赢墩）全部兑现完。然后，南家拔掉手上的 ♠K，四家都跟出 ♠，此时的残局形势如下：

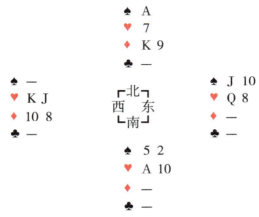

南家此时从手上出 ♠2 到北家的 ♠A，西家先受挤，她只好垫掉 ♥J；然后北家接着兑现 ♦K，现在轮到东家受挤了，不得以东家只好也垫小红心。最后张亚兰依靠手中的 ♥10 完成了定约（注：最后形势可视同北家打出 ♠A，即为基本定式【21】；如果是北家出牌，北家也可打出 ♦K 先挤东家）。张亚兰的打法十分精妙，展示出极高超的做庄技巧。

在这副牌中，第三墩西家用 ♥9 上手后，如果主动再攻红心，就可以把南北方挤牌的桥路打断，从而击败定约。

同理，我们在基本定式【15】的基础上进行变化：

### 定式【15B】 同步双挤变型六

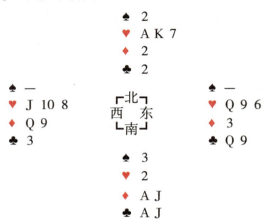

♠ 2
♥ A K 7
♦ 2
♣ 2

西家:
♠ —
♥ J 10 8
♦ Q 9
♣ 3

东家:
♠ —
♥ Q 9 6
♦ 3
♣ Q 9

南家:
♠ 3
♥ 2
♦ A J
♣ A J

此时，我们仍可率先兑现自由花色赢墩♠3，东西两家各垫去一张低花上的闲牌，就形成了下面的挤牌局势：

### 基本定式【22】 交替挤牌基本型二

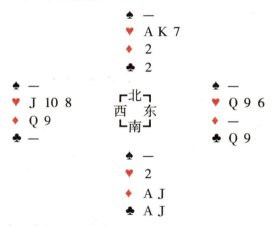

♠ —
♥ A K 7
♦ 2
♣ 2

西家:
♠ —
♥ J 10 8
♦ Q 9
♣ —

东家:
♠ —
♥ Q 9 6
♦ —
♣ Q 9

南家:
♠ —
♥ 2
♦ A J
♣ A J

与基本定式【21】相同，南家既可以打出♣A，先挤西家，再用♦A挤住东家；也可以打出♦A，先挤东家，再用♣A挤住西家。

这个交替挤牌是双向的。这也是4种交替挤牌中唯一的双向双挤。而且，这种交替挤牌同基本形势【15】，也可称作自动式交替挤牌，当进入挤牌残局后，挤牌方无须太多计算，挤牌会自动产生作用。

接下来，让我们再来看看在两个不同步双挤上的变化，首先来看基于基本定式【19】的变化。

这个定式中，我们只需把自由花色赢墩♠2换成R花色赢墩♣A，就形成了下面这个新的挤牌局势：

**基本定式【23】　交替挤牌基本型三**

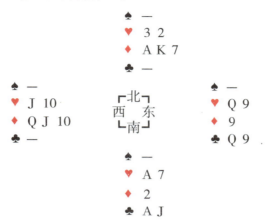

现在，南家打出 ♣A，取得的效果与基本定式【19】中先兑现自由花色赢墩 ♠2 完全相同。在此不再赘述。

同理，我们基于基本定式【20】，可形成以下新的交替挤牌：

**基本定式【24】　交替挤牌基本型四**

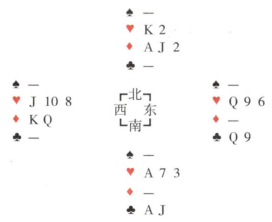

这两种由不同步双挤演化过来的交替挤牌都是单向的。

**实战牌例【21】：偷梁换柱（新睿桥友"George"）**

新睿平台提供了更多的打牌机会。笔者非常幸运，在本书即将完稿时遇到了这样一副牌。

**南家发牌　双方有局**

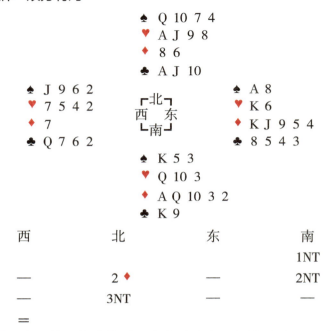

```
            ♠ Q 10 7 4
            ♥ A J 9 8
            ♦ 8 6
            ♣ A J 10

♠ J 9 6 2        北         ♠ A 8
♥ 7 5 4 2    西      东      ♥ K 6
♦ 7            南          ♦ K J 9 5 4
♣ Q 7 6 2                  ♣ 8 5 4 3

            ♠ K 5 3
            ♥ Q 10 3
            ♦ A Q 10 3 2
            ♣ K 9
```

| 西 | 北 | 东 | 南 |
|----|----|----|----|
|    |    |    | 1NT |
| — | 2♦ | — | 2NT |
| — | 3NT | — | — |
| = |    |    |    |

MP 赛制，南北使用精确体系，南家认为自己是均型牌，又是比赛分制，就没有叫 3♦，而是选择了 2NT 叫品，最终南北把定约停在了 3NT 上。

西家首攻♠2，明手上♠10，东家用♠A取得。现在庄家已经能够数出8墩牌了。

东家换攻♦5，庄家计划双飞一下，暗手出♦10，多少有些意外，竟然取得了这一墩。目前，完成定约已不是问题。庄家树立红心套，手上出♥Q，飞失给东家的♥K。东家再出♦9，南家用♦Q飞，成功飞过，西家垫了张小♥。这时的形势如下：

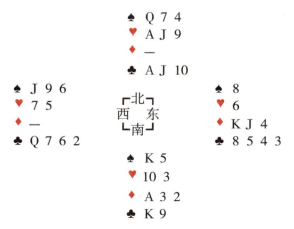

```
            ♠ Q 7 4
            ♥ A J 9
            ♦ —
            ♣ A J 10

♠ J 9 6          北         ♠ 8
♥ 7 5        西      东      ♥ 6
♦ —            南          ♦ K J 4
♣ Q 7 6 2                  ♣ 8 5 4 3

            ♠ K 5
            ♥ 10 3
            ♦ A 3 2
            ♣ K 9
```

到目前为止，庄家已经有 10 墩牌在手。而笔者此时高兴地看到，自己不需要猜 ♣Q 的位置了。接下来，肯定会存在一个双挤，这是由于西家要防守黑桃，东家要防守方块，两个人都再无力防守梅花。

笔者停下来，仔细看清楚了这个双挤的结构。在这个结构中，北家持有最后的自由花色（红心）赢张，因此需要从北家的视角来审视，北家持有 B 花色 3 胁张、R 花色胁张、自由花色赢张，南家持有 L 花色胁张，在 B 花色上南北方均有进手张。现在，南北方在自由花色、R 花色、L 花色三门花色上均有赢墩，自由花色、R 花色上的赢墩可以提早兑现；唯独不能提前兑现的是 L 花色的 ♦A，因为兑现 ♦A 时，明手会先受挤。

所以，庄家现在有两种打法：

第一种是中规中矩的打法，先兑现 ♠K，再 ♠Q（兑现完所有 R 花色赢墩），这时东家会垫 ♣3。庄家接着再兑现 ♥10，然后是 ♥A，东家垫 ♦4，形成残局如下：

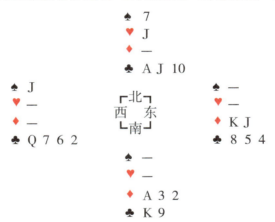

庄家再出 ♥J，现在东家为保护方块，只好垫 1 张梅花；暗手扔掉 1 张小♦；西家目前尚无垫牌压力，可垫 ♣2。然后，明手先出 ♣10 到暗手的 ♣K，南家再拔 ♦A 时，西家在两门黑花色上受挤（注：最后局势为基本定式【20】）。

第二种是略显新奇的打法，庄家先兑现 ♥10，然后是 ♥A、♥J（兑现完所有自由花色赢墩），暗手垫掉 ♦2，东家在两门低花上各垫 1 张牌，西家垫 1 张小梅花。庄家再拔 ♠Q，此时残局如下：

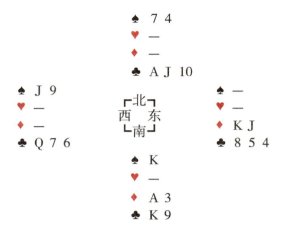

```
              ♠ 7 4
              ♥ —
              ♦ —
              ♣ A J 10
♠ J 9                        ♠ —
♥ —         ┌ 北 ┐          ♥ —
♦ —         西    东         ♦ K J
♣ Q 7 6     └ 南 ┘          ♣ 8 5 4
              ♠ K
              ♥ —
              ♦ A 3
              ♣ K 9
```

明手出♠4到暗手的♠K时，东家先受挤，只好垫1张梅花。南家再拔♦A，这时轮到西家受挤。东西两方均在其同伴单独保护的花色上受到交替挤牌（注：最后局势为基本定式【24】）。

最终3NT定约超二完成，在比赛分制下可取得非常不错的成绩。

ACBL编写的《审定桥牌百科全书》中这样总结交替挤牌具有的双重好处：交替挤牌更具隐蔽性，防守方有更多犯错误的机会；庄家可以得到关于所缺牌张情况的更多信息。

## 第二小节　双花色双挤

交替挤牌涉及三个花色，那么有没有只涉及两种花色的双挤呢？这是一种非常罕见的双挤，从结构上看，一方面它与十字交叉挤牌有几分相似，另一方面就是在三胁张花色的牌张有特定要求，两位防守人都无能力独立防守这门花色，比较"脆弱"地形成了一种联合防守状态。

**基本定式【25】　十字交叉双挤**

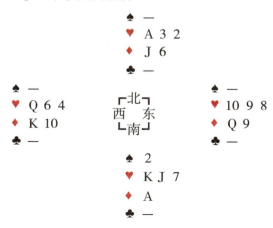

```
              ♠ —
              ♥ A 3 2
              ♦ J 6
              ♣ —
♠ —                          ♠ —
♥ Q 6 4     ┌ 北 ┐          ♥ 10 9 8
♦ K 10      西    东         ♦ Q 9
♣ —         └ 南 ┘          ♣ —
              ♠ 2
              ♥ K J 7
              ♦ A
              ♣ —
```

这个残局对 ♥ 花色的牌张有特定的要求。如果只看西家的牌，他无法独立完成对 ♥ 花色的防守，东家的 ♥10-9-8 结构对西家来说，其实是防止南北方倒飞 ♥Q 的保护张。

当南家打出 ♠2 时，西家为了保护 ♥Q 不被击落，只能垫一张小方块，北家垫去 ♥2；这时，东家不能再垫 ♦，只能垫 ♥，这就放弃了对同伴 ♥Q 的保护。下轮南家出 ♥J，西家若盖上 ♥Q，则北家 ♥A 赢得后南家的牌全大了；若西家不盖 ♥Q，则北家跟小 ♥，然后挤牌方按 ♥A、♦A、♥K 顺序依次取得最后三墩牌。

## 第三小节　反弃货双挤

弃货单挤是单向的，因此相应地无法得到弃货双挤。幸运地，反弃货单挤是双向的，因此我们可以得到反弃货双挤。

### 基本定式【26】　反弃货双挤

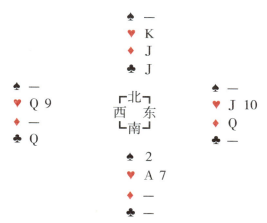

这个定式可看作是两个基本定式【12】的结合体，我们还可以发现这个定式同基本定式【16】的相同点。如果在此定式基础上，四家每人手中增加 1 张红心，即得到基本定式【16】。

# 第三章 将吃挤牌（Trump Squeeze）

我们在前两章介绍的均是未考虑将牌因素的挤牌。如果能在挤牌中发挥出有将定约中将牌的威力，我们就可以得到更强大的武器——将吃挤牌。

将吃挤牌其实是从十字交叉挤牌演化过来的。

首先，我们需要引入将吃胁张的概念。例如，在如下牌型结构：

♥ Q J

♥ 10 9 　　　　　　　 ♥ A K

♠ 2（将牌）

北家的♥Q-J对东家的♥A-K，就是一个将吃胁张。如果东家被迫垫掉一张♥大牌，北家只需要让南将吃一轮♥，就可以做大明手的♥Q。同样地，在如下牌型结构：

♥ Q 3

♥ J 9 　　　　　　　 ♥ K 4

♠ 2（将牌）

北家的♥Q-3对东家的♥K-4，这种嵌张结构，也是一个将吃胁张。如果东家被迫垫掉♥4，北家只需要让南将吃一轮小♥，就可以做大明手的♥Q。

或者是这样的牌型结构：

♥ A J 2

♥ 6 5 4 　　　　　　　 ♥ K Q 8

♠ 2（将牌）

♥ 3

北家的♥A-J-2对东家的♥K-Q-8，也是一个将吃胁张。如果东家被迫垫掉♥8，北家只需要让南将吃一轮♥，就可以做大明手的♥J。对比前两种结构，这种结构的优势是南北方在这门花色上保持联通，相当于这样的胁张本身带着一个进张。

在将吃挤牌打法中，进张起着至关重要的作用。这是因为将吃胁张要在将吃后才能变成赢张，所以将吃后的进张不可或缺。因此，将吃挤牌可以分为两类，第一类是挤牌张与将吃胁张在同一手，这样拥有将吃胁张的一方只需要再进手一次就可兑现将吃后形成的赢张；第二类则是挤牌张与将吃胁张分在两家，这时拥有将吃胁张的一方必须经过两次上手才有机会兑现将吃后形成的赢张。

# 第一节　单进手将吃挤牌

本节介绍第一类将吃挤牌，即挤牌张与将吃胁张在同一手，拥有将吃胁张的一方只需要进手一次就可兑现将吃后的赢张。

首先，让我们回到基本定式【7】：

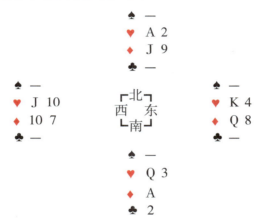

这是一个十字交叉挤牌，南家打出 ♣2 时，北家垫掉 ♥2，东家受挤。现在，我们把北家的 ♥A 换成一张将牌 ♠2，形成以下局势：

**基本定式【27】　将吃挤牌基本型一**

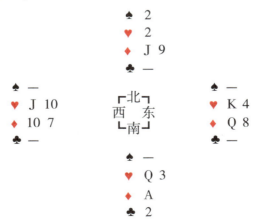

南家打出♣2，北家垫♥2，东家仍然受挤。如果东家垫♥4，南家出小♥让北将吃，从而做大南家的♥Q；如果东垫♦8，南就先兑现♦A，然后明手将吃红心上手后兑现♦J。在这个残局中，北家的♥2其实是一张闲牌，可以换成一张非将牌的其他小牌。

将吃挤牌产生效果的原理很容易理解。要知道，在有将定约中（♠为将牌），最小的将牌♠2就是一张比♥A还要大的牌（我们可以将其看成是♥A+）。

同其十字交叉挤牌原型一样，这个将吃挤牌也是双向的。这种将吃挤牌与其十字交叉挤牌原型略有区别。我们知道，这种十字交叉定式主要是针对东家的，因为如果是西家持有东家手上的牌，南家可以先兑现♦A，再打出对西的一个单向单挤，而将吃挤牌无法再简化。

在实战中，基本定式【27】并不常见。毕竟，南家兑现挤牌张♣2的时候，恰好垫去北家将吃胁张花色输张♥2，对牌张的要求有些高。因此，这种在十字交叉挤牌基本定式【8】基础上演化过来的将吃挤牌会更常见一些。

**基本定式【28】　将吃挤牌基本型二**

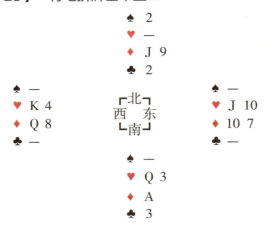

这种将吃挤牌与其十字交叉挤牌原型还有一个重要的不同点。基本定式【8】中，挤牌方打出挤牌张后，南北家任何一家上手均可，即南北的♣3和♣2位置可以互换。但在基本定式【28】中，进张极为关键，挤牌张必须与将吃胁张在同一手上。如果将南北的♣3和♣2位置互换，南家无法实现二次上手，将吃挤牌将失败。

**实战牌例【22】：围魏救赵（克劳德·德尔穆利，Claude Delmouly）**

德尔穆利是法国桥坛元老，是法国队获得首届国际奥林匹克桥牌锦标赛冠军的主力成员。他还是一位很有成就的桥牌教师与桥牌作家。这副牌出自

1960 年首届国际奥林匹克桥牌锦标赛的决赛。

### 北家发牌　双方有局

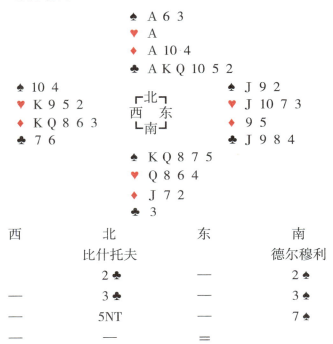

| 西 | 北 | 东 | 南 |
|---|---|---|---|
|  | 比什托夫 |  | 德尔穆利 |
|  | 2♣ | — | 2♠ |
| — | 3♣ | — | 3♠ |
| — | 5NT | — | 7♠ |
| — |  | = |  |

西家首攻 ♦K，德尔穆利感到完成定约颇有难度。让人意想不到的是，明手虽然持有 4 种花色的 A，但恰恰是明手的进手存在问题，首攻又直接打掉了 ♦A。如果东西两家梅花 3–3 分布，明手的梅花套刚好可以把暗手两个红花色的失张全部垫掉，但梅花 4–2 分布的时候，暗手就会有一个输张无法交代。而让明手将吃一轮小红心的方案，由于进手张有问题，同树立明手的梅花套有冲突，并不可取。

德尔穆利知道，要完成定约需要外面的将牌为 3–2 分布，而且还需要一定的运气。为此，他用 ♦A 取得第一墩后，兑现手中的 ♠K 和 ♠Q（只调两轮将牌，有意保留 ♠A）。接着，南家用 ♣3 到明手的 ♣A，然后再出 ♣K，东西两家都有跟出。

德尔穆利毅然从明手打出 ♣Q，如果梅花为 3–3 分布，定约将轻松完成。但难言利弊的消息是，西家垫出 ♦3。庄家再从明手出 ♣2，手中以 ♠5 将吃；然后出 ♠7 给明手的 ♠A 肃清东家将牌。

在充满惊险的过程中，庄家终于树立好了明手的梅花套（围魏之策），但他距离打成大满贯定约还差一墩牌。从首攻来看，西家理应持有 ♦Q，如果他再持有 ♥K，将会有垫牌困难。因此，庄家接着兑现 ♣10 赢墩，从而形成以下残局：

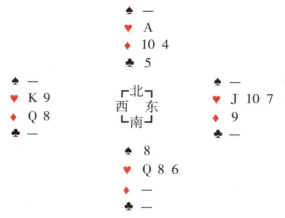

此时明手出 ♣5，西家遭遇将吃挤牌。西家无奈垫掉♦8，于是明手出小方块让手上将吃，最终 ♦10 成为庄家的第 13 墩牌（注：最后局势为基本定式【28】）。

另一室中，美国队南北同样也叫到了南家主打 7♠ 定约。但是最终美国队的南家只取得了 12 墩牌。这副大输赢的一局也为法国队最终夺冠奠定了基础。

在下面这个基本定式的变化中，还有一个小细节：

### 定式【28A】 将吃挤牌变型一

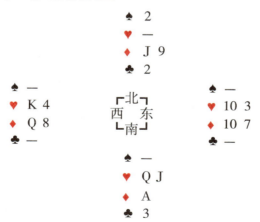

在基本定式【8】情况下，南家的 ♥ 即使是 Q-J 连张结构，在无将定约中也得依靠十字交叉挤牌来取得全部赢墩。但如果是有将定约，当对西家进行挤牌时，既可以采用将吃挤牌，又可以简单地打出将吃飞牌。

# 第二节　双进手将吃挤牌

如果挤牌张与将吃胁张分属在南北两家，则南家打出挤牌张后，需要持有将吃胁张的北家两次上手后，才能兑现将吃形成的赢墩。因此，这是一种 5 张牌的残局，这个残局是从【8A】演化过来的。

**基本定式【29】　将吃挤牌基本型三**

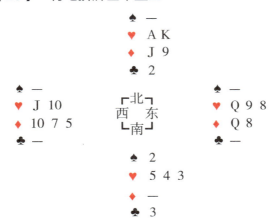

这种定式中，♣3 是挤牌张，与将牌 ♠2 同在南家。而将吃胁张 ♦J-9 在北家。因此，当南家打出 ♣3，东家被迫垫出小方块后，北家通过 ♥A、♥K 的两次进手，将吃方块并兑现方块赢墩。这个残局中，如果南北家 ♣3 和 ♣2 位置互换，残局就是基本定式【28】的变型。

这个局势也是双向的。此外还有以下残局：

**定式【29A】　将吃挤牌变型二**

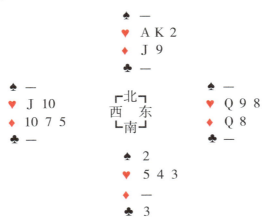

这个残局是根据定式【7A】演化过来的。与其原型相同，这个挤牌是双向的，但主要是针对东家的将吃挤牌。因为如果是针对西家实施挤牌，也可以不考虑将吃挤牌打法，而是直接兑现♣3和♠2（顺序不限），形成一个单向单挤的局势。

### 实战牌例〖23〗：偷梁换柱（鲍勃·哈曼，Bob Hamman）

在 All-time 的国际男子特级大师位置分排行榜上，美国老将哈曼稳居世界排名第一。这位"世界第一人"一生荣誉无数，绝对称得上桥牌界的常青树和活着的传奇。哈曼桥牌水平非凡，对各种类型的挤牌了然于胸。我们来欣赏他在这副牌中的精彩表演。

南家发牌　局况不详

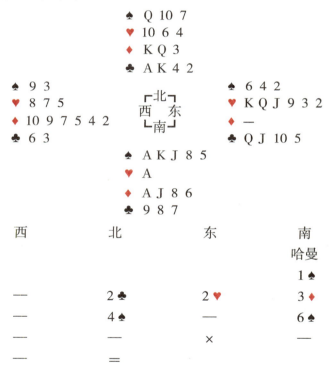

| 西 | 北 | 东 | 南 |
|---|---|---|---|
|  |  |  | 哈曼 |
|  |  |  | 1♠ |
| — | 2♣ | 2♥ | 3♦ |
| — | 4♠ | — | 6♠ |
| — |  | × | — |
| — |  | = |  |

这副牌出现在 1979 年春季全美双人赛上。东家的满贯加倍要求同伴做出一个不寻常的首攻。西家心领神会，首攻♦10，东家将吃后转攻♥K。

本来哈曼可以稳拿 12 墩牌，如果首攻将牌或是梅花，哈曼还可以对东家实施红心和梅花上的十字交叉挤牌。但是风云突变，首墩遭遇将吃，回攻又将十字交叉挤牌的"支柱"——♥A 打掉。一时间，由于梅花的输张很难处理，定约变得岌岌可危。

　　但是，这些困难都难不倒哈曼。哈曼打掉四轮将牌，然后兑现两轮方块，形成如下残局：

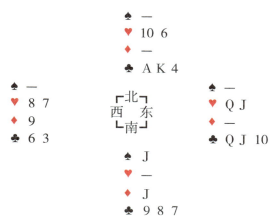

　　现在哈曼打出♦J，明手垫♣4，东家只好缴械投降。哈曼利用♠J代替了♥A，仍然完成了对东家的"十字交叉挤牌"（注：最后残局为基本定式【29A】）。从这副牌中，也可以清楚地看到将吃挤牌与十字交叉挤牌的同源性和相似性。

**定式【29B】　将吃挤牌变型三**

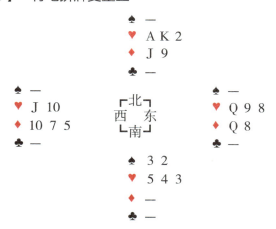

　　实战中，基本定式【29】中涉及全部4种花色的情况并不常见；而【29B】更常见些，就是由另外一张将牌充当挤牌张的角色。

　　这里南家有两张将牌，作用却不尽相同。第一张将牌♠3仅仅是发挥挤牌张的作用，第二张将牌起的才是将吃的作用。

## 定式【29C】 将吃挤牌变型四

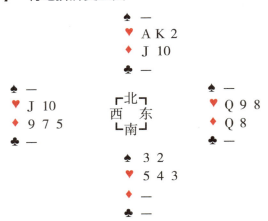

```
              ♠ 一
              ♥ A K 2
              ♦ J 10
              ♣ 一
♠ 一                          ♠ 一
♥ J 10      ┌ 北 ┐           ♥ Q 9 8
♦ 9 7 5    西    东           ♦ Q 8
♣ 一        └ 南 ┘           ♣ 一
              ♠ 3 2
              ♥ 5 4 3
              ♦ 一
              ♣ 一
```

　　同定式【28A】，这个残局中南北方既可采用挤牌打法全取 5 墩，也可利用将吃飞牌打法，直接拿到 5 墩。如果东西家牌张互换，南北家既可以按将吃挤牌来打，也可简单地对西家打出一个单向单挤。

## 实战牌例〖24〗：李代桃僵（米切尔·佩隆，Michel Perron）

　　法国桥坛名将佩隆是享有世界声誉的国际桥牌特级大师。他和歇姆拉是多年的搭档，共同代表法国队获得了 1980 年、1992 年奥林匹克桥牌赛的冠军。

**南家发牌　东西有局**

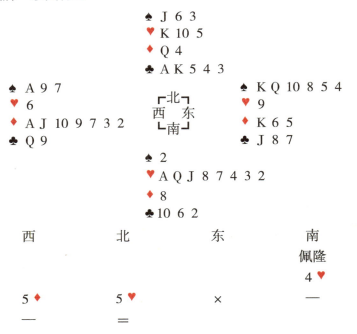

```
                    ♠ J 6 3
                    ♥ K 10 5
                    ♦ Q 4
                    ♣ A K 5 4 3
♠ A 9 7                              ♠ K Q 10 8 5 4
♥ 6          ┌ 北 ┐                 ♥ 9
♦ A J 10 9 7 3 2   西    东          ♦ K 6 5
♣ Q 9        └ 南 ┘                 ♣ J 8 7
                    ♠ 2
                    ♥ A Q J 8 7 4 3 2
                    ♦ 8
                    ♣ 10 6 2
```

| 西 | 北 | 东 | 南 |
|---|---|---|---|
|  |  |  | 佩隆 |
|  |  |  | 4♥ |
| 5♦ | 5♥ | × | 一 |
| 一 | = |  |  |

这副牌出现在 1980 年国际桥牌奥赛上。佩隆成为 5♥ 加倍定约的主打人。西家首攻 ♠A，明手摊牌后，佩隆看到南北在三门边花上各有一个输张，定约十分凶险。

取得首墩后，西家换攻 ♦A，看到同伴跟出 ♦5，南家出 ♦8。西家不清楚到底东家还是南家方块单张，但考虑到似乎继续攻方块不会造成损失，因此继续攻小方块。就是这样"小"的失误成就了佩隆的表演时刻。

佩隆将吃了第二轮方块，希望西家持有方块长套而梅花、黑桃较短。因此，他随即兑现了 5 张将牌，形成残局如下：

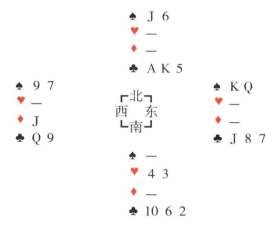

此时，南家再出 ♥4（挤牌张），北家垫掉 ♣5，果然持有黑桃大牌和 3 张梅花的东家受挤（注：最后局势为基本定式【29B】）。

简评：西家的失误在于，第 3 墩或者换攻黑桃，破坏上面残局中的将吃胁张；或者换攻梅花，打掉北家的一个进手张。

### 基本定式【30】　将吃挤牌基本型四

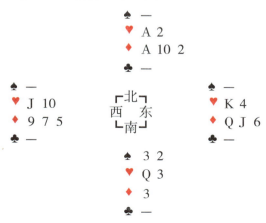

这种局势中，北家的两个进手张中的一个来自将吃胁张花色。

这样南家打出挤牌张♠3时，北家垫♥2，完成对东家的将吃挤牌。如果东西两手牌互换，则可以先兑现♦A，再将吃小方块，从而形成一个对西家的单向单挤基本定式【2】。

### 实战牌例〖25〗：走为上（乔吉奥·贝拉多纳，Giorgio Belladonna）

贝拉多纳是世界桥牌史上最伟大的传奇人物之一。这位天才牌手是意大利蓝队的核心主力，曾代表意大利队 16 次获得百慕大杯冠军，是 20 世纪公认的"世界第一牌手"。在最新的 All-Time 世界桥牌大师积分排行榜上，已经辞世多年的贝拉多纳仍高居第二位。

**局况及叫牌过程不详**

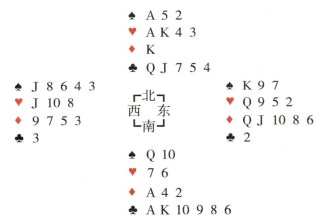

1976 年 3 月，兰西桥牌队（由贝拉多纳、葛罗佐、夏里夫和福奎特组成），接受悉尼金斯盖特桥牌俱乐部的邀请，到澳大利亚访问。在悉尼的一次比赛中，贝拉多纳完成了这个大满贯定约。

贝拉多纳坐南，在经过了很乐观的叫牌后，与同伴叫到了 7♣ 定约，由贝拉多纳主打。西家首攻♥J，南家很清楚，要完成定约的唯一希望是持有♠K 的防守人还持有至少 4 张♥。

既然路线已别无选择，用♥A 赢得首攻后，贝拉多纳便有条不紊、轻车熟路地打成这样的残局：

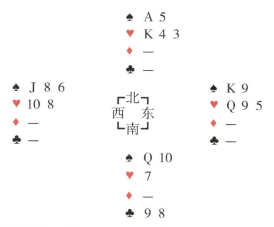

在倒数第二张将牌（挤牌张）上，贝拉多纳垫掉明手的♠5，东家已无法逃脱受挤的命运（注：最后局势为基本定式【30】）。

这样的挤牌对西家也同样适用。

# 第三节　进张转移将吃挤牌（Entry–shifting Trump Squeeze）

让我们再回到十字交叉挤牌基本定式【8】：

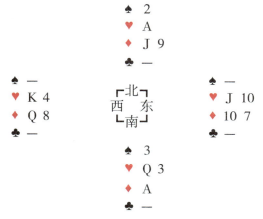

在前两节的将吃挤牌定式中，将牌起到的都是一门花色 A 的作用。假如，我们尝试将这个局势下两个红色的 A 均换成将牌（♠花色），这时需要东家也相应地增加一张大小恰好合适的将牌（这张将牌不能过小，否则南北方通过简

单交叉将吃即可全取 4 墩；这张将牌也不能过大，否则南北方无法实现进张转移），从而形成新的定式：

### 基本定式【31】 进张转移将吃挤牌基本型一

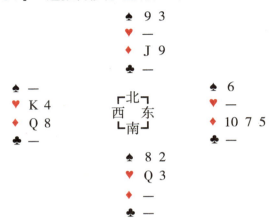

由于东家持有一张中等大小的将牌，交叉将吃不能成立，必须先清将。现在，南家出 ♠8 清将，并观察西家垫牌。如果西垫 ♥，北家就放小，然后将吃 ♥，做大暗手的 ♥Q；如果西垫 ♦，北家就用 ♠9 盖过 ♠8，然后将吃 ♦，做大明手的 ♦J。

这种挤牌只能是单向的。而且，在这种局势下，第一轮将牌起的仍是挤牌张的作用。

### 实战牌例【26】：声东击西（盖查·奥特里克，Geza Ottlik）

奥特里克出生于匈牙利，享有世界声誉，不仅因为他是桥牌桌上的常胜将军，更因为他为后人留下众多宝贵的桥牌著作。

**西家发牌 南北有局**

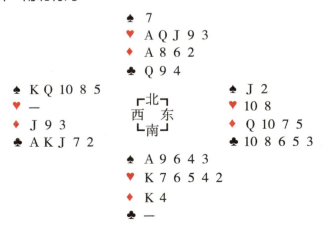

| 西 | 北 | 东 | 南 |
| --- | --- | --- | --- |
| | | | 奥特里克 |
| 1♠ | × | — | 4♥ |
| 5♣ | 5♥ | — | 6♥ |
| — | — | 7♣ | |
| — | 7♥ | — | — |
| = | | | |

这副牌出自 1970 年初举行的某次国际桥牌友谊赛，奥特里克为南家，主打 7♥ 定约。

西家首攻 ♠K，明手摊牌后，南家看到如果对方的将牌为 1–1 分布，则庄家即可在肃清将牌后通过交叉将吃拿到全部 13 墩牌。于是，他在手中的 ♠A 得进第一墩后，出 ♥2 清将，结果发现西家为缺门并垫出 ♣2，明手以 ♥J 赢得。

对此，庄家并未流露出丝毫的慌乱，而是敏锐地意识到：庄家显然已不能再清将牌；同时从叫牌的进程看，西家所持双套黑花色应不少于 5–5，且极有可能持有含有 ♠K–Q 和 ♣A–K。

基于上述推算，南家小心谨慎地实施挤牌前的交叉将吃操作。他拿掉手中的 ♦K 及明手的 ♦A；明手再出第三墩方块，手中以 ♥4 将吃，西家掉下 ♦J；庄家改出 ♠3，西家放小，明手以 ♥9 将吃，并幸运地看到东家掉出了 ♠J；明手打出第四轮方块，东家跟出 ♦Q，庄家以 ♥5 将吃，西家思考一下后垫 ♣7；庄家再出 ♠4 给明手的 ♥Q 将吃，东家垫 ♣3；明手出 ♣4，东家放小，庄家用 ♥6 将吃，西家掉出 ♣J。于是便形成如下残局：

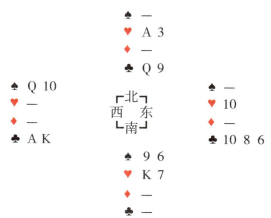

现在，奥特里克出 ♥K，清下东家 ♥10 的同时，对西家实施挤牌：如果西家此时垫一张黑桃，那么庄家便让明手放 ♥3，手中接着打出黑桃给明手的 ♥A

将吃击落西家的黑桃大牌，这样，庄家只需将吃梅花回手即可凭手中树立的黑桃赢张拿到第 13 墩牌；如果西家此时垫一个梅花顶张，庄家便由明手的 ♥A 超吃过去，实施进张转移，随即再从明手打出 ♣9 给手中的 ♥7 将吃，击落西家的另一个梅花顶张，这样，庄家只需回出黑桃给明手的 ♥3 将吃，就将以明手树立的 ♠Q 拿到第 13 墩牌（注：最后局势为基本定式【31】）。

当然，还有比基本定式【31】更令人眩目的：

### 基本定式【32】　进张转移将吃挤牌基本型二

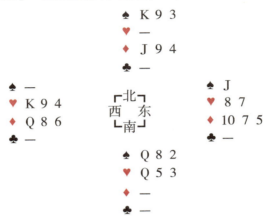

挤牌原理同基本定式【31】，南家打出 ♠Q，清掉东家的 ♠J，并且根据西家的垫牌，决定明手是否用 ♠K 盖过。

### 实战牌例〖27〗：擒贼擒王（吉尔·海尔格莫，Geir Helgemo）

挪威的海尔格莫和海尔尼斯的"海海组合"曾是桥坛最强组合之一。组合中更年轻的海尔格莫天赋异禀，他依靠这副牌获得了 2011 年 IBPA 最佳做庄奖。

**南家发牌　双方有局**

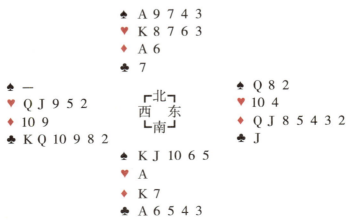

| 西 | 北 | 东 | 南 |
|---|---|---|---|
| | | | 海尔格莫 |
| | | | 1♠ |
| 2♠ | 2NT | — | 3♣ |
| — | 4♣ | — | 4NT |
| — | 5♠ | — | 7♠ |
| — | — | = | |

这副牌出现在挪威国内一次队式比赛的淘汰赛阶段。西家的 2♠ 显示红心加梅花 5-5 以上两套，北家的 2NT 表示黑桃支持并逼叫到局。南家的 3♣ 是自然叫，北家 4♣ 在他们的体系中表示短门。经过 4NT 关键张问叫后，南家毅然叫上了大满贯定约。

西首攻 ♣K，东跟 ♣J，南用 ♣A 吃住。现在来看一下这个配合极佳的大满贯定约的前景。东西将牌如果为 2-1 分布，可以立刻摊牌了；但如果是 3-0 分布，虽然找到 ♠Q 并清光将牌并不难做到，但在此之后，第 13 墩牌的来源并不清晰，因为已没有足够多的将吃赢墩。那么，为什么要费心去琢磨将牌的 3-0 分布呢？因为在目前的叫牌及打牌过程之下，这是非常有可能的事！

海尔格莫快速整理的信息如下：东家的 ♣J 很像是单张，这样西家就会有 6 张 ♣。西家还有 5 张 ♥，因此将牌 3-0 分布的可能性大大增加。西家最可能的牌型无非是 1-5-1-6 或者 0-5-2-6 两种。

方块的分布呢？如果西家只有 1 张方块，那就意味着东家有 8 张方块，拿着如此长的方块套，多数人在北家 2NT 之后很难做到一声不吭。再说，如果西家是 1-5-1-6 牌型，他有可能对大满贯定约选择将牌首攻，毕竟这很合乎常理。综合起来看，西家持 0-5-2-6 牌型的可能性要大些。

深思熟虑后，庄家打法令人瞠目！海尔格莫先拔掉 ♥A 解封，继而兑现 ♦K（后面海尔格莫会解释他为什么这样打）。之后，庄家对牌型分布已尽在掌握，他打 ♦7 到 ♦A，拔掉 ♥K 后，出 ♠9 直接飞过！

为什么一定要上来就飞，不能先拔 ♠A 看一下吗？马上就可以看到，两者的区别是生死攸关的。♠9 吃到了，继续出小将牌手上 ♠J 飞过，形成以下局势：

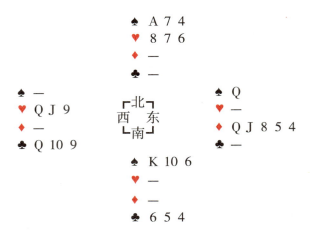

　　在前面的两轮将牌中，由于存在着利用将吃树立 ♥ 套的威胁，西只能垫 ♠，一张 ♥ 也不能垫。现在庄家打 ♠K，西家的两门长套各自都有 3 张，他垫哪一门呢？西家实际上遭遇了进张转移将吃挤牌，根据西家的垫牌，庄家可以决定下一轮的出牌权留在明手还是暗手，从而在清光将牌之后，将吃两次树立起西家所放弃的那一门边花（注：最后局势为基本定式【32】）。

　　为了达到这一华丽的残局，除了要在打第三轮将牌前提掉两轮 ♥ 之外，最重要的是第三轮将要从手上出，才能逼迫西家率先做出选择。明手的 ♠A 要作为可变的进张在调第三轮将时备用，这就是首轮不能先拔 ♠A，而必须打 ♠9 直接飞的原因，即使联手将牌配合有 10 张之多。看上去是"艺高人胆大"，其实整个打法都建立在精准分析和深度计算的基础上。

　　局后也有一些分析认为，庄家可以在第 3 墩打小方块到♦A，然后用♠9飞过，当看到将牌是 3–0 时，先提掉 ♥K 再出小方块到暗手的 ♦K，从而还原到实战打法。这样打的好处是可以照顾到将牌 2–1，但西的单张将牌不是 ♠Q 的情况，避免在原本能简单打成时却被西将吃第二轮 ♦ 而失败的情形。

　　海尔格莫后来解释道，他仔细权衡过 ♦ 上的不同次序，最终选择了现在的打法，主要是为了在做最后决断之前看一下西家在 ♦ 上的跟牌，而西家在♦K之下的跟牌，与（庄家先打♦7后）在 ♦A 之前的跟牌，其间是有着微妙区别的，♦K 后面跟出真牌的可能性更大。如果西家跟出的是 ♦Q 或者 ♦J，那么比起西家跟出一张小 ♦ 而言，东家持 8 张 ♦ 的可能性会增大不少：因为是拿着♦J 或♦Q 领队的 8 张弱套，他参与叫牌的意愿会比拿着♦Q–J 领头的 8 张套时减弱许多。

也就是说，如果西家在 ◆K 下面跟出的是 ◆Q 之类，海尔格莫就有可能掉转方向，改打将牌 2-1 分布（另一桌就是这样打的，最终宕一）。可以说，这副牌综合了局面分析、临场牌感，加上令人拍案叫绝的眩目技艺，才形成最终的登峰造极之作。而这一切，按海尔格莫本人的说法，他只是"采取了大概率的路线"而已。

## 第四节　将吃飞牌挤牌

将吃挤牌也可与将吃飞牌相结合，形成将吃飞牌挤牌。这种挤牌的原型其实是带飞牌的十字交叉挤牌基本定式【10】。

**基本定式【33】　将吃飞牌挤牌基本型一**

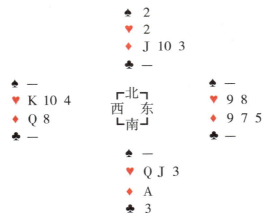

在这个残局中，南北方的 ◆ 花色必须是一个两赢墩胁张结构。另外，基本定式【33】与基本定式【10】也有一些差异，基本定式【10】中的 ♥2 至关重要；而基本定式【33】中的 ♥2 可以换成是一张小 ◆ 或是 ♣2，而北家持有 ♥2 则是并不常见的形势。

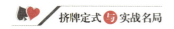

**实战牌例〖28〗：顺手牵羊**（伊莲娜·列维蒂娜，Irina Levitina）

列维蒂娜是苏联的国际象棋大师，同时也是苏联的桥牌顶尖高手。1985年，列维蒂娜凭借下面这副牌获得了当年"世界女牌手最佳牌局"奖项，惊艳了世界桥坛。

**东家发牌　南北有局**

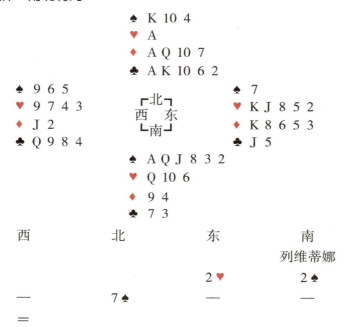

| 西 | 北 | 东 | 南 |
|---|---|---|---|
| | | | 列维蒂娜 |
| | | 2♥ | 2♠ |
| — | 7♠ | — | — |
| = | | | |

东家的 2♥ 表示红心和一门低花的 5-5 套，8-11 点牌力；列维蒂娜的 2♠ 表示 5 张以上黑桃，10-15 点。同伴直接叫上大满贯，既凶悍也有一定道理。

西家首攻 ♦J，表明东家持有红心和方块两套，而且 ♥K-J 和 ♦K 都极有可能在东家手上。列维蒂娜似乎面临两难选择：树立明手梅花套，但手中红心输张无法处理；明手将吃红心，但是由于首攻打掉了明手最重要的进手张，南家的方块输张无法处理。面对难题，列维蒂娜展现出她在桥牌方面惊人的才华。

列维蒂娜用 ♦A 赢得首攻后，兑现 ♣A、♣K，然后明手继续出小梅花，东家垫掉 1 张小红心，手上将吃；然后她细腻地清将，先是 ♠A，然后出 ♠3 给明手的 ♠10，东家此时再垫一张小红心；明手出第 4 轮梅花，东家垫一张方块，暗手将吃；列维蒂娜再动将牌到明手的 ♠K，东家经过思考后正确地垫出第三张小红心。形成以下残局：

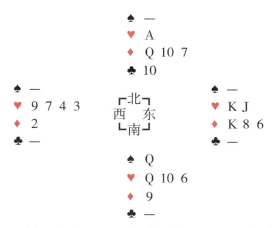

明手打出已经树立好的♣10，暗手垫掉♦9，此时东家受挤：如果垫掉♥J，则暗手的红心全都好了；如果垫掉♦6，明手则出♦Q利用将吃飞牌做好♦10，♥A则是将吃飞牌后的进手张（注：最后局势为基本定式【33】）。

**简评：**精彩绝伦的做庄！列维蒂娜在这副牌中展现出来的高超技艺，获得高度赞誉，当之无愧。

还有一种将吃飞牌挤牌，针对的并不是大牌，而是大牌的保护张，这也是一种特定的牌张组合。

### 基本定式【34】　将吃飞牌挤牌基本型二

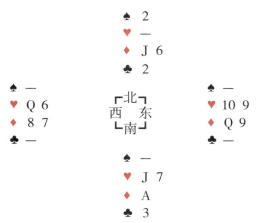

这个定式是在基本定式【28】基础上演化过来的。东家的♥10-9结构其实是防止对西家进行将吃飞牌的保护张。于是，南打出♣3时，东家出现垫牌困难。当他被迫垫掉♥9后，南家可以出♥J进行将吃飞牌，连飞带打击落♥10，从而做大手中的♥7。

当然，也有基于基本定式【29】形成的这种5张牌的残局：

**基本定式【35】　将吃飞牌挤牌基本型三**

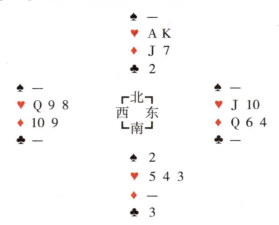

西家的 ♦10-9 结构形成了防止对东家进行将吃飞牌的保护。这样，南打出 ♣3 时，西家无法垫牌。当他被迫垫掉 ♦9 后，南家可以用小红心进入明手，出 ♦J 进行将吃飞牌，连飞带打击落 ♦10，从而做大北家的 ♦7。

# 第五节　将吃双挤

如同非常少见的十字交叉双挤一样，将吃双挤也只出现在针对两门花色特定牌张组合的情况。

将吃双挤局势看上去更像是将吃挤牌和将吃飞牌挤牌的结合体。我们可以把下面这个局势看成是定式【28A】中针对西家部分和基本定式【34】中针对东家部分的结合体。

**基本定式【36】　将吃双挤基本型一**

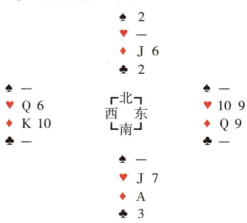

西家的 ♥Q-6 结构，必须联合同伴的 ♥10-9，才能守住这门花色。所以，南打出 ♣3 时，东西两家都遭遇垫牌困难。首先，西家必须保护住 ♥Q，否则防守结束，西家只能选择垫 ♦10。然后，轮到东家难受了，现在东家不能再垫方块了，只能垫掉 ♥9。下轮，南家只需打出 ♥J，将吃飞牌、连飞带打，即可全取剩下的赢墩。

同理，下面这个局势看成是定式【29C】中针对东家部分和基本定式【35】中针对西家部分的结合体。

**基本定式【37】 将吃双挤基本型二**

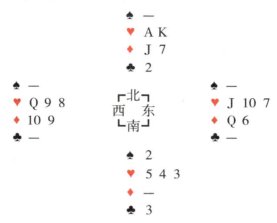

挤牌原理完全同基本定式【36】，在此不再赘述。

**实战牌例〖29〗：隔岸观火（尤金尼奥·齐亚瑞迪，Eugenio Chiaradia）**

意大利蓝队成员个个都是挤牌高手，由此可以看出蓝队训练水平之高与其取得的突出战绩存在着必然联系。下面是蓝队早期主力齐亚瑞迪的精彩表演。

北家发牌 南北有局

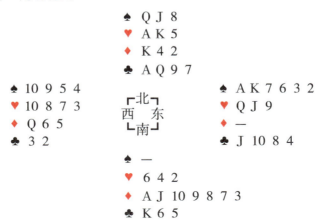

| 西 | 北 | 东 | 南 |
|---|---|---|---|
| | 辛斯卡柯 | | 齐亚瑞迪 |
| | 1♣ | 1♠ | 1NT |
| — | 2♣ | — | 3♦ |
| — | 4♦ | — | 4♠ |
| — | 5♥ | — | 5♠ |
| — | 5NT | — | 6♣ |
| — | 7♦ | — | |
| = | | | |

这是全欧队式锦标赛中齐亚瑞迪主打的一副大满贯定约。

西家首攻♠10，北家上♠Q，东家用♠K盖过，南家将吃。南家的第一个问题是怎样处理将牌，要防备♦Q××持于一人之手。由于已知东家有一♠长套，所以齐亚瑞迪认定要提防的是西家持有3张♦，于是先打下了♦A。果然，东家垫了一张♠。齐亚瑞迪再打两轮将牌，捉住西家的♦Q，东家又垫了两张♠。第二个问题是解决♥的失张。齐亚瑞迪兑现♣A及♣K，打回到手上，东家跟♣4、♣8，西家跟♣2、♣3。

这时的局势如下：

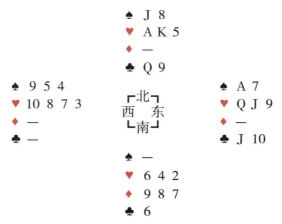

另外一桌，南家面对的是同样的定约。南家的计划是在两门黑花色上打出一个单挤。由于双胁张、单胁张均在北家，庄家所设想的残局是这样的：

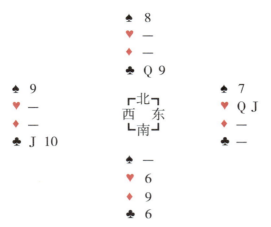

为此，实战中他把♠的控制转移到西家，因此打出♥A、♥K，接着打♠J—♠A—将吃，再打一轮将牌后成为3张牌的残局。如果西家原本持有4张♣同时又握有♠9的话，西家就会受挤。

然而，庄家枉费了心机，事实上是东家持有4张♣。这样，挤牌不成立，大满贯定约成了泡影。

齐亚瑞迪则选择了一条成功之路，成功的条件仅仅是西家必须持有♠9。在西家首攻♠10后，♠9在西家几乎是十拿九稳的。庄家肃清了将牌，兑现第3墩♣大牌，如果♣是3–3分布，定约已成。但事与愿违，西家第3轮告缺，庄家只好将吃最后一张♣，形成如下局面：

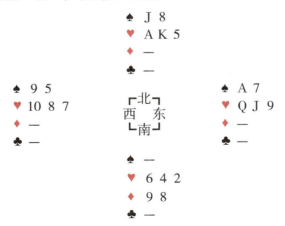

此时，齐亚瑞迪打出♦9，明手垫♥5，西家被迫垫一张♥。如果西家垫一张♠，南家可以用♥进入明手，出♠J铲下♠9，树立♠8。现在，轮到东家受挤了：如果他垫一张♠，庄家同样可以用♥进明手，打出♠8，将吃东家的♠A；

如果他扔一张 ♥，南家可兑现明手两墩 ♥，从而树立起第 3 张 ♥，也就是庄家的第 13 墩（注：最后局势为基本定式【37】）。

　　**简评**：实战中，定约方可能会面临不同挤牌路线的选择。这些挤牌路线对牌张分布有着不同的要求，专家们会按照假设条件最小化来选择最优的挤牌路线。

# 第四章　三门花色挤牌（Three-Suit Squeeze）

就单挤来说，如果一个防守人试图独立防守两门花色，都会显得力不从心。那么，如果他需要同时防守三门花色，就会显得更加被动。

本章介绍的三门花色挤牌，是指在三门花色上对一个防守人进行挤牌的打法。其中主要包括两方面的内容：第一是三门花色挤牌，即当三门花色的赢张或止张都集中在某一个防守人的手上时，定约人通过实施挤牌，可以多获得一个赢墩（此时定约人还会输一墩牌）；还有可能通过连续挤牌，为定约人多获得两个赢墩。第二是三门花色止张挤牌，从严格意义上讲，这属于更加广义的三门花色挤牌。

一些同样涉及三门花色挤牌的内容，如挤掉脱手张、牌局中期三门花色挤牌等，并不在本章中介绍。

三门花色挤牌的残局种类较多，但在实战中出现的频率不是很高。因此，在本章中，我们浅尝辄止，更多地聚焦于实战中相对容易遇到的局势。

## 第一节　单输墩单次挤牌

这种类型的挤牌，是指定约人只有一个输张，而一名防守人同时防守三门花色。毫无疑问，在这种情形下，这名防守人是极度崩溃的。

**基本定式【38】　单输墩单次挤牌**

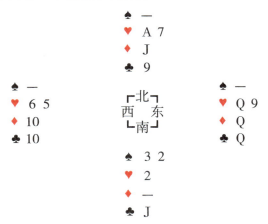

南家打出♠3，明手垫♣9，在这一墩中东家就无法垫牌了。东家在三门花色上受挤，被迫放弃一门，送给挤牌方额外的一墩。

事实上，这种挤牌也可以简化为单挤。当南家打出♠3，北家无视一门单胁张的存在，即"任性"地垫掉明手的♦J，东家垫♦Q（如果♠为将牌的情况，也可视同为早期将吃掉♦J输张）；下轮南家再兑现♠2时，就是一种单挤的局势。

实战中，这种单输墩的三门花色挤牌并不常见。但这种挤牌是三门花色挤牌非常基本、纯正的定式。

### 实战牌例〖30〗：走为上（简尼斯·西曼摩尔森，Janice Seamon-Molson）

美国女牌手西曼摩尔森是一名经验丰富的老将，在2003年威尼斯杯就曾获得过世界冠军。下面这副牌中，她创造了一个桥坛的世界纪录，即在世界大赛中有正规报道的主打定约所得的最高分纪录。

西家发牌　双方有局

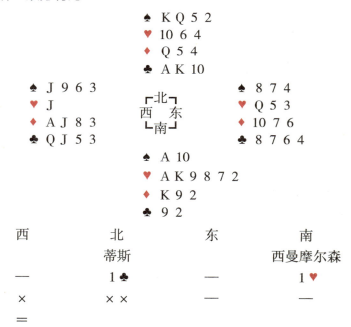

| 西 | 北 | 东 | 南 |
|---|---|---|---|
|  | 蒂斯 |  | 西曼摩尔森 |
| — | 1♣ | — | 1♥ |
| × | × × | — | — |
| = |  |  |  |

这副牌出现在2019年武汉举行的威尼斯杯赛上，美国二队与日本队狭路相逢。日本队坐在东西的两名牌手，在这副牌的叫牌中出现了严重的失误，两人均未能充分理解"走为上"的道理，错误地将定约停在再加倍的1♥上，从而酿成惨剧。

西曼摩尔森看到1♥再加倍成为最终定约，心中暗自窃喜。当西家首攻

♥J 后，她决定好好地把握这个千载难逢的机会。

南家用 ♥A 止住首攻后，立即从手上出 ♦2，西家此时还未意识到所处的凶险局面，其实这竟然是她拿到一墩牌的唯一机会。结果西家出 ♦8，明手用 ♦Q 拿到。庄家从明手出 ♥10，东家放小时成功飞过。然后庄家开始兑现将牌赢墩，形成如下 8 张牌的局面：

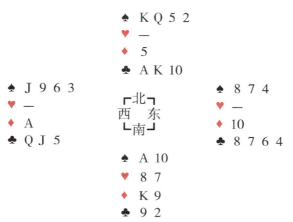

西曼摩尔森再兑现 ♥8 时，西家就无法垫牌了。最终，南北家全取 13 墩（注：最后局势与基本定式【38】大体相同）。

定约的结果是，美国二队的南北打成 1♥ 再加倍超六，得到惊人的 3120 分！要知道，理论上主打最高分为 1NT 再加倍超六，可获 3160 分，但在正式比赛中尚未有牌例记载。在另一桌上，日本队主打 4♥，超二完成，获得 680 分。仅这一副牌上美国二队净胜 20IMP。

猜想一下，遭此重创，日本队本场比赛的结果大概会是凶多吉少吧！但日本队又告诉我们，桥牌比赛的胜负从来都不是由一副牌来决定的。这场比赛最终的比分是日本队 56：50 击败美国二队！作为一名优秀的桥牌手，必须要有顽强的意志，在重大挫折之后及时忘记悲伤、振作精神才是根本。

我们再来看看在基本定式【38】的一个变型。在这种特殊的变型中，庄家仍然有两个输墩，只不过一个输墩是在挤牌张花色上，因此，这种挤牌可以看作是输张挤牌的一种。这种局势下，挤牌方在送出输张后，需要在其他花色牌张上拥有足够的控制力。

定式【38A】 输张挤牌二

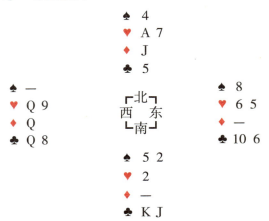

<table>
<tr><td></td><td>♠ 4</td><td></td></tr>
<tr><td></td><td>♥ A 7</td><td></td></tr>
<tr><td></td><td>♦ J</td><td></td></tr>
<tr><td></td><td>♣ 5</td><td></td></tr>
</table>

南家出♠5，送给东家的♠8，虽然这是一个输张，但仍可以起到挤牌张的效果。西家被迫在三门花色中选择放弃一门，从而把其余的赢墩送给挤牌方。

如同输张挤牌定式【1F】，这个残局对东家的牌张结构有较高的要求。在其他三门花色中，挤牌方控制力最弱的花色是♦，东家不能持有♦牌张，这样才能保证东家♠8进手后，无论转攻♥或♣，挤牌方都有足够的控制力。

# 第二节　两输墩单次挤牌

实战中，更多涉及三门花色的挤牌局势是挤牌方有两个输墩。此时挤牌方或者通过一次挤牌多得到一个赢墩，或者通过连续挤牌多获得两个赢墩。本节关注的是两输墩单次挤牌的情况。

这种三门花色挤牌对牌张的最低要求是：挤牌方有两个单胁张，有一个双胁张，并且与挤牌张相对的一手中有进手张。

## 基本定式【39】 两输墩单次挤牌基本型一

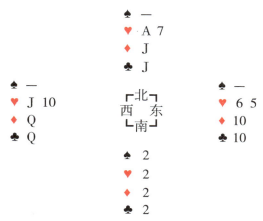

南北方只有 2 个快速赢墩。但当南家打出 ♠2 时，西在三门花色上受挤，无论他垫去哪一张牌，都能使南北方获得第 3 个赢墩。但是，在西家垫牌后，北家也要被迫垫掉一个胁张。这样下一墩牌时，西家将不再有垫牌困难，北家上一墩垫什么花色，他就跟着垫什么花色，这样最后他总会赢得一墩牌。

这个挤牌定式是单向的，仅对西家有效。

这种挤牌定式与单挤基本定式【1】有很强的关联。如果在形成基本定式【39】前，南家早期完成了输张调整，送出一个低花小牌给西家，同时还不影响其他牌张结构的话，就会简化成为两花色的单挤基本定式【1】。

## 基本定式【40】 两输墩单次挤牌基本型二

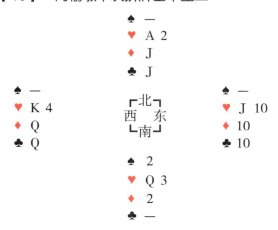

这个定式中，南家打出挤牌张 ♠2，西家受挤。南北方多拿一墩牌，同时受挤的西家也确定能够取得一墩。

这个挤牌局势是单向的，只对西家有效。同样，这个定式与单挤基本定式

【2】有很强的关联。如果早期南北方有机会送出一个低花输张的话，就可以转化为基本定式【2】。

在上述两个基本定式的基础上，调整单胁张的位置，就能得到双向的两输墩单次挤牌。

**基本定式【41】 两输墩单次挤牌基本型三**

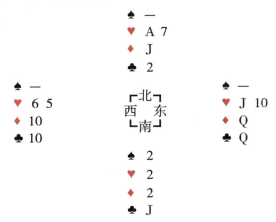

这种定式与基本定式【39】的区别在于，将北家的♣J（一个单胁张）调换到南家，北家则有了♣2，这很明显是一个闲张。

南家打出挤牌张♠2，北家垫掉闲张♣2，东家在三门花色受挤。但此时，无论东家垫哪门花色，南家都不可能实现连续挤牌，最终东家总会拿到一墩。

这个挤牌形势是双向的，对西家也有效。如果针对西家实施挤牌，西家正确的垫牌是垫♥或♦，这样防守方可以拿到一墩牌；而如果西家错误地垫掉了♣Q，他将受到连续挤牌，结果将一墩也拿不到。

**基本定式【42】 两输墩单次挤牌基本型四**

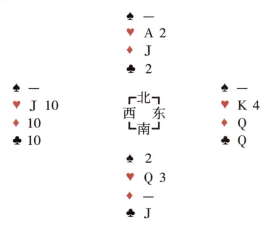

这个定式与基本定式【40】的不同之处，是将北家的♣J（一个单胁张）调换到南家，于是北家有了一个闲张♣2。

　　南家打出挤牌张♠2，北家垫掉♣2，东家在三门花色上受挤。但此时，无论东家垫哪门花色，南家都不可能连续挤牌，最终东家总会拿到一墩。

　　这个挤牌形势是双向的，对西家也有效。如果针对西家实施挤牌，西家可以垫的花色是♥和♦，这样防守方最终可以拿到一墩牌；而如果西家错误地垫掉了♣Q，他将受到连续挤牌，结果是一墩也拿不到。

　　还有一个细节需要注意，基本定式【41】不能通过在早期送出♣花色的输张，来转化成为单挤的局势。而通过送出♦花色的输张，转化成为单挤是成立的。而在基本定式【42】的情况下，两门低花的输张则都不能送，只能通过三门花色挤牌争取多获得一墩。

### 基本定式【43】　两输墩单次挤牌基本型五

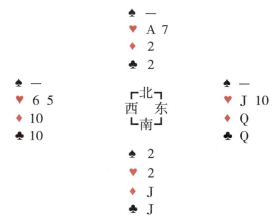

　　这个定式与基本定式【39】的区别在于，将北家的♣J、♦J（两个单胁张）都调换到了南家，于是北家有了两个闲张。

　　这种局势下，南家打出挤牌张♠2，北家垫去任意一张闲牌，即任意低花小牌，东家在三门花色上受挤。这时东家垫牌需要非常仔细，♦Q和♣Q都不能垫，否则他将遭遇到连续挤牌，最终一墩也拿不到。此时，东家正确的垫牌是垫掉♥10，即放弃对双胁张花色的保护。下一墩南家通过♥2进入北家，北家连拿2轮红心，在第二轮红心时，东家只需根据北家的留牌情况，就可以确保拿到一墩。

　　这种挤牌定式是双向的，对西家自然也有效。这种定式与单挤基本定式【4】有很强的关联。如果在形成基本定式【43】前，南家早期完成了输张调整，送出一个低花小牌给防守方，同时还不影响其他牌张结构的话，就是单挤基本定式【4】。

## 基本定式【44】 两输墩单次挤牌基本型六

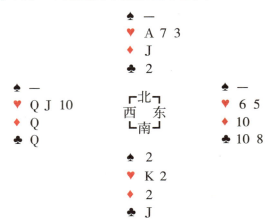

这个定式可以看作是基本定式【41】的升级版。定式中♦2有非常重要的作用。

这个挤牌定式是双向的。与基本定式【41】的不同点在于，南家持有♥花色进手张。这种变化后的结果是，东家受挤时，他不能垫♦Q；西家受挤时，♦Q和♣Q则都不能垫。

### 实战牌例【31】：以逸待劳（佩奥特·格乌依斯，Piotr Gawrys）

在波兰桥牌历史中，格乌依斯是位传奇式的英雄。早在1991年，格乌依斯就代表波兰获得了百慕大杯的亚军。24年后，以格乌依斯为主力的波兰队在2015年终于如愿捧得百慕大杯。下面这副牌出现在1991年百慕大杯的半决赛中。

南家发牌　双方有局

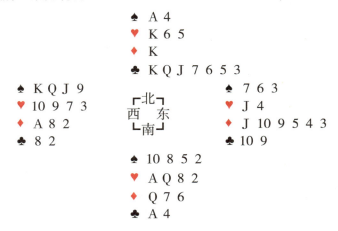

| 西 | 北 | 东 | 南 |
|---|---|---|---|
| | | | 1♣ |
| — | 2♣ | — | 2NT |
| — | 3♣ | — | 3♥ |
| — | 3♠ | — | 3NT |
| — | 4♣ | — | 4♥ |
| — | 4NT | | 5♥ |
| — | 6♣ | — | — |
| = | | | |

格乌依斯坐南主打6♣定约。

如果不首攻♠花色，这个6♣定约会很容易完成，暗手的♦Q可以垫掉明手的♠4。但是巴西队西家首攻的正是♠K，给格乌依斯出了个难题。

格乌依斯知道完成定约的难度很大，但他不仅仅把完成定约的唯一希望寄托在东西两家红心3-3分布上。既然西家首攻♠K，明显他还有♠Q，那么如果♠J也在他手上呢？另外，如果他还有♦A和4张红心，那么到最后他肯定会有垫牌困难。

自古华山一条路。于是，格乌依斯让北家用♠A止住首攻。然后马上奔吃将牌，在兑现了6轮将牌以后，形成如下残局：

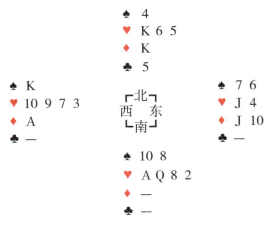

此时，格乌依斯继续打出♣5，手上垫去♠8，西家遭遇三门花色挤牌。实战中，西家最终正确选择垫掉♥3，格乌依斯随即连取4墩红心，漂亮地完成了定约（注：最后局势为基本定式【44】）。

大家可以发现一个有趣的现象，即基本定式【41】、基本定式【43】分别

与同步双挤基本定式【13】、基本定式【15】在结构上有几分相似之处。同样地，我们也可找到与同步双挤基本定式【16】结构相似的三门花色挤牌。

### 基本定式【45】　两输墩单次挤牌基本型七

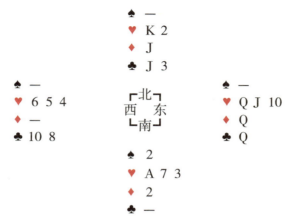

南家打出挤牌张 ♠2，北家垫 ♣3，东家只能垫 ♥10，否则他将遭遇连续挤牌，最终一墩牌也拿不到。在这种局势下，由于西家不参与 ♦ 花色上的防守，南家的 ♦2 对东家也是胁张。因此，南北方兑现完后三轮红心，最后停在南家手上时，此时东家还需要知道，最后南家手上的低花到底是 ♦ 还是 ♣，从而正确留牌，否则他还将是一无所获。

这个挤牌残局是双向的，对西家也有效。西家的垫牌，也只有 ♥10 一种选择。

### 基本定式【46】　两输墩单次挤牌基本型八

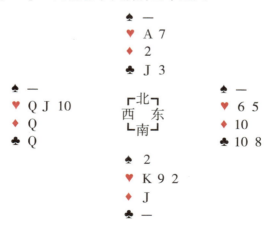

这个定式也是双向的。这个定式与基本定式【45】的不同点是南家持有 ♦ 花色威胁张。这种局势的结果：对东家实施挤牌，完全等同于基本定式【45】；

但对西家实施挤牌时,西家可选择垫♥10或♣Q,这两种情况均不会形成连续挤牌。

　　还有一种较为罕见的三门花色单次挤牌的基本型，这种残局在一次挤牌中可以为南北方赢得两个赢墩。

### 基本定式【47】　两输墩单次挤牌基本型九

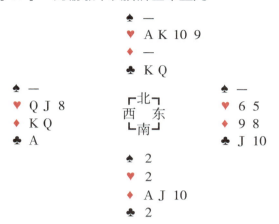

　　这是一个6张牌的残局，南北方合计只有4个赢张。但在另外三门花色上，挤牌方均持有两赢墩胁张。因此，南家打出挤牌张♠2，西家就在三个花色上受挤，无论西家垫掉一张什么牌，都会让南北家从这门花色上多获取两个赢墩。

　　此外，在下一节连续挤牌中，一些单向的局势，也可看作是三门花色单次挤牌的定式。

　　本节最后，我们再来看一种三门花色单次挤牌，这种局势是从十字交叉挤牌演化过来的。

### 基本定式【48】　两输墩单次挤牌基本型十

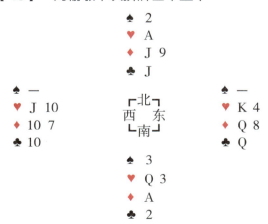

这个基本定式中，南北家有 3 个赢张和 2 个输张，除在两门红花色上存在着十字交叉挤牌外，在 ♣ 上还有一个单胁张，因此，东家在三门花色上存在垫牌困难。垫掉任何一个花色，都会给南北家增加一个赢墩。而且，由于南北家在 ♣ 花色桥路畅通，东家如果错误地垫掉 ♣Q，还会形成连续挤牌，东家将一墩也拿不到。这个挤牌局势也是双向的。

## 实战牌例〖32〗：李代桃僵（约翰·苏石林，John Sutherlin）

2000 年 1 月进行的"百慕大""威尼斯"杯世界锦标赛，汇聚了当时几乎所有的桥坛好手。比赛中诸多豪强各显身手，精妙打法屡次出现，不愧为世界顶尖水平的角逐。这副牌是跨国队式赛中出现的，坐南的美国牌手苏石林打出了结构很漂亮的终局。

### 南家发牌　双方有局

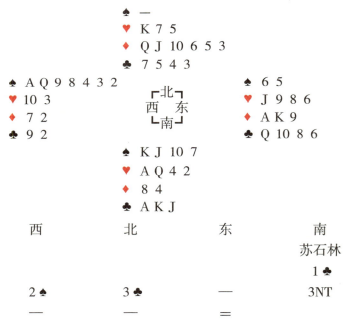

|  |  |  |  |
|---|---|---|---|
| ♠ — |  |  |  |
| ♥ K 7 5 |  |  |  |
| ♦ Q J 10 6 5 3 |  |  |  |
| ♣ 7 5 4 3 |  |  |  |

西

| ♠ A Q 9 8 4 3 2 |  |  | ♠ 6 5 |
| ♥ 10 3 |  | 北 | ♥ J 9 8 6 |
| ♦ 7 2 | 西 | 东 | ♦ A K 9 |
| ♣ 9 2 |  | 南 | ♣ Q 10 8 6 |

|  |  |  |  |
|---|---|---|---|
| ♠ K J 10 7 |  |  |  |
| ♥ A Q 4 2 |  |  |  |
| ♦ 8 4 |  |  |  |
| ♣ A K J |  |  |  |

| 西 | 北 | 东 | 南 |
|---|---|---|---|
|  |  |  | 苏石林 |
|  |  |  | 1 ♣ |
| 2 ♠ | 3 ♣ | — | 3NT |
|  |  | = |  |

苏石林坐南主打 3NT 定约。

西家并未做出南家预想的 ♠ 首攻，而是攻出了 ♦7。庄家让明手出 ♦Q，东家很明智地放过。利用明手难得的上手机会，庄家从明手出梅花并用 J 成功飞过。

南家继续出方块，东家用 ♦K 吃住。这也断送了南家树立方块套的念头。可能是预感到自己将面临垫牌困难，东家也并未回攻 ♠ 花色，而是换攻小梅花，南家用 ♣A 停住。

苏石林开始分析，目前已经有 7 墩牌，♠10 可看成是第 8 墩牌，那么第 9

墩牌从何而来呢？如果红心、梅花两门花色中有一门是 3-3 分布，第 9 墩就到手了。但从叫牌和打牌进程来看，东家似乎持有长红心和长梅花。因此，基于以上判断，苏石林心中已有对策。

于是庄家开始主动送出 ♠K，西家赢得后换攻 ♥10；南家用 ♥A 吃住。庄家继续送出 ♠J，西家并未多想，直接用 ♠Q 取得，然后攻出 ♥3，定约人再次用暗手的大红心取得。此时，残局如下：

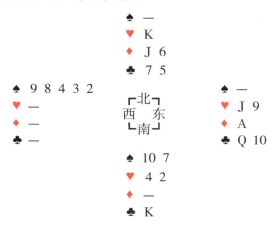

现在南家终于可以兑现来之不易的赢墩 ♠10，明手垫掉 ♦6，东家最终没能逃脱受挤的命运。东家 ♦A 不能垫，另两门花色如果垫哪门花色，庄家就先兑现那门花色的 K，再到另一手兑现赢张，取得 9 墩（注：最后局势与基本定式【48】大体相同）。

**简评：**这副牌中西家在防守上犯了致命的错误。在庄家第二次动黑桃花色，即主动送出 ♠ J 时，如果西家忍让，那么接下来的三门花色挤牌将不复存在，定约肯定无法完成。正是西家防守时出现的错误，为苏石林的精彩表演创造了机会。

# 第三节　连续挤牌（Progressive Squeeze）

当某个防守人要参与三门花色的防守，挤牌方就有可能对其进行连续挤牌，结果是庄家多得到两墩牌。在极少的情况下甚至可以多获得三个赢墩。

连续挤牌首先是以一个三门花色挤牌开始，接着再进行一个单挤，这两次挤牌都是针对同一个防守人的。

连续挤牌的原理是：如果某个防守人在第一次挤牌中放弃了对某一花色的保护，则挤牌方将所获得该花色的赢张作为新的挤牌张，对该防守人进行新一

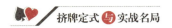

轮的挤牌。或者，这一防守人在一次挤牌中放弃了对某一花色的保护，就会直接给挤牌方带来两个赢墩，挤牌方得到一次挤牌多赢得两墩的结果。

客观上讲，连续挤牌并不属于常见的挤牌类型。但是，研究连续挤牌，可以加深对挤牌结构及挤牌防守的理解。而且，连续挤牌体现了挤牌精妙完美的结构，展现了挤牌的力与美，令人回味无穷。

## 第一小节　单向连续挤牌

在大多数连续挤牌局势中，挤牌方均有两赢墩胁张花色，这门花色给防守方施加了更大的压力，在此基础上，进行连续挤牌。

但是，连续挤牌基本型恰恰是挤牌方并没有两赢墩胁张花色的。

在上一节的三门花色单次挤牌定式中，我们发现，由于南北方联手只有一门双胁张花色，因此受挤方在遭遇挤牌时，只要垫掉双胁张花色，南北方就无法形成第二次挤牌。

因此，单向连续挤牌基本型，南北方必须在两门花色上持有双胁张，而只有一个单胁张。这时，需要根据仅有的单胁张来定位连续挤牌对象。

**无两赢墩胁张，对单胁张右侧防守人挤牌**

**基本定式【49】　单向连续挤牌基本型一**

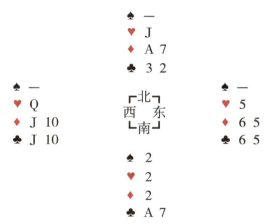

南家打出 ♣2，北家垫 ♣2，西家在三门花色上受挤：

1. 如果西家垫掉 ♥Q，南家可出 ♦2 进入明手，兑现 ♥J，对西家进行一个双向的单挤（♣ 为双胁张花色、♦ 为单胁张花色）。或者出 ♥2 进入明手，直接对西家进行第二次挤牌。

2. 如果西家垫 ♦，南家出 ♦2 进入明手，再兑现 ♦7，对西家进行一个双向的单挤（♣为双胁张花色、♥为单胁张花色）。

3. 如果西家垫♣，南家就直接出♣A和♣7，在第二墩梅花上，对西家进行一个单向的单挤（♦为双胁张花色、♥为单胁张花色）。

这种连续挤牌表现出来的特点是：

1. 受挤人位于单胁张花色（本书中为♥）的右手方。

2. 有两个双胁张结构,挤牌方两手分别持有一个（明手持有♦、暗手持有♣）。

3. 这种挤牌是单向的。当东西两手牌互换时，新的受挤对象东家可以正确地垫♣，此时由于第二次挤牌是单向的，无法形成连续挤牌局势。

有意思的是,这个基本定式与不同步双挤基本定式【17】在结构上有些相似。

### 定式【49A】 单向连续挤牌变型一

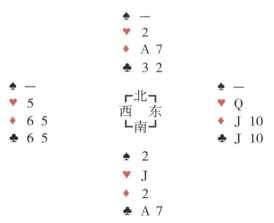

这是基本定式【49】的另外一种表现形式，可视为换个位置打出挤牌张。如果东西两家互换位置，西家的正确垫牌是垫♦花色。

### 无两赢墩胁张，对单胁张左侧防守人挤牌

### 基本定式【50】 单向连续挤牌基本型二

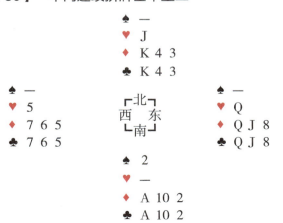

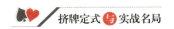
南家打出 ♠2，北家垫 ♣3 或 ♦3，西家在三门花色上受挤：

1. 如果东家垫 ♥Q，南家就通过 ♦K 或 ♣K 进入明手，兑现 ♥J，对东家再进行一个单向的单挤（在 ♦ 和 ♣ 两门花色上）。

2. 如果东家垫掉 ♦ 或 ♣，南北家就先兑现这门花色的 K、A、10，在第三墩牌上东家在剩下的两门花色上再一次受挤。

这种连续挤牌表现出来的特点是：

1. 受挤对象位于单胁张花色（此处为 ♥）的左手方。

2. 有两个三胁张花色，并且在这两个三胁张花色上，南北家均有进手张（明手持有 ♦、暗手持有 ♣）。

3. 实际上，另一个防守人是参与防守的。

4. 这个挤牌是单向的。当东西两手牌互换后，在第一墩中，西家需要垫掉 ♥Q；而东家则需要保持与北家垫同一花色的牌。下一墩牌，西家则保持与南家垫同一花色的牌，这样连续挤牌将不会存在。

### 定式【50A】　单向连续挤牌变型二

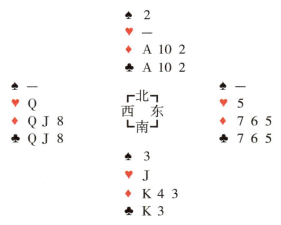

这个连续挤牌定式也是单向的。当东西两手牌互换后，东家正确垫牌是 ♥Q；然后下一墩中，西家要垫南家两门低花中的短花色即 ♣；而同时北家垫什么花色，东家就垫什么花色。由于西家参与防守，挤牌方无法打出连续挤牌。

这是基本定式【50】的另外一种表现形式，可视为换个位置打出挤牌张。

### 有两赢墩胁张，另有两个单胁张

本章第一节中，防守方在受挤时，如果垫掉双胁张花色，可直接为南北方增加两个赢墩时，这样的局势也可以形成单向连续挤牌。这个定式是从基本定式【44】演变过来的。

**基本定式【51】　单向连续挤牌基本型三**

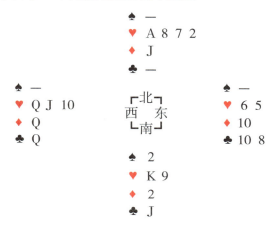

这种定式的主要特点是：

1. 南北方拥有两赢墩胁张花色（此处为♥），防守方一旦放弃这门花色的防守，将直接给南北方带来两个赢墩。

2. 在北家持有单胁张花色（此处为♦），南家必须有桥引，可以用♦2进入到北家，才能完成当西家垫掉♦Q后的第二次挤牌。

3. 这副牌中，两名防守人都参与了防守（东家参与了♦花色的防守），使得这个连续挤牌仅对一侧防守人有效。

### 实战牌例〖33〗：趁火打劫（贾维特·卡立特）

埃普森桥牌赛是20世纪国际桥牌联合会组织的全球性双人大赛。当时每年举行一次，同一时间在世界各地举行，其特点是大家打同样的牌，按统一的标准计分。全球众多的桥牌爱好者参与这场盛会。

下面这副牌出现在1988年的埃普森桥牌赛上，来自巴基斯坦的桥牌好手卡立特以出色的牌艺，完成一副大满贯定约，并由此荣获这次大赛出牌优胜奖的第三名。

**北家发牌　双方有局**

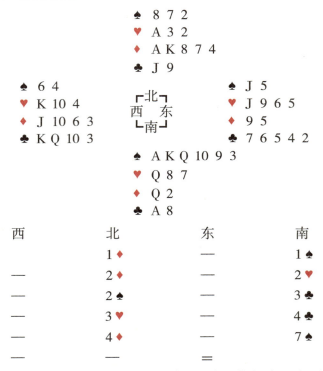

|  | ♠ 8 7 2 |  |  |
|  | ♥ A 3 2 |  |  |
|  | ♦ A K 8 7 4 |  |  |
|  | ♣ J 9 |  |  |

| ♠ 6 4 | | ♠ J 5 |
| ♥ K 10 4 | 北 | ♥ J 9 6 5 |
| ♦ J 10 6 3 | 西　东 | ♦ 9 5 |
| ♣ K Q 10 3 | 南 | ♣ 7 6 5 4 2 |

|  | ♠ A K Q 10 9 3 |  |
|  | ♥ Q 8 7 |  |
|  | ♦ Q 2 |  |
|  | ♣ A 8 |  |

| 西 | 北 | 东 | 南 |
|---|---|---|---|
|  | 1♦ | — | 1♠ |
| — | 2♦ | — | 2♥ |
| — | 2♠ | — | 3♣ |
| — | 3♥ | — | 4♣ |
| — | 4♦ | — | 7♠ |
| — | — | = |  |

　　按埃普森比赛官方手册的介绍，这副牌原来只期望南北方叫到 6♠，如果做成 6♠，就已经得到 60% 的分数了；如果 6♠ 超一完成则可以得到 88% 的高分。

　　现在的南家是卡立特，更是非同寻常。他在听到同伴开叫 1♦ 时已是雄心勃勃。前面的三次叫牌都是很自然的：南家的 2♥ 是新花色，是逼叫性的；北家的 2♠ 只是回到先应叫的花色上去；3♣ 表示有 ♣A；3♥ 表示有 ♥A；4♣ 表示梅花有两轮控制，譬如说有 ♣AK 或是 ♣A 单张，也是逼叫性的。北家 4♦ 再叫，南家乐观地看到了 13 墩牌的机会：即黑桃六墩、方块五墩，再加上 ♥A 和 ♣A。方块五墩是这样设想的，譬如说是带 A–K 的六张套；或是 A–K–J–×–× 五张；或是 A–K–×–×–× 五张但外面方块是 3–3 分布，还是会有不少的机会。所以南家的 7♠ 叫品是有理由的。

　　西家首攻 ♣K，南家用 ♣A 吃进。卡立特迅速分析情况：如果外面的方块是 3–3 分布，13 墩毫无问题。但南家并未把全部希望寄托在方块 3–3 分布上，还试探是否有其他额外的机会，通过施加其他花色的压力，打出挤牌局势。

　　所以，南家先用 ♠A、♠K 清掉两轮将牌后，从手上打出 ♥7 到明手的 ♥A（维

也纳谱）。然后再从明手出小将牌打回手里，再继续兑现两轮将牌，此时 6 张
牌的残局形势如下：

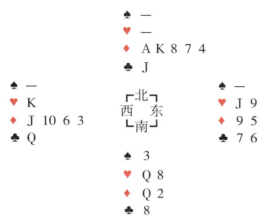

卡立特现在出最后一张将牌♠3，西家已经无法垫牌，他当然不能垫方块，
否则明手的 5 张方块全大；如果西家垫♥K，明手则垫一张方块，暗手下轮出
♥Q，西家仍然受挤；如果西家不垫♥K，而是♣Q，情况也好不了，庄家从手
上出♣8 到明手的♣J，西家仍然逃脱不了受挤的命运（注：最后残局为基本定
式【51】）。

卡立特展示出的三门花色连续挤牌带维也纳谱的精彩打法，得到世界桥牌
专家和评论家的一致好评。卡立特足够幸运，能有机会在世界性比赛中打出难
得遇到的三门花色连续挤牌。但是，其他许多坐南家的参赛者不也都有同样的
机会吗？

**简评：**这副牌由于东家未能参与到梅花花色的防守，因此，卡立特的连续
挤牌其实是双向的。

### 有两赢墩胁张，另有一个双胁张

基本定式【51】中，南家有桥引与北家持有的单胁张花色保持桥路畅通，
但更多的情况是这样的：

## 基本定式【52】 单向连续挤牌基本型四

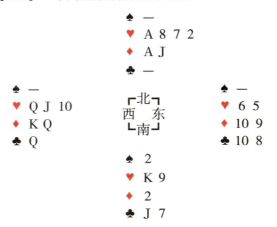

这种局势的主要特点是:

1. 南北方拥有两赢墩胁张花色(此外为♥),防守方一旦放弃这门花色的防守,仍将直接给南北方带来 2 个赢墩。

2. 在北家持有双胁张花色(此处为♦),南家有桥引,用♦2打到北家,完成当西家垫掉♦Q后的第二次挤牌。

也可以把这个定式看作是从基本定式【44】或基本定式【51】演化过来的。还可以对基本定式【52】略做调整,形成以下局势:

## 基本定式【53】 单向连续挤牌基本型五

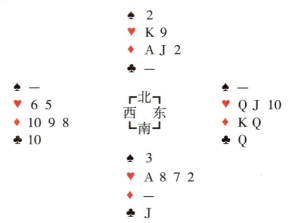

这个定式的主要特点是:

1. 南北方拥有长胁张花色(此处为♥)结构,防守方一旦放弃这门花色的防守,仍将直接给南北方带来 2 个赢墩。

2. 在北家持有双胁张花色（此处为 ♦），由于南家没有桥引，只能借助于 ♥K 进入北家，完成当东家垫掉 ♦Q 后的第二次挤牌。

3. 这个连续挤牌是单向的。当东西两手牌互换后，西家正确的垫牌是垫掉 ♦Q。

这个基本定式与不同步双挤基本定式【20】在结构上非常相似。

**基本定式【54】　单向连续挤牌基本型六**

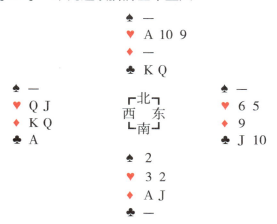

这个局势是从基本定式【47】演变过来的。在这种 5 张牌的残局中，南北合计只有 3 个大牌赢张，但是 ♥ 和 ♣ 两门花色上都有两赢墩胁张。因此，南家打出挤牌张 ♠2，西家如果垫 ♥ 或 ♣，就会立即让南北家在这门花色上多获取两个赢墩；如果西家选择垫 ♦，则南家兑现 ♦ 赢张，就会形成连续挤牌。

## 十字交叉连续挤牌

**基本定式【55】　单向连续挤牌基本型七**

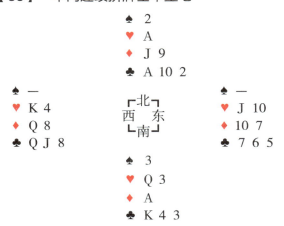

这种连续挤牌表现出来的特点是：

1. 在十字交叉挤牌的结构外，南北方在第三门花色上（♣）持有三胁张，而且在这门花色上南北家均有进手张，共同对一个防守人形成威胁。

2. 另一个防守人（东家）也是参与防守的。

3. 这个挤牌是单向的，♣10 的位置决定了挤牌的方向。

### 定式【55A】　单向连续挤牌变型三

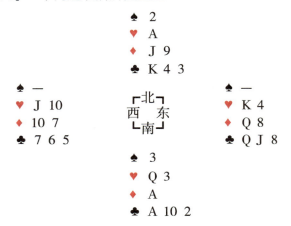

```
            ♠  2
            ♥  A
            ♦  J 9
            ♣  K 4 3
♠  —                      ♠  —
♥  J 10      ┌北┐          ♥  K 4
♦  10 7     西    东        ♦  Q 8
♣  7 6 5     └南┘          ♣  Q J 8
            ♠  3
            ♥  Q 3
            ♦  A
            ♣  A 10 2
```

### 基本定式【56】　单向连续挤牌基本型八

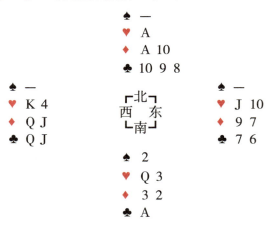

```
            ♠  —
            ♥  A
            ♦  A 10
            ♣  10 9 8
♠  —                      ♠  —
♥  K 4       ┌北┐          ♥  J 10
♦  Q J      西    东        ♦  9 7
♣  Q J       └南┘          ♣  7 6
            ♠  2
            ♥  Q 3
            ♦  3 2
            ♣  A
```

这种连续挤牌表现出来的特点是：

1.南北方在一门花色上(♣)持有两赢墩胁张结构，西家如果放弃这门花色，就会给南北方增加 2 个赢墩。

2. 西家如果放弃对 ♥ 花色的保护，南北家的顺序是 ♥A、♣A、♥Q，这样对西家形成单向单挤（♦ 和 ♣ 两门花色）。

3. 西家如果放弃对 ♦ 花色的保护，南北家的顺序是 ♦A、♦10，这时对西家形成一个十字交叉挤牌（♥ 和 ♣ 两门花色）。

## 第二小节　双向连续挤牌

多数的双向连续挤牌，挤牌方均持有两赢墩胁张结构。

**有两赢墩胁张，另有两个单胁张**

基本定式【57】　双向连续挤牌基本型一

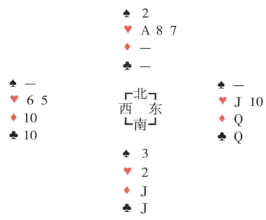

这种连续挤牌表现出来的特点是：

1. 南北家有一个两赢墩胁张花色（本书中为 ♥），如果防守方放弃这门花色，南北方可通过一次挤牌多赢得两墩。

2. 与长胁张相对的一手牌中有两个单胁张（分别为 ♦ 和 ♣）。

3. 这种挤牌是双向的。

这种局势同基本定式【43】比较接近，也是最"简短"的连续挤牌。打法其实非常简单：在挤牌张上，防守方面临着这样的选择："两次挤牌"（放弃单胁张花色）或"一次放弃两墩"（放弃两赢墩胁张花色）。

这种局势与同步双挤基本定式【15】在结构上也非常相似。

**实战牌例〖34〗：苦肉计（马里西奥·塞曼塔，Maurizio Sementa）**

在国际桥牌协会颁发的 1978 年"最佳做庄奖"中，意大利的塞曼塔凭借下面这副牌获得殊荣。这是他在意大利队与蒙特卡罗队进行队式赛中出现的一副牌。

南家发牌　双方有局

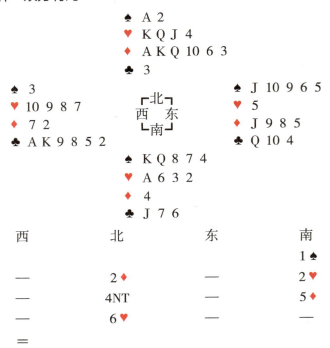

```
                    ♠ A 2
                    ♥ K Q J 4
                    ♦ A K Q 10 6 3
                    ♣ 3
    ♠ 3                            ♠ J 10 9 6 5
    ♥ 10 9 8 7      ┌北┐          ♥ 5
    ♦ 7 2          西   东         ♦ J 9 8 5
    ♣ A K 9 8 5 2   └南┘          ♣ Q 10 4
                    ♠ K Q 8 7 4
                    ♥ A 6 3 2
                    ♦ 4
                    ♣ J 7 6
```

| 西 | 北 | 东 | 南 |
|---|---|---|---|
|  |  |  | 1♠ |
| — | 2♦ | — | 2♥ |
| — | 4NT | — | 5♦ |
| — | 6♥ | — | — |
| = |  |  |  |

塞曼塔坐在南家，主打 6♥ 定约。西家首攻 ♣A，发现同伴跟出 ♣4 后，继续出 ♣K，塞曼塔让明手将吃，东家跟出 ♣10。塞曼塔用 ♥K、♥Q 清两轮将，东家在第二轮将牌时垫 ♠5。将牌的 4-1 分布虽然有些不理想，但只要黑桃或方块有一门均匀分布，满贯还是很有把握的。因此，塞曼塔继续用 ♥J 清将，东家再垫 ♠6。

塞曼塔意识到：东家连续垫两张黑桃似有不祥之兆，因为南家开叫过 1♠。如果东家垫黑桃是被迫的，那么就意味着东家持有的是 5-1-4-3 牌型。在这种情况下，庄家不能以第二轮黑桃回手，否则会被西家将吃。于是，塞曼塔利用准确的读牌，祭出了精彩的"双明手"打法。第三轮将牌后，明手出 ♠2 回到暗手的 ♠Q，形成如下局面：

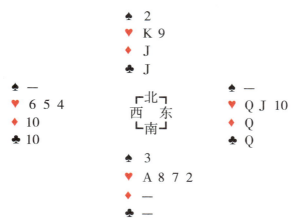

```
                    ♠ A
                    ♥ —
                    ♦ A K Q 10 6 3
                    ♣ —
    ♠ —            ┌北┐          ♠ J 10
    ♥ 10          西    东        ♥ —
    ♦ 7 2         └南┘          ♦ J 9 8 5
    ♣ 9 8 5 2                   ♣ Q
                    ♠ K 8 7 4
                    ♥ A
                    ♦ 4
                    ♣ J
```

　　塞曼塔用 ♥A 清掉西家最后一张将牌，此时明手垫掉赢张 ♠A！虽然忍痛放弃一墩，但东家遭遇连续挤牌了。很明显，黑桃和方块都不能垫，只能垫♣Q，希望同伴有 ♣J；但塞曼塔接着打出 ♣J，终于精彩地完成定约（注：最后局势为基本定式【57】）。

　　在另一桌上，南家也同样叫到 6♥ 定约。前 5 墩完全相同，南家先 ♠A 后小黑桃的打法，准备对东家实施一个 ♠ 和 ♦ 两花色的单挤。结果不幸在第二墩黑桃上被西家将吃。

　　**简评：**如果西家第二墩不出 ♣K 而出小 ♣ 的话，这个连续挤牌将不复存在。但在实战中，西家持有带 ♥10 的 4 张将牌，迫切地让明手将吃，也在情理之中。

### 基本定式【58】　双向连续挤牌基本型二

```
                    ♠ 2
                    ♥ K 9
                    ♦ J
                    ♣ J
    ♠ —            ┌北┐          ♠ —
    ♥ 6 5 4       西    东        ♥ Q J 10
    ♦ 10          └南┘          ♦ Q
    ♣ 10                        ♣ Q
                    ♠ 3
                    ♥ A 8 7 2
                    ♦ —
                    ♣ —
```

　　这种局势同基本定式【45】比较接近，但由于两赢墩胁张的存在，其威力较基本定式【45】更加强大。仍然是这样的打法：在挤牌张上，防守方面临着

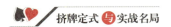

两难选择：受到"两次挤牌"（放弃单胁张花色）或"一次放弃两墩"（放弃两赢墩胁张花色）。

这种局势与同步双挤基本定式【16】在结构上也非常相似。

**定式【58A】　双向连续挤牌变型一**

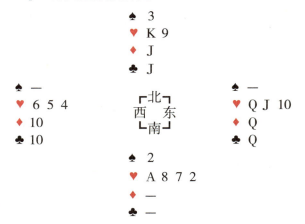

从南家打到北家，连续挤牌仍然有效，可转化成为基本定式【57】。

基本定式【57】和基本定式【58】都是双单胁张结构，接下来就是更为复杂的，只有一门花色是单胁张，这样就会有更多的变化。

### 有两赢墩胁张，另外只有一个单胁张

**基本定式【59】　双向连续挤牌基本型三**

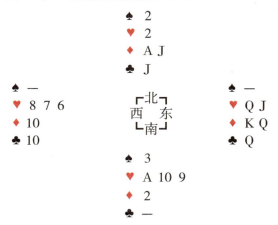

这个局势相当于在基本定式【58】上，将北家的进张由两赢墩花色（♥）调整至双胁张花色（♦），挤牌效果相同。如果仅看北家与东家两家的牌，东家垫♥似乎是可以避免连续挤牌的，但这直接就送给南北方 2 个赢墩。

这种局势与不同步双挤基本定式【17】在结构上有些相似。

### 定式【59A】 双向连续挤牌变型二

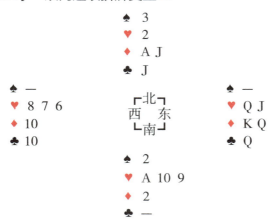

同样，从南家打到北家，连续挤牌仍然有效，自然演变成基本定式【57】。

歇姆拉是法国桥坛名将，他曾经在一副牌中从桥牌传奇葛罗佐手上挤出两墩牌。每当忆及此事，他总是津津乐道。这副牌出现在一次欧洲桥牌锦标赛上。

局况及叫牌过程不详

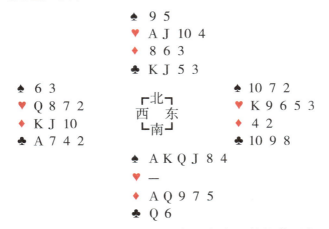

歇姆拉坐在南家，主打 6♠ 定约。西家是名声显赫的葛罗佐，他首攻 ♠3。明手摊下牌来，歇姆拉仔细审视这个满贯定约，这几乎是"不可能完成的任务"。

南家开始了他的神奇之旅。止住将牌首攻后，他乘防守方信息沟通不足之机，率先送出 ♣Q，西家用 ♣A 拿到，南家完成了针对西家的调虎离山（西家的 ♣A）。这时，葛罗佐非常罕见地犯了个错误，转攻 ♥2，庄家用明手的

♥10 逼出了东家的 ♥K，庄家将吃，南家又完成了针对东家的调虎离山（东家的 ♥K）。

这时庄家还只有 10 墩牌，但已经隐隐看到了一丝希望，即任何一位防守人持有四张梅花，同时还持有 ♥Q 和 ♦K，这样他就会有垫牌困难。

因此，歇姆拉此时连续清将。第 3 轮将牌，西家和明手均垫了一张红心。第 4 轮将牌，葛罗佐不大情愿地垫了张 ♦10，明手也跟着垫了一张方块，此时7 张牌的残局如下：

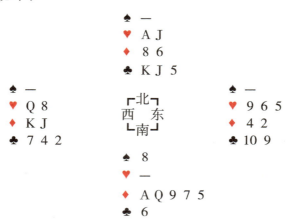

现在歇姆拉打出他手上最后一张将牌 ♠8，葛罗佐再没有安全牌可垫了：如果他垫红心，南家可以出梅花进入明手，接连兑现两个红心赢张，并可在两门低花上继续挤西家；如果他垫梅花，那么明手的 ♣5 便会让西家在两门红花色上遭遇挤牌。事实上，葛罗佐发现自己难逃厄运，于是垫掉 ♦J，然而歇姆拉早已洞若观火，果断地用 ♦A 击落了葛罗佐的 ♦K，漂亮地完成定约（注：最后局势为基本定式【59】）。

简评：葛罗佐打宕这副定约的方法很多，其中最简单的一种，就是忍让第一轮梅花。这样南北方的桥路就会出现问题。

### 无两赢墩胁张的连续挤牌

无两赢墩胁张的连续挤牌也是存在的，这种复杂而较为特殊的定式是中国桥牌学者王建华老师最先发现的。

## 基本定式【60】　双向连续挤牌基本型四

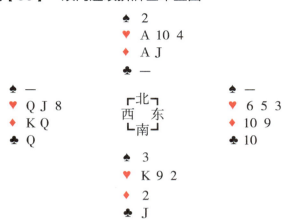

这种局势中，需要重点注意的一点，如果防守人率先垫掉的是 ♥ 花色，那么南北方在兑现 ♥ 赢墩时，必须提前将明手的 ♥10 垫掉解封，以保证第三墩红心后由南家出牌。这个挤牌局势也是双向的。

## 定式【60A】　双向连续挤牌变型三

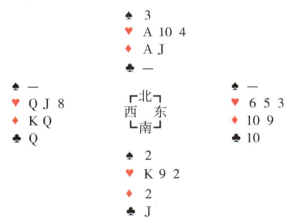

这种情况，也要注意 ♥ 花色上的解封问题。

## 第三小节　产生三个赢墩的连续挤牌

最后，我们再来看一种极为罕见的可以挤出三个赢墩的连续挤牌，这是带有将吃胁张结构的单向的连续挤牌。

**基本定式【61】　将吃连续挤牌**

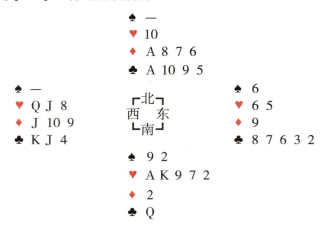

这个残局是洛夫先生最先介绍的，♠ 花色为将牌，南家持有 ♥ 长套，西家一旦放弃这门花色，可以为南家带来 3 个赢墩。而北家有两组低花的将吃胁张，西家放弃任何一门低花，可以为南北家带来 2 个赢墩，而且在北家兑现这两个赢墩的过程中，还能通过一个双向的单挤再获得一个赢墩。

这个形势是单向的。北家已经没有闲牌，因此，当西家、东家牌张互换时，北家需要先于东家垫牌，无法多获得 3 个赢墩。

# 第四节　三门花色止张挤牌（Guard Squeeze）

止张挤牌的定义是：这是一种涉及三门花色的挤牌，一个防守人要参与三门花色的防守，其中两门花色上，这个防守人拥有绝对止张，而在第三门花色上，他持有能阻止挤牌方对其同伴进行飞牌的止张。

下面我们举例来说明止张挤牌的结构：

A J

┌北┐<br>
K 4　　西　东　　Q<br>
└南┘

3

东家的 Q 虽然是单张，但是也不能轻易垫掉。否则南家在这门花色上就可以进行飞牌。在这里，南北在这门花色的组合就称为对于东家的止张威胁。这种止张结构的特点是东家不能在这门花色上垫牌。事实上，我们也能看到，西家在这门花色上也不能垫牌。

K 2

┌北┐
J 5　　西　东　　Q 8 7
└南┘

A 10 4

同样地，南北在这门花色的组合是对于西家的止张威胁。如果西家垫掉 5，由明手的 K 击落 J 后，再飞东家的 Q，从而全取三墩。同样地，东西两家在这门花色上也都不能垫牌。

三门花色止张挤牌比较常见，下面的局势是其中最重要的、最易出现的。

**基本定式【62】　止张挤牌基本型一**

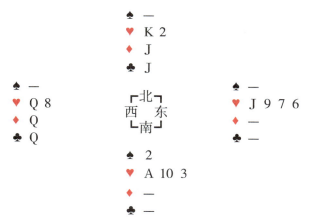

西家要防守三门花色，西家所持的红心大牌构成了对同伴的保护。当南家打出挤牌张 ♠2 时，由于西家要单独防守两门低花，这两门花色大牌都不能垫，因此西家只好垫掉 ♥8，明手垫掉任意低花上的 J。然后南家出 ♥3，北家用 ♥K 击落西家的 ♥Q 后，再对东家进行 ♥ 花色上的飞牌。

这种局势，还可以理解为是一种暴露式挤牌。如果挤牌方确知西家要独自防守两门低花，那么当南家打出挤牌张 ♠2，西家被迫垫掉 ♥8；南家再出 ♥3 到北家的 ♥K，击落西家的 ♥Q 时，庄家已经明确西家没有 ♥ 花色，只有两门低花的大牌，因此，对东家 ♥J 的飞牌就成为标明的飞牌。

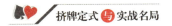
## 定式【62A】 显露式挤牌型三

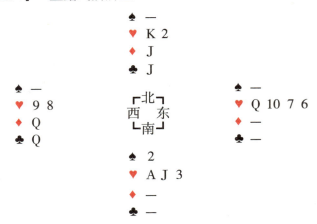

在类似这种牌张组合下，不管东西家的 6 张 ♥ 如何分布，南家都可以保证全取最后 4 墩。如果 ♥Q 在西家，在向明手的 ♥K 出牌时，♥Q 就一定会被击落；如果西家未见 ♥Q 跌落，就可以对东进行标明的飞牌。

### 实战牌例〖36〗：声东击西（布罗克夫人，Sally Brock）

布罗克夫人是英国女子桥牌队的常青树，一直活跃在世界女子桥牌界最高水平之列。下面这副牌出现在 1980 年第六届奥林匹克桥牌比赛中，当时英国与另外一支劲旅意大利对抗。

**南家发牌　双方无局**

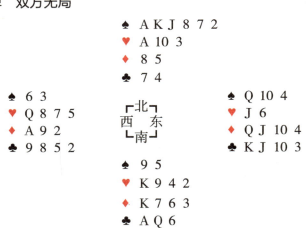

| 西 | 北 | 东 | 南 |
|---|---|---|---|
|  |  |  | 1NT |
| — | 2♥ | — | 2♠ |
| — | 4♠ | — | — |
| = |  |  |  |

布罗克夫人坐南主打4♠定约。

意大利西家首攻♣2，东家放上♣K，定约人用♣A吃进。南家出♠5，明手用♠J飞，结果输给东家的♠Q。东家转攻♦Q，南家盖上♦K，被西家♦A赢得。西家再攻♦2，东家用♦10吃进。此时防守方已获3墩，定约人必须避免红心花色再有输墩。

第五墩东家换攻♣J，南家用♣Q止住。布罗克夫人出♦6，让明手将吃。然后她用♠A、♠K清光外面的将牌，再用♠8调一轮将，形成4张牌的残局如下：

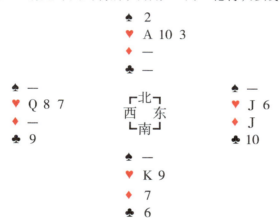

这时，明手继续出♠2，东家为了保护住两门低花，只好垫♥6，南家垫掉无用的♦7，西家垫♣9。然后明手出♥3，定约人用♥K盖吃东家的♥J，然后出♥9飞西家的♥Q，漂亮地完成定约（注：最后局势同基本定式【62】）。

如果最后4张牌时，东家垫掉♣10，南家仍然垫掉♦7，此时西家会遭遇到红心与梅花两门花色的单挤（注：此处针对西家挤牌局势为基本定式【5】）。

**简评**：事实上这副牌的残局已经不是单纯的止张挤牌，这个结构在第七章中会继续被提及，但其止张结构是典型的、有代表性的。

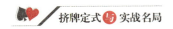
## 基本定式【63】　止张挤牌基本型二

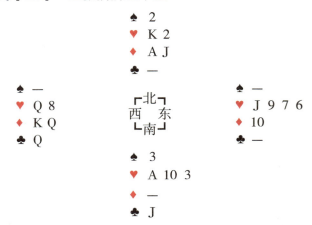

　　这是一种 5 张牌的残局，与基本定式【62】的不同点是南家持有一门花色的单胁张（此例为 ♣J）；二者相同点为 ♥ 花色结构完全相同，打法也相同。

　　著名桥牌理论家特伦斯·里斯在介绍止张挤牌时特别指出，如果早期看出可能出现此类残局，还应注意保持南北方桥路畅通，避免在分离大牌三胁张花色上出现飞牌上的阻塞：

A 10 9 3

```
 ┌北┐
西   东
 └南┘
```

K 8 2

　　如在这种牌张组合下，如果残局打出对西家的止张挤牌，早期需要垫掉北家这门花色的9和10，避免在最后对东家的飞牌中形成阻塞。这在基本定式【62】和基本定式【63】中均适用。

### 实战牌例〖37〗：抛砖引玉（埃里克·保尔森，Erik Paulsen）

　　保尔森是美国桥坛名将，他是 1976 年百慕大杯美国战胜意大利队并夺冠的主力队员。这是保尔森于 1961 年在每周桥牌地区性混合双人赛中打出的一副牌，足以展现其精湛的牌技。

**北家发牌　双方有局**

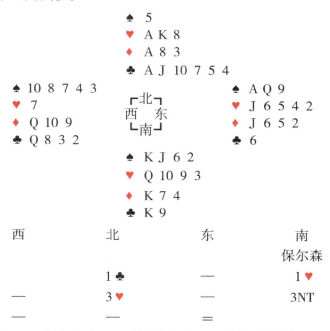

| 西 | 北 | 东 | 南 |
|----|----|----|-----|
| | | | 保尔森 |
| | 1♣ | — | 1♥ |
| — | 3♥ | — | 3NT |
| — | — | = | |

西家首攻♠4，东家打出♠A后继续攻出♠Q（第一轮先打♠Q更好些）。保尔森用♠K止住，明手垫掉♦8！

完成定约已经不是问题，双人赛需要考虑的是获得更多的超墩。庄家先处理的是红心花色，希望多了解一些信息。果然，在兑现♥A、♥K时，西家垫掉一张小黑桃。看到西家单张红心，保尔森打♣Q在西家，他以♣K进手，用明手♣10飞牌成功，东垫一张小方块。保尔森再从明手出小红心，暗手以♥10赢得，西家垫掉♦9。此时6张牌的残局如下：

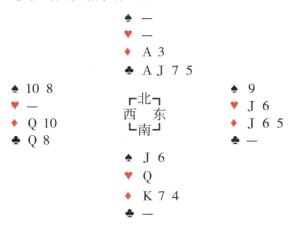

保尔森继续兑现♥Q，西家无法垫牌。两门黑花色都是必须防守的，因此，西家只好再垫♦10。南家拔去♠J，明手垫掉♣7；再打♦4让明手♦A进手，兑现♣A，最后打出♦3，用暗手的♦K-7组合擒住东家的♦J-6（注：最后局势同基本定式【63】）。

最终，保尔森这副3NT超三墩，在双人赛中绝对是个好分数。

简评：这副牌最精彩的地方是第二墩南家就垫掉♦8，为终局可能出现的止张挤牌提前做好解封。诚然，在这副牌中，如果东家持有♦J-10或♦J-9的组合，最后的飞牌并不存在。但是，高手打牌值得学习之处，正是在于提前做好准备，随时等待和把握机会。

**基本定式【64】　止张挤牌基本型三**

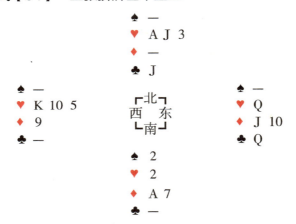

这个残局是针对右手防守人的止张挤牌。南家打出挤牌张♠2，明手垫♥3，东家两门低花都不能垫，只好垫掉♥Q；南家兑现♦A，明手垫掉♣J，然后再飞西家的♥K，全取4墩牌。

有一点需要注意的是，在这个残局中，南家的♦A不能提前兑现，否则下一墩北家首先面临无牌可垫的尴尬局面。

## 第五章 次级挤牌（Secondary Squeeze）

次级挤牌又称为不需调整输墩的挤牌，即在打出挤牌张后，挤牌方还要丢失一墩或几墩牌给防守方。次级挤牌的范围可以很广，但大多数的次级挤牌可以包括这样三类：第一类是通过挤牌树立赢墩的打法；第二类是挤牌投入；第三类是通常发生在牌局中期的挤牌，这类挤牌并不是传统意义上针对大牌的挤牌，而是通过挤牌让防守方放弃一个赢墩或者是通过挤牌破坏对方的联通。本章重点介绍第一类和第三类，第二类我们放在第六章中单独介绍。

那么，同样是挤牌后还会有输墩的情况，次级挤牌同此前我们介绍过的三门花色两输墩单次挤牌又有何不同呢？我们可以这样理解，三门花色两输墩单次挤牌是通过挤牌，让防守方主动放弃一张大牌或保护张，这样会自动送给挤牌方一墩牌。而次级挤牌则是通过让防守方主动放弃一张大牌的保护张，得以让挤牌方树立一个新的赢墩。或者可以这样说，次级挤牌的赢墩是间接产生的。

## 第一节　简单次级挤牌（Squeeze Establishment）

简单次级挤牌又称挤牌树立赢墩法，这种打法的特点是：一位防守人持有长胁张的止张，同时还持有庄家打算树立赢墩的另一花色中的一个以上赢张。简单次级挤牌将使这个防守人被迫垫掉后一种花色上一个额外的赢张，或者被迫垫掉一张可以出给同伴赢张的牌（这种情况下将会涉及三门花色）。

为便于更好地理解这类挤牌，我们首先做个定义，从挤牌方的视角，挤牌方持有一个长胁张花色，我们将其定义为强花色（定式中用 ♥ 表示）。而在另外一门花色，挤牌方持有一个次级胁张，需要顶下对方大牌才能树立赢墩的花色，我们称之为弱花色（定式中用 ♦ 表示）。

强花色的威胁张同此前我们提到的威胁张完全相同，而且一定是长胁张组合，不可能是单胁张。

在弱花色上，挤牌方持有一个次级胁张。次级胁张与将吃胁张是相同的：

1. ♦J-9 对 ♦K-Q 是一个次级胁张，后者持有两张大牌，但如果后者被迫要垫掉一张大牌，前者有机会在这个花色上做出一个赢墩。

2. ♦K-9 对 ♦A-Q 是一个次级胁张，后者由于位置有利，对前者有两轮控制，但如果后者被迫要垫掉一张大牌，前者依然有机会在这个花色上做出一个赢墩。

上述两种情况，挤牌方在 ♦ 花色上的牌力较弱。

3. ♦A-10-9 对 ♦K-Q-J 也是一个次级胁张，如果后者被迫要垫掉一张大牌，前者有机会在这个花色上多做出一个赢墩。这时，前者有两种打法可以选择，既可以先送小 ♦ 再 ♦A，也可以先 ♦A 再小 ♦，挤牌方的选择可由两手联通情况来决定。同样是需要送出一墩，但是这种结构，挤牌方在 ♦ 花色上有一定的控制力。

单挤打法中，如果挤牌方有两个输张，通常会想办法先送出一墩即调整输墩（Rectify the count），以此达到只差一墩的局面，为实施单挤创造条件，我们称之为"先送后挤"。但是，有时在挤牌方送出输墩时，防守方会立即攻击该门花色的胁张，破坏可能形成的挤牌局面。这时，挤牌方只能采取次级挤牌打法，即不需调整输墩，先进行挤牌，然后送出一个输墩后，再多得到一个通过挤牌树立的新赢墩，这时我们可称之为"先挤后送"。

在次级挤牌中，挤牌方需要树立出新赢墩，因此这种挤牌对于牌张结构和进张的要求都比较高。

很多次级挤牌都可以在本书前面找到它们的基本型。例如，下面这个挤牌就是基本定式【1】的次级版本。

**基本定式【65】　次级挤牌基本型一**

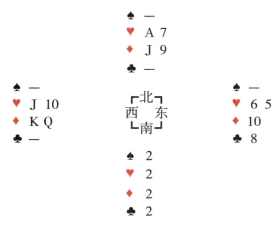

这种局势的特点是：

1. 南北方虽然只有2个快速赢墩，但当南家打出♠2时，由于强花色的威胁，西家不能放弃对♥花色的防守，只好抛掉弱花色♦上的一张大牌，北家则垫掉♥7。然后，南家打出♦2，顶下♦K后，做大北家的♦J。

2. 南家的♦2与♥2同样重要。也就是说，南北家在弱花色上必须要有联通。这样才有可能树立北家的♦J。

3. 同基本定式【1】相同，这种挤牌也是单向的。

### 定式【65A】　次级挤牌变型一

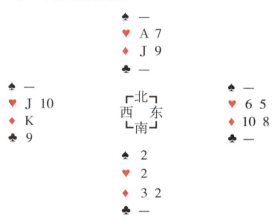

这个挤牌涉及三门花色，南家打出♠2，西家为了保护红花色，只好垫掉第三门花色的赢张♣9。挤牌的目的同其基本定式相同，都是挤掉西家的一个快速赢墩。如果不实施挤牌，就不会有以上的效果。

### 定式【65B】　次级挤牌变型二

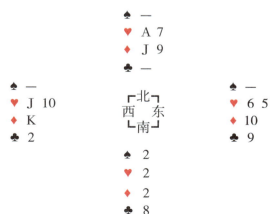

这个挤牌也涉及三门花色，南家打出 ♠2，西家为了保护红花色，只好垫掉第三门花色上与同伴联通的桥引 ♣2，结果同定式【65A】相同。如果是西家持有 ♣9，就转化成为：

### 定式【65C】　次级挤牌变型三

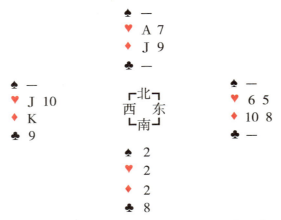

这种变型其实就是三门花色单次挤牌基本定式【41】。

这说明了两点：一是三门花色单次挤牌也可看作是一种次级挤牌；二是次级挤牌中，挤牌方可以只有两门花色的胁张，当然，这时就需要挤牌方弱花色的张数满足特定的要求。

但是，在实战中，这种基本定式及其变型并不常见。毕竟，通常情况下，防守方持有那么多大牌时肯定会提前采取行动。下面这种定式通常更容易理解。

### 基本定式【66】　次级挤牌基本型二

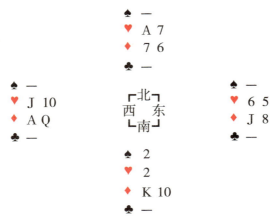

这种局势的特点是：

1. 在弱花色 ♦ 上，西家的 ♦A-Q 嵌张结构处于对南家不利的位置，同时西家也不情愿率先动这门花色，因此有可能保留到残局。

2. 南家打出 ♣2，西家只好垫掉弱花色上的 ♦Q，北家垫掉 ♥7。然后，南家打出 ♦10，顶掉 ♦A 后，再用明手的第二张 ♦ 打回给已经做大的 ♦K。

3. 这种残局对北家的要求比较高，北家必须持有 2 张 ♦，这样才能确保南北方在弱花色上有充分的联通，兑现可能做大的 ♦K。

### 实战牌例〖38〗：无中生有（托·海尔尼斯，Tor Helness）

海尔尼斯和海尔格莫二人搭档多年，国内桥牌迷称他们是"海海组合"，他们曾是挪威队主力成员，后代表摩纳哥征战国际比赛。海尔尼斯由于年长些，通常被大家称为"大海"，接下来我们就来看看"大海"在同波兰选手对抗中的表现。

**南家发牌　双方无局**

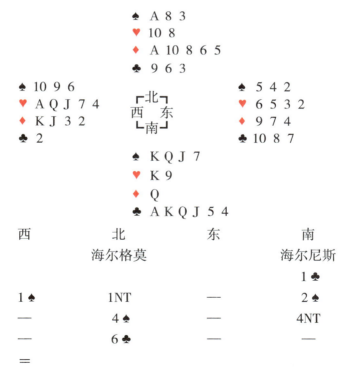

|  | 西 | 北 | 东 | 南 |
|---|---|---|---|---|
|  |  | 海尔格莫 |  | 海尔尼斯 |
|  |  |  |  | 1♣ |
|  | 1♠ | 1NT | — | 2♠ |
|  | — | 4♠ | — | 4NT |
|  | — | 6♣ | — |  |
|  | = |  |  |  |

西家是波兰好手巴利基（Cezary Balicki），他的 1♠ 约定叫代表有一个高花套。尽管西家参与争叫，"海海组合"还是叫到了小满贯。为了保护较为脆

弱的红心花色，他们选择了 6♣ 而不是 6NT 定约。

西家首攻♠10。南北方已有 11 墩牌，从西家参与争叫来看，♥A–Q、♦K 这几张大牌应该都在他手上。南家用手上大牌止住西家黑桃首攻后，连续调两轮将，发现将牌 3–1 分布，这使得用第四张黑桃垫掉明手红心输张的愿望落空。

海尔尼斯此时意识到，要想完成定约，要么把希望寄托在持有 3 张将牌的东家同时持有 4 张黑桃；要么是西家持有 ♦K 的同时还持有 ♦J，这样才可以对西家进行挤牌。他选择了第二条路线。

庄家接着清光了外面的最后一张将牌，接着连续兑现 3 个黑桃赢墩，发现黑桃果然不是 2–4 分布。接着他逐个打出手上的 2 张将牌，并注意观察西家的垫牌，形成以下 4 张牌的局势：

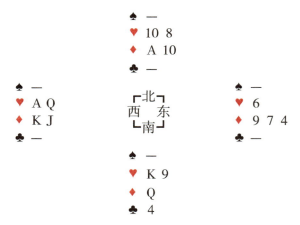

现在海尔尼斯打出♣4，巴利基受挤。他不能垫♦J，否则会让明手的♦10 做大。实战中西家选择垫♥Q，南家则垫掉明手的♦10，南家接着送出小红心，成功树立起手中的♥K，完成定约（注：最后局势为基本定式【66】）。

**简评**：在打牌过程中我们必须要做出一些假设，有时是有利假设，有时是不利假设。这些假设决定了我们的打牌路线，如何让有利假设最小化、最合理化，这也正是需要在打牌过程中不断提高的。

## 定式【66A】　次级挤牌变型四

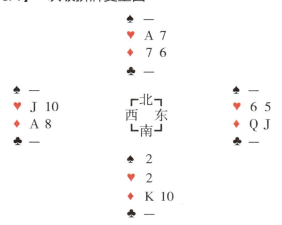

这种局势则是东家也参与了防守，与西家联合构成了对南家 ♦ 花色上的围剿，但当南家打出 ♠2，西家此时仍然无法垫牌。

次级挤牌也有双向的，通常需要南北家在强花色上拥有长胁张结构。以下三种局势都是双向的次级挤牌。

## 基本定式【67】　次级挤牌基本型三

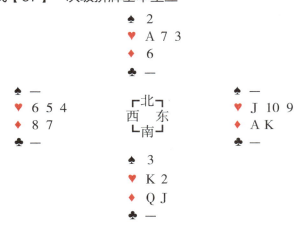

这种局势可视为是从双向单挤定式【4D】的次级版本，其特点是：

1. 在强花色 ♥ 上，南北两家均有进手张，有很好的联通。

2. 这轮牌南家出 ♠3，由于南家会继续保持出牌权，北家的 ♦6 就并不是一张不可或缺的牌，也就是说，这种结构对南北家在弱花色上的联通要求并不高。

3. 这种次级挤牌是双向的。

我们再来看看这种基本定式的一个重要变型。

### 定式【67A】 次级挤牌变型五

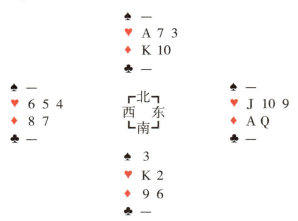

同基本定式【67】一样，这种局势是双向的。虽然南北方可以对西家或东家实施挤牌，但在挤牌过程中，两者会有一定的差异，需要我们特别注意。首先我们忽略方块花色上的飞牌打法。接下来，如果是对西家挤牌，也可以将其看成是基本定式【65】的变型，这时，挤牌方在弱花色上有可能做出的赢张是南北两手在弱花色上的最大牌张（此处为北家的 ♦K ）。但如果是对东家实施挤牌，北家的 ♦10 其实是要垫掉的，挤牌方真正要树立的赢墩并不是北家的 ♦K ，而是南家的 ♦9 。

因此，这种局势在对东家实施挤牌时，对西家的防守造成了一定的迷惑性。这种迷惑性与十字交叉挤牌的迷惑性极为相似。下面的残局可以很清楚地看到这一点。

### 定式【67B】 次级挤牌失败型

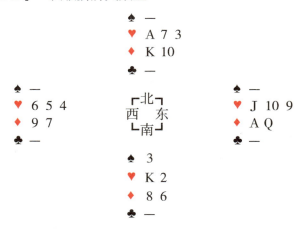

在这个残局中，南家的 ♦9 和西家的 ♦8 互换了位置，挤牌将不成立。但是，如果西家认为自己手上的两张 ♦ 都要比明手的两张牌小，无法起到防守作用，

但当西家错误地垫掉♦时，就会使原本不成立的挤牌发挥作用。

### 基本定式【68】　次级挤牌基本型四

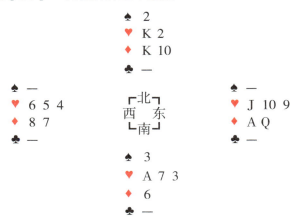

这种局势可视为是双向单挤基本定式【5】的次级版本，其特点是：

1．在强花色♥上，南北两家均有进手张，保持很好的联通。

2．由于北家持有弱花色的威胁张，因此南家的♦6非常重要，也就是说，南北家在弱花色上必须保持联通。

3．这种局势中，如果将南家的♠3和北家的♠2位置互换，那就是基本定式【67】，从中也可以看到两个局势的差别和联系。

4．由于北家有闲牌，这个挤牌是双向的。

### 实战牌例〖39〗：釜底抽薪（马西默·德·阿莱里奥，Massimo D'Alelio）

这副牌出现在1974年西班牙马贝拉进行的一场队式比赛中，两对意大利选手分别主打和防守下面这副充满悬念的满贯定约。

**东家发牌　东西有局**

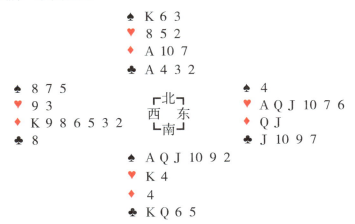

| 西 | 北 | 东 | 南 |
|---|---|---|---|
| | 帕比斯 | | 阿莱里奥 |
| | | 2♥ | — |
| — | 3♥ | — | 4NT |
| — | 5♥ | — | 6♠ |
| — | — | = | |

这桌意大利人坐南北，由阿莱里奥做庄主打 6♠。西家首攻 ♣8，这个首攻让庄家略感意外，因为东家开叫 2♥，明显 ♥ 花色上有实力。因此，西家攻出 ♣8 只能是单张。

据此，阿莱里奥分析，东家应持有 6 张 ♥ 和 4 张 ♣。庄家不可避免地有一个 ♥ 失张（不是两个失张，因为 ♥A 肯定在东家），问题是他不能再失一墩 ♣。

阿莱里奥的做庄路线是对东家实施 ♥–♣ 两门花色的挤牌。他以 ♣K 赢得首攻后，连打 3 轮将牌，止于明手 ♠K，东家连垫 2 张 ♥。此时，明手打出 ♥2 时，东家正确忍让一墩（如果东家放上 ♥A，庄家的任务就简单多了）。否则，一定会打成简单的残局：

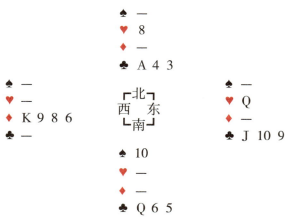

南家打出 ♠10，明手垫 ♣4，东家则受挤而无法垫牌（注：最后局势为基本定式【5】）。

东家正确的忍让，给庄家制造了一些麻烦，暗手用 ♥K 取得。庄家在 ♥ 和 ♣ 两门花色上还是各有一个输张，但阿莱里奥决心坚定，继续实施他的挤牌计划，东家不给调整输张的机会，他就按不调整输张挤牌来打。

南家继续调两轮将牌，然后打到明手的 ♦A，此时最后 5 张牌的残局如下：

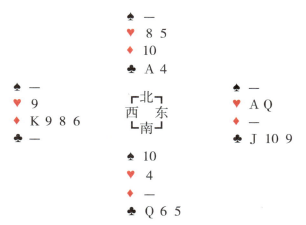

现在明手出 ◆10，阿莱里奥手上将吃，东家受挤：为保留 3 张梅花，他只好垫掉 ♥Q，暗手这时出 ♥4，轻松顶下 ♥A 后，明手的 ♥8 就成为庄家的第 12 个赢墩（注：最后局势为基本定式【68】）。

队式赛的另一桌，定约同样是 6♠，意大利的贝拉多纳坐在西家，首攻也是 ♣8。

庄家的路线同阿莱里奥的做庄路线完全相同，也是计划对东家实施 ♥–♣ 两门花色的挤牌。庄家以 ♣K 赢得首攻后，连打 3 轮将牌，止于明手 ♠K，东家连垫 2 张 ♥。但不同的是，东家齐亚瑞迪在垫牌时，很小心地保留着 ♥7。

同样，明手打出 ♥2 时，齐亚瑞迪也正确忍让一墩。因此，最后 6 张牌的残局如下：

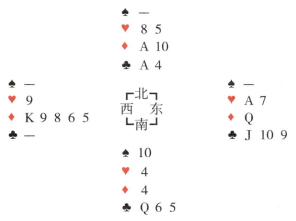

齐亚瑞迪预感到自己不可避免地会受挤，因此他采取了保护措施，精心地留住了 ♥7（事实上，如果南家持有 ♥9，这个满贯定约是打不宕的）。

两桌的打法出现不同，南家现在打出最后一张将牌，其余三家各垫一张方块。

现在南家兑现♦A，试图给东家施加压力。这就使齐亚瑞迪得以做出一鸣惊人的防守，在♦A上，他垫掉♥A！此时，庄家希望只宕一墩还是来得及的。但他仍然没有放弃对完成定约的追求，寄希望于♥9在东手，所以明手打出了♥5，结果贝拉多纳用♥9上手，连续兑现方块赢墩，定约最终宕了四墩！

在最后6张牌的残局中，倘若庄家与阿莱里奥的做庄路线相同，也就是一张方块到♦A，然后再将吃方块，可以相信，在第二轮方块上，齐亚瑞迪一定会及时地垫去♥A。

**简评：** 从意大利人的做庄过程中，我们清楚地看到，当早期没有机会调整输张达成挤牌局势时，依然有机会打出不调整输张挤牌。从意大利人的防守过程中，我们可以发现，次级挤牌的威胁张极有可能并不是一张大牌，这时防守方中等大小的牌就会起到至关重要的作用。

**基本定式【69】　次级挤牌基本型五**

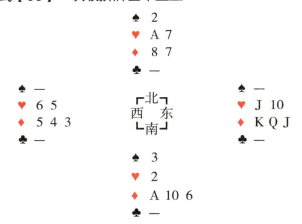

这种局势可视为是基本定式【65】的进化版。与基本定式【65】有所不同的是，此残局中北家有闲牌，因此可以实施对东家的挤牌。同基本定式【65】一样，这种局势需要南北家在弱花色上保持良好的沟通，即北家持有2张♦花色的牌。南家打出♠3，东家只好垫掉一张♦大牌，此时南家必须先送出小♦，北家♥A止住♥回攻后，再出小♦，到♦A和做大的♦10。

# 第二节　十字交叉次级挤牌

从第一章可以看到，十字交叉挤牌由于南北家各持有一门花色的大牌，因此表现出较强的控制力。这种控制力在次级挤牌中显得尤为重要。

**基本定式【70】　十字交叉次级挤牌基本型一**

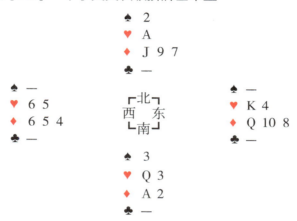

这个残局相当于在十字交叉挤牌基本定式【8】的基础上，在 ♦ 花色上 4 家各增加了一张牌，对南北方来说，增加了一个输张，但是挤牌依然有效。

这种局势仍然可以理解成 ♥ 花色为强花色，♦ 花色为弱花色。东家在强花色上不能垫牌，只好垫掉弱花色的牌，庄家借此机会在弱花色上做出一个赢墩。这种局势也是双向的。

这种局势的打法与十字交叉挤牌基本定式【8】完全相同，南家打出 ♠3、东家垫 ♦8 时，南家先兑现 ♦A，然后再送出一墩 ♦，最后做大北家的 ♦J。

**实战牌例〖40〗：笑里藏刀（班尼托·葛罗佐，Benito Garozzo）**

葛罗佐技术全面，功力深厚，经典牌例无数。下面这副牌看似平淡，但其实难度极大，我们看看葛罗佐如何化解难题。

**南家发牌　双方无局**

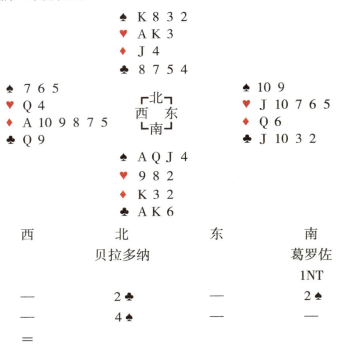

|  | ♠ K 8 3 2 |  |  |
|  | ♥ A K 3 |  |  |
|  | ♦ J 4 |  |  |
|  | ♣ 8 7 5 4 |  |  |

♠ 7 6 5　　　　　　　　　　　　♠ 10 9
♥ Q 4　　　　　　　　　　　　　♥ J 10 7 6 5
♦ A 10 9 8 7 5　　　　　　　　♦ Q 6
♣ Q 9　　　　　　　　　　　　　♣ J 10 3 2

|  | ♠ A Q J 4 |  |  |
|  | ♥ 9 8 2 |  |  |
|  | ♦ K 3 2 |  |  |
|  | ♣ A K 6 |  |  |

| 西 | 北 | 东 | 南 |
|---|---|---|---|
|  | 贝拉多纳 |  | 葛罗佐 |
|  |  |  | 1NT |
| — | 2♣ | — | 2♠ |
| — | 4♠ | — | — |
| = |  |  |  |

　　西家首攻♠5，葛罗佐让明手出小，东家出♠9而葛罗佐以♠A赢得。庄家现在的任务是如何避免输一墩红心、一墩梅花和两墩方块。

　　葛罗佐决定用最安全的打法做出一墩方块赢墩。在第二墩上他向明手出♦2，只要♦Q在西家，或是♦A在东家，他的这种打法总可使♦K垫掉明手的一张红心。

　　但葛罗佐很不幸运。东用♦Q赢得♦J，再出♦6，西以♦A赢取♦K，再打♦10。葛罗佐推断出方块花色的不利分配，明智地用明手的♠K将吃，果然此时东家垫出一张红心。

　　两张大牌的位置都坏透了，葛罗佐不免露出一丝苦笑，南北联手28个大牌点，将牌也不是恶劣分布，定约竟然还如此艰难。

　　葛罗佐明手的♠K将吃后，葛罗佐连续调两轮将牌，他注意到东家又垫了一张红心。有些意外的是，持有六张方块的西家居然有三张黑桃，他大概率不会再持有三张梅花了，并且东家始终不肯垫梅花。

　　葛罗佐此时开始施展自己的利器，他把希望寄托在东家持有五张红心和四张梅花上。此时的残局形势如下：

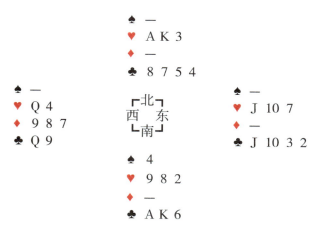

葛罗佐打出♠4，北家垫掉♥3，此时东家已无计可施：若他垫掉一张梅花，南将连打三轮梅花，把明手最后一张♣8变成赢张；若他垫一张红心，南将直接从明手打出两张红心大牌，从而树立起手中的♥9。葛罗佐终于完成了这个艰难的定约（注：最后局势为基本定式【70】）。

简评：防守方未能做出最强防守。若东家在第三墩上换攻一张红心而不是方块，便有机会击败这个定约。此后当西家以♦A获得出牌权时，再攻出第二张♥，便破坏了庄家实施挤牌所必需的进手张。

### 定式【70A】 十字交叉次级挤牌变型一

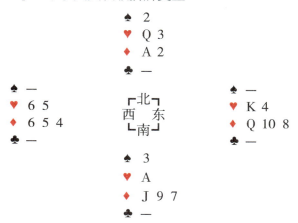

这种局势相当于在【70】的基础上，将南北方在两门红花色上的牌进行整体互换，挤牌仍然存在。从中，我们也可以体会到十字交叉次级挤牌强大的控制力。

167

## 基本定式【71】　十字交叉次级挤牌基本型二

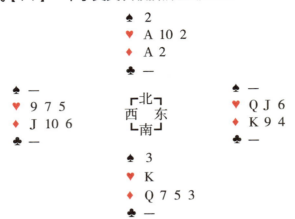

```
                    ♠ 2
                    ♥ A 10 2
                    ♦ A 2
                    ♣ —
  ♠ —          ┌─北─┐           ♠ —
  ♥ 9 7 5      西    东          ♥ Q J 6
  ♦ J 10 6     └─南─┘           ♦ K 9 4
  ♣ —                            ♣ —
                    ♠ 3
                    ♥ K
                    ♦ Q 7 5 3
                    ♣ —
```

　　这种局势相当于在十字交叉挤牌基本定式【9】的基础上，在♦花色上4家各增加了一张牌。

　　这种局势下，仍然可以看成♥花色为强花色，♦花色为弱花色，在♦花色上拥有两赢墩胁张。东家在强花色♥上不能垫牌，只好垫掉弱花色♦，这时，挤牌方虽然没有机会兑现北家的♥A，但在弱花色上可以多做出两个赢墩。这种局势也是双向的。

　　这种局势的打法也和十字交叉挤牌基本定式【9】完全相同，南家打出♠3、东家垫♦4时，南家先兑现♦A，然后再送出一墩♦，最后做大南家的两张♦。

**实战牌例〖41〗：围魏救赵**（莉兹·麦克格文，Liz McGowan）

　　这副牌出现在1992年"耶稣复活节"英国对奥地利女队友谊赛的比赛中。英国女牌手麦克格文凭借此副牌的精彩表演，获得了当年度IBPA最佳做庄奖。

　　**南家发牌　双方无局**

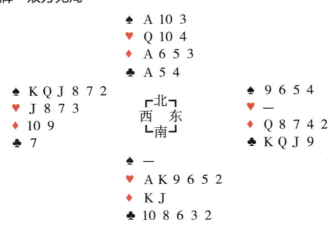

```
                    ♠ A 10 3
                    ♥ Q 10 4
                    ♦ A 6 5 3
                    ♣ A 5 4
  ♠ K Q J 8 7 2   ┌─北─┐         ♠ 9 6 5 4
  ♥ J 8 7 3       西    东        ♥ —
  ♦ 10 9          └─南─┘         ♦ Q 8 7 4 2
  ♣ 7                             ♣ K Q J 9
                    ♠ —
                    ♥ A K 9 6 5 2
                    ♦ K J
                    ♣ 10 8 6 3 2
```

| 西 | 北 | 东 | 南 |
|---|---|---|---|
|  |  |  | 1♥ |
| 2♠ | × | 4♠ | 5♣ |
| — | 6♥ | — | — |
| = |  |  |  |

麦克格文坐南，主打 6♥ 定约。

西家首攻 ♠K。庄家认真分析了叫牌过程和牌局形势，梅花有 2 个输张，怎么办？麦克格文希望用方块花色来解梅花之围。

对黑桃首攻，庄家先用将吃得墩。第二墩，麦克格文用 ♥K 清将，当发现东家告缺后，第二轮将牌明手用 ♥10 飞，接着用 ♥Q 清第三轮将。然后，兑现 ♠A，手上垫 ♣2。

接下来，庄家在确知西家 6 张黑桃、4 张红心的情况下，果断从明手出 ♦3，东跟 ♦4，暗手用 ♦J 飞过！方块飞牌很有魄力，而且是本局的关键一着。飞牌成功后，定约人清掉西家将牌，形成如下 6 张牌的局势：

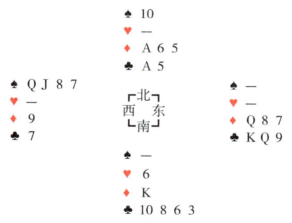

现在，南家清最后一张将牌，西家垫 ♠7，北家垫 ♠10。而东家则陷入被动，左右为难：如果垫 ♦7，庄家接着打 ♦K，然后 ♣A 进入明手兑现 ♦A，就能做大北家的 ♦6；如果垫 ♣9，庄家就先 ♣A，然后送给东家 ♣K 一墩，然后暗手的牌就全都大了（注：最后局势为基本定式【71】）。

麦克格文就这样漂亮地完成了这个难度极大的定约。

简评：定约人在方块花色上的飞牌打法，是一种经典打法，在很多牌例中均能看到。仅从表面上看，这种飞牌貌似并非十分必要，又存在较大风险，但是对于达成某种特定残局形势，从而实施挤牌打法来说，则是不可或缺的重要环节。

下面这个残局有点类似于十字交叉次级挤牌，根据其结构特点，我们称之为半十字交叉次级挤牌。

## 基本定式【72】 半十字交叉次级挤牌基本型

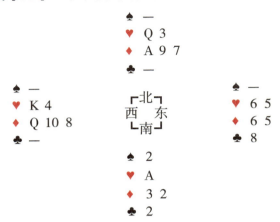

```
              ♠ 一
              ♥ Q 3
              ♦ A 9 7
              ♣ 一
♠ 一                        ♠ 一
♥ K 4      ┌北┐            ♥ 6 5
♦ Q 10 8   西  东           ♦ 6 5
♣ 一       └南┘            ♣ 8
              ♠ 2
              ♥ A
              ♦ 3 2
              ♣ 2
```

这种局势相当于单挤定式【1A】的基础上，转化过来的次级挤牌。在♥花色上表现出的是一种十字交叉结构。在定式【1A】中，早期可以提前兑现♥A，而将其转化成为一个普通的单挤。但在次级挤牌中，这张♥A非常重要，它能有效地止住防守方的♥回攻。

在这种残局中，仍然可以理解成♥花色为强花色，♦花色为弱花色。东家在强花色上不能垫牌，只好垫掉弱花色的牌，庄家借此机会在弱花色上做出一个赢墩。同单【1A】相同，这种局势是单向的。

这种局势需要南北家在弱花色上有很好的沟通，也就是说，南家必须持有2张♦，才能保证北家有再次进手的机会。

### 实战牌例【42】：调虎离山（保罗·索罗威，Paul Soloway）

美国名将索罗威曾一度在国际桥联世界终身大师积分表上位列榜首，成为一时的"世界牌王"。

**局况及叫牌过程不详**

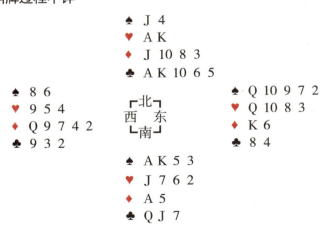

```
              ♠ J 4
              ♥ A K
              ♦ J 10 8 3
              ♣ A K 10 6 5
♠ 8 6                      ♠ Q 10 9 7 2
♥ 9 5 4    ┌北┐            ♥ Q 10 8 3
♦ Q 9 7 4 2  西  东         ♦ K 6
♣ 9 3 2    └南┘            ♣ 8 4
              ♠ A K 5 3
              ♥ J 7 6 2
              ♦ A 5
              ♣ Q J 7
```

这副牌曾被收入《桥牌》杂志。索罗威坐南，他开叫 1NT，最后成为 6NT 定约的主打人。

　　西家首攻 ♥4，明手用 ♥K 止住以后，定约人仔细地看了一下联手的牌张，南北家除了有 10 个顶张大牌以外，一时难以找出其他的赢墩。

　　索罗威决定在方块花色上寻求突破。他先从明手出 ♦J，东家用 ♦K 盖上，庄家用手上 ♦A 赢得。然后再出 ♦5，西家选择忍让，并没上 ♦Q，明手用 ♦8 幸运赢得。到目前为止，定约人已有 11 墩牌了。

　　尽管还看不出第 12 墩的明显出处，索罗威心中已经对东西两家的牌了然于胸，东家肯定是在两门高花上有长度。于是索罗威开始奔吃梅花套，在明手打出最后一张梅花之前，四家牌的残局如下：

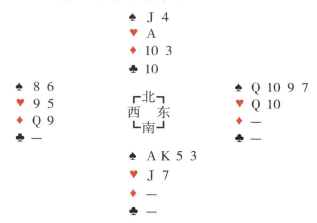

　　索罗威此时打出 ♣10，东家不能再垫红心，只好垫去 ♠7，同时暗手和西家各垫掉一张红心。现在，明手打出 ♠J，东家用 ♠Q 盖上后，庄家忍让。东家回攻 ♥10，明手用 ♥A 赢得后再出 ♠4，这样，庄家暗手上的三墩 ♠ 就已经全好了（注：最后局势为基本定式【72】）。

　　如果第三墩西家直接上 ♦Q，最后定约方只要按照东家持有 ♥Q，就可以完成定约。这是因为，由于西家持有 ♦9，东西双方最终都将无力保护 ♠ 花色，定约方只要按照双挤思路来实施一个必然存在的单挤即可（最终是东家受到单挤）。

　　由于将吃挤牌同十字交叉挤牌同根同源，那么十字交叉次级挤牌也可演化成为次级将吃挤牌，下面这个将吃次级挤牌局势就是从基本定式【70】的基础上演化过来的。

## 基本定式【73】 次级将吃挤牌基本型

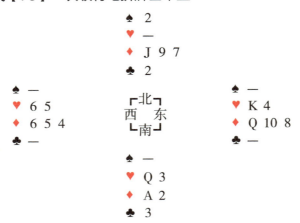

```
              ♠ 2
              ♥ —
              ♦ J 9 7
              ♣ 2
♠ —                        ♠ —
♥ 6 5      ┌北┐            ♥ K 4
♦ 6 5 4   西   东           ♦ Q 10 8
♣ —        └南┘            ♣ —
              ♠ —
              ♥ Q 3
              ♦ A 2
              ♣ 3
```

这个残局中，♠为将牌，挤牌张换成为♣3。北家的牌仅仅是把♥A换成为一张小将牌。正如我们前面提到，在♠为将牌的有将定约中，♠2就是一张比♥A大的牌。因此，挤牌依然有效。

这种局面仍然可以理解成♥花色（将吃胁张花色）为强花色，♦花色为弱花色。东家在强花色上不能垫牌，只好垫掉弱花色的牌，庄家借此机会在弱花色上做出一个赢墩。这种局势也是双向的。

### 实战牌例〖43〗：反客为主（罗伯特·戈德曼，Robert Goldman）

戈德曼是美国著名的世界桥牌特级大师，在二十世纪七八十年代活跃在世界桥坛上。这副牌是戈德曼在百慕大杯上打出的一副被称为经典之作的牌局。

**北家发牌　双方有局**

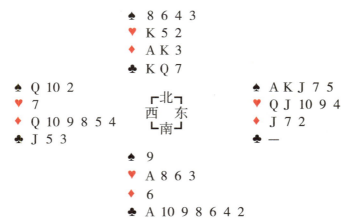

```
              ♠ 8 6 4 3
              ♥ K 5 2
              ♦ A K 3
              ♣ K Q 7
♠ Q 10 2                   ♠ A K J 7 5
♥ 7         ┌北┐            ♥ Q J 10 9 4
♦ Q 10 9 8 5 4  西  东      ♦ J 7 2
♣ J 5 3      └南┘           ♣ —
              ♠ 9
              ♥ A 8 6 3
              ♦ 6
              ♣ A 10 9 8 6 4 2
```

| 西 | 北 | 东 | 南 |
|---|---|---|---|
|  | 1NT | 2♣ | × |
| 2♦ | — | 2♥ | × |
| 2♠ | — | — | 3♣ |
| — | 3♦ | — | 3♥ |
| — | 4♣ | — | 4♦ |
| — | 4♥ | — | 4♠ |
| — | 6♣ | — | — |
| = |  |  |  |

戈德曼坐南，成为 6♣ 定约的主打人。

西家在两门高花上选择首攻，最后他选择的是攻单张花色 ♥7。没有首攻 ♠ 花色，给定约人一丝喘息机会，定约人现在的目标是如何不输两墩红心。

面对首攻，戈德曼小心翼翼地保护明手的进手张，明手出 ♥2，东家出 ♥10，南家用 ♥A 赢得。第二墩牌，南家出 ♦6，到明手的 ♦A。

庄家经过长考后，提前做出防止将牌恶劣分布方案，打出 ♦3，手中用 ♣8 将吃（精心保留手上的小 ♣）。然后，南家开始清将，出 ♣6 到明手的 ♣Q 时，东家垫出一张黑桃。将牌 0–3 分布，使得庄家让明手将吃手上第四张红心的愿望落空。

对此戈德曼早有预案，继续很从容地进行他的倒明手计划。他先兑现明手的 ♦K，垫掉手上的 ♠9，然后从明手打出小黑桃，自己手中用 ♣9 将吃，手上再出 ♣2，西家放上 ♣5，北家则用 ♣7 赢得。明手再打出第二轮黑桃，为了安全起见，他用暗手的 ♣A 将吃。这时，最后 5 张牌的残局如下：

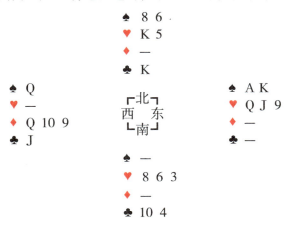

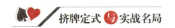

此时，戈德曼从手上动将牌到明手的♣K，清掉西家最后一张将牌的同时挤住东家。东家如果垫红心，庄家可以从明手打出♥K，然后再送给东家一墩♥，做大第三轮红心完成定约；如果东家垫掉黑桃大牌，明手直接出♠6给南家将吃，然后再用♥K进手，♠8就成为定约人的第12墩牌（注：最后局势为基本定式【73】）。

简评：这副牌体现出大师的功力，做庄过程细腻流畅，让人回味无穷。对红心花色进张的保留、将吃牌张的选择、明手进张的使用都体现出大师的风范，绝对是难得的佳作。

将吃挤牌中存在进张转移的情况，在十字交叉次级挤牌中也存在进张转移的局势。下面这个局势其实是从进张转移将吃挤牌基本定式【32】的基础上演化过来的。

### 基本定式【74】　进张转移十字交叉次级挤牌基本型

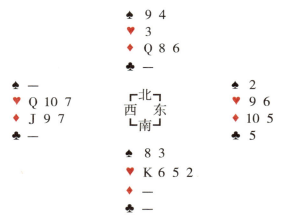

这是无将定约的残局，南北方只有4个快速赢墩，但由于进张恰好配合完美，可打出精妙的进张转移挤牌。

现在，南家出♠3，观察西家垫牌，如果西家垫♥7，北家就用♠9得到，然后出♥3给暗手♥K，送出1墩♥给西家，西家回攻♦，北家止住后，再出♠4给南家的♠8，兑现南家的第3墩♥。如果西家垫♦7，北家就用♠得到，然后从北家出♦Q，再送1墩♦给西家，西家回攻♥，南家止住后，再出♠8给北家的♠9，兑现北家的♦8。

这种局势对进张的要求非常高，南北双方必须都有两次进手机会。花色的特定结构，可以保证北家有两次进手的机会。而南家在花色上最多只有一次进手的机会，这时就需要北家有1张小♥，作为桥引补充完成南家的另一次进手。

## 实战牌例〖44〗：暗度陈仓（罗马纳）

这副牌出现在 1961 年世界桥牌锦标赛中，由南斯拉夫桥牌手罗马纳完成。关于这位主打人，我们并未找到更多的介绍。

**局况及叫牌过程不详**

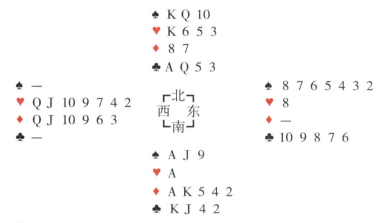

在这副牌型极为怪异的桥局中，南北方叫到 6NT 定约。在叫牌过程中，东家争叫过 3♠，西家争叫过 4♥。南家罗马纳则是这个定约的主打人。

西家首攻 ♦Q。定约方已有 11 个大牌赢墩，但由于 4 家牌型可能极不均匀，第 12 墩只能来自挤牌。而如果为挤牌进行调整输墩的话，防守方可以攻出第 2 张 ♦，破坏挤牌所需要的桥路。

因此，罗马纳用 ♦A 止住首攻，东家垫 ♠2。南家再拔 ♣K，西家垫 ♥2。庄家根据叫牌知道西家应该是 7 张 ♥、6 张 ♦ 的牌型。

于是，定约人接着连取 3 墩 ♣；拔掉 ♥A，手上再出 ♠A，明手抛掉 ♠Q！此时最后 6 张牌的残局形势如下：

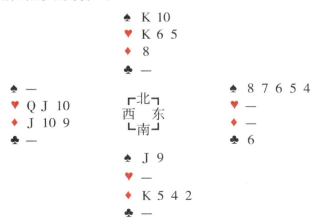

罗马纳此时出♠9，形成对西家的挤牌：如果西家垫♥10，明手就用♠10上手，再出♥5送给西家，树立好明手的♥K–6，西家回攻♦9时，南家用♦K止住，再出♦J，让明手用♠K进手兑现赢墩。如果西家垫♦9，明手就用♠K上手，再出♦8送给西家一墩，这样定约人的♦K–5–4就都好了，西家回攻♥Q时，北家用♥K止住，再出♠10，让暗手用♠J进手兑现赢墩（注：最后局势为基本定式【74】）。

# 第三节　护张次级挤牌

我们来看一个基于定式【66A】的变型：

**基本定式【75】　护张次级挤牌基本型一**

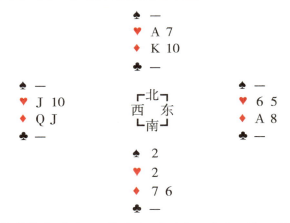

这个局势是将定式【66A】中东西两家、南北两家♦花色上的牌互换位置而得到的。在这个局势中，♦花色存在护张结构。正常情况下，东西保持着对这门花色的绝对控制，但是当西家存在垫牌压力时，这种控制就会出现漏洞，南北方有机会在这门花色上做出赢墩。

这个残局的打牌进程为：南家打出♠2，西家只好垫掉♦J，北家垫♥7，南家再出♦6到西家的♦Q，然后是北家的♦K和东家的♦A，这样，无论东家回什么牌，明手即可再取最后2墩。

这个挤牌是单向的。

在这个残局中，北家的控制力较强，因此对东家的牌张要求也略有宽松，东家只要不持有第三门花色（此处为♣）即可。

## 定式【75A】　护张次级挤牌变型一

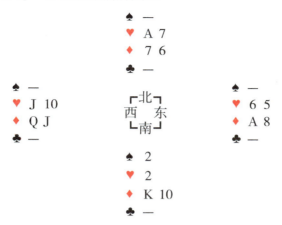

这种局势则可视为在【66A】的基础上，只将东西两家 ♦ 花色上的牌互换一下，而南北两家的牌不动。

由于 ♦K 的位置有利，如果北家有其他进张，可以早期从明手出 ♦ 花色，从而做大南家手中 ♦K。这种局势的实战意义是，如果明手没有更多的进张来提前处理 ♦ 花色，那么可保留至最后，残局中的挤牌依然有效。

我们还可以看到这样的变型：

## 定式【75B】　护张次级挤牌变型二

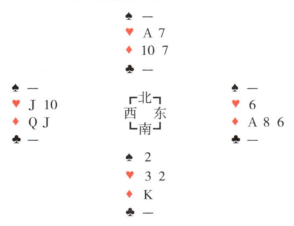

南家打出 ♠2，西家只好垫掉 ♦J 或 ♦Q，南家则必须先出 ♥2 到北家的 ♥A，剥光东家的 ♥ 花色。然后，北家再出 ♦7，东家如果下 ♦A，将会同时击落南家和西家的 ♦ 大牌，无奈地将最后一墩送给明手的 ♦10。当然，他也可以选择忍让这一墩，那么南家的 ♦K 就会得到这一墩。对西家是次级护张挤牌，对

东家则是剥光投入。

我们还可以在基本定式【75】的基础上，将北家的 ♥A 提前打出，再对 ♥ 花色上的牌张稍加调整，这就形成了一个只有 3 张牌的残局形势。

这是护张次级挤牌的一种典型局势，特伦斯·里斯最早分析并命名为钳式挤牌（Vice Squeeze）。

**基本定式【76】　钳式挤牌基本型一**

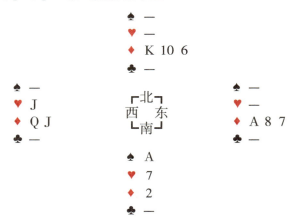

这种局势的特点是：南北家没有标准意义上的双胁张，里斯称南北方的 ♦ 花色为钳式威胁（也可以视为对西家的护张威胁）。这种威胁是由一个花色中的第二大的一张牌（此处为 ♦K）与另一张有可能做好成为赢墩的牌（第五大牌，此处为 ♦10）所组成，西家持有这门花色的第三、第四大牌，如果西家在这门花色上垫牌，挤牌方就有机会做出一个赢墩。

这种局势其实对东家的牌要求更加严格，东家要么是持有带 ♦A 的 3 张套，要么是带 ♦A 的 2 张套以及 1 张小 ♠。只有这样，最后东家才能无奈地打回到北家已经做大的那张 ♦10 上。

也可以这样理解，这个残局中，西家最终遭遇护张挤牌，而东家则被投入。

**实战牌例〖45〗：连环计**（安东尼奥·塞曼塔，Antonio Sementa）

塞曼塔是意大利国手，2013 年百慕大杯赛、2008 年奥林匹克桥牌赛冠军成员，并多次获得欧洲桥牌队式赛的冠军。2000 年，他还获得第五届世界大师个人赛的冠军。

**北家发牌　南北有局**

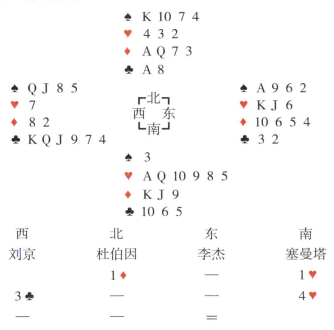

| 西 | 北 | 东 | 南 |
|---|---|---|---|
| 刘京 | 杜伯因 | 李杰 | 塞曼塔 |
|  | 1♦ | — | 1♥ |
| 3♣ | — | — | 4♥ |
| — | — | = |  |

这副牌出现在 2011 年百慕大杯小组循环赛，中国队对意大利队的比赛中。意大利队的南北家叫到了 4♥ 定约，西家首攻 ♣K。在这个定约中，塞曼塔面临的局面非常纠结。

很明显，庄家必失 1 墩♠ 和 1 墩♣。要完成定约，将牌要控制最多只丢 1 墩，而且不能再丢第 2 墩♣。先看将牌，不输 2 墩的标准打法是先拔 ♥A，以防止西家单张 ♥K 或者 ♥J。不过这种打法的问题是，拔 ♥A 后，需要再次进入明手，这样就会破坏南北方在 ♦ 花色上的联通。

而且，在下轮将牌处理时，庄家面临两难抉择。如果东家持有 3 张将牌，完成定约的难度已经很大。这是因为在第二轮将牌时，东家上 ♥K。然后，东家如果攻出 ♣，明手将牌太小，东家的 ♥J 一定会被将牌提升，那样的话，庄家就会丢失 1 墩♠、1 墩♣、1 墩将牌，还有 1 个超将吃而宕掉。东家换攻 ♥J 似乎也不行，此时南北就需要全取 4 墩♦，但由于 ♦ 已形成阻塞，就必须要求 ♦ 是 3-3 或者一个防家持 ♦108 双张才可以。

我们来看看这副牌的比赛情况。在百慕大杯的 22 桌中，有 2 桌是牺牲叫，其余 20 桌都是 4♥ 定约，其中有 7 桌做宕了定约。他们打宕定约的过程通常是这样的：由于南家争叫 2♣ 或 3♣，或者加倍，导致庄家考虑将牌上面采取了

先拔 ♥A，然后再送将牌的打法，打法进程基本如同前面所述。

打成定约的方法则比较简单：首墩用 ♣A 停住；飞将牌到 ♥Q，如果飞中就拔 ♥A，连续打方块希望能够垫 ♣ 小牌。结果来看，这种打法是成功的。但很明显，这条路线放弃了将牌上的安全打法。

而塞曼塔采取了与众不同的路线，他尽量考虑西家有 ♥K 的可能性，同时兼顾 ♦ 花色 3-3 的机会。

第一墩，塞曼塔经过长考，决定放过第一墩 ♣！他不怕 ♣A 被将吃吗？其实仔细想想倒也无妨，因为如果西家是 7 张 ♣，将牌 3-1 的可能性就很大，东家原本有一个将牌赢墩的可能性增加，如果被 3 张将牌的东家将吃掉 ♣A，庄家反而可以用 ♦Q 进手，飞将牌后一举解决将牌危机，同时明手第三张将牌还可以解决手中的 ♣ 输墩和成为兑现 ♦ 的桥路。而如果 ♣ 是 6-2 分布，就可以看到第一墩忍让 ♣ 的妙处了。

庄家吃住第二墩梅花，打将牌到 ♥A，暗手出 ♦J 到明手的 ♦Q，再出将牌，东家 ♥K 吃住，他已无 ♣ 可回，选择换攻 ♦ 攻击定约方的桥路。庄家用 ♦K 停住，继续出 ♦ 到 ♦A，发现了不利分布，明手出小方块交暗手将吃，兑现 ♥Q 并且继续打将牌，最后三张牌时的残局如下：

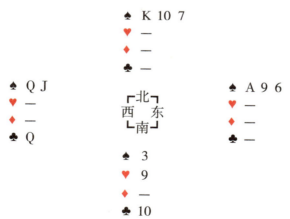

庄家再出 ♥9，西家受挤，为保留 ♣Q，只好垫掉 ♠J。南家再出 ♠3，明手用 ♠K 盖过西家的 ♠Q，东家可以用 ♠A 取得，但不得将最后一墩送给明手的 ♠10（注：最后局势为基本定式【76】）。

局后，李杰大师对塞曼塔的做庄给予了高度赞誉。那次赛事中，中国队与意大利队两次交手，循环赛中国队以微弱优势获胜，但在淘汰赛上，中国队以较大差距败下阵来。李杰大师认为，虽然在叫牌环节上，中国队整体略占上风，但在做庄和防守的细节中，中国队同意大利队还存在着明显的差距。这副牌正是一个非常好的缩影。

**简评：** 记得有句名言：“如果你准备好了，奇迹就会发生。”而这副牌的做庄过程，首墩忍让切断了防守方在梅花上的联通，为完成定约迈出了关键一步。将牌上的安全打法、保留方块花色均分的可能性，为完成定约保留了最大的可能性。而最后形成的钳式挤牌残局，似乎是对庄家此前为完成定约所做出的充分准备的一种褒奖。

同时，从这副牌中，我们可以清楚看到，钳式挤牌也是一种剥光打法，虽然最终挤的是西家，但需要对东家的其他花色进行剥光，这样最后才会形成投入的局面，南家已经没有黑桃，只能从东家打出黑桃来，到已经没有进手可能的北家上来。

基本定式【76】其实是双向的。只是由于东西两手牌互换后，K 将处于有利位置，因此挤牌的双向性失去了作用。这样，我们在其基础上稍做变动，形成另外一种比较近似的局势。

### 基本定式【77】　钳式挤牌基本型二

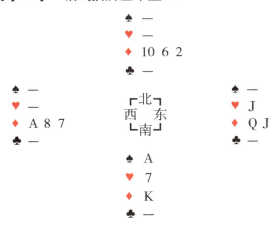

仅从 ◆ 花色的结构上看，南北方无法做出一个赢墩。但借助于挤牌，则可以实现这个结果。

南家打出 ♠A，东家受到钳式挤牌。很明显，♥J 不能垫，只好选择垫 ◆J 或 ◆Q。南家此时出 ◆K，轮到西家为难。放过 ◆K 相当于直接认输，但如果出 ◆A，就会击落同伴的 ◆Q（或 ◆J），下墩不得不把自己手上的 ◆8 送给明手的 ◆10。同样地，结果是东家遭遇护张挤牌，而西家被投入。

下面这种护张次级挤牌变型是一种更复杂的局势，这是一种 5 张牌的残局，这种局势其实是从基本定式【62】演化过来的。

## 基本定式【78】 护张次级挤牌基本型二

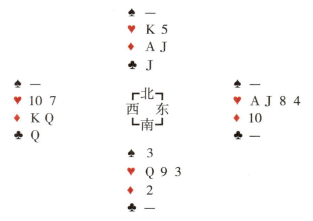

这种结构中，南北方并不持有♥A，因此在♥花色上要做出两墩还需要进行飞牌打法。而且，对东家的牌张要求也极高，即东家不能持有2张♦。

南家打出♠3，西家在三门花色上受挤，只好选择垫掉♥7，北家可垫任意一张低花。南家接着出♥3，西家掉下♥10，北家上♥K，东家♥A。然后，无论东家回什么牌，南家利用♥花色上的飞牌，即可全取后面的赢墩。因此，在这一轮中，东家最顽强的防守是，放过♥K！这时，挤牌方必须极为精确，北家先兑现♦A，剥光东家的♦花色。下轮明手再出♥5，最后两墩一定是东家和南家各取一墩。

如果试图让这个打法更加简明，那就需要调整成为一种6张牌的残局，这是从基本定式【63】演化过来的。

## 基本定式【79】 护张次级挤牌基本型三

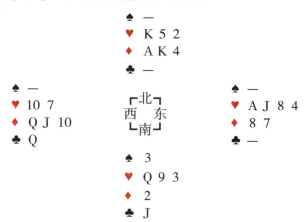

这种结构下，北家也持有3张♥，使得这门花色联通更加通畅。这时东家甚至没有机会打出顽强防守，只能目送南北方♥花色上的飞牌。

# 第四节 剪枝挤牌（Trim Squeeze）

剪枝挤牌，本书将其定义为基于次级挤牌的一种剥光战术。关于此类挤牌，桥牌文献大多将其列为挤牌投入的一种。但笔者认为这两种挤牌有着明显的差异。

在第六章中，我们将会重点介绍挤牌投入。挤牌投入基本上是"两步曲"，即"先挤牌，后投入"，而剪枝挤牌是"三步曲"，即"先挤牌，再剥光，最后投入"的次序。剪枝挤牌打法的表现是以投入为终极目的，但是必须通过挤牌（一个次级挤牌局势），才能实现剥光，从而形成最后的投入局面。笔者个人认为，在众多挤牌类型中，这种打法属于难度较大的类型，其对于挤牌方读牌能力的要求非常高。

剪枝挤牌并不是传统意义上针对大牌的挤牌。当挤牌出现时，受挤方被迫垫的牌并不是一张大牌，或者说垫牌并不能立即让挤牌方获得快速赢墩，而是要求受挤方强制垫牌，即受挤方只能垫掉一张指定花色的"安全牌"，从而使得挤牌方得以对这门花色进行剥光，进而形成投入。

我们从下面这个残局，来体会剪枝挤牌的精髓。

**基本定式【80】 剪枝挤牌基本型**

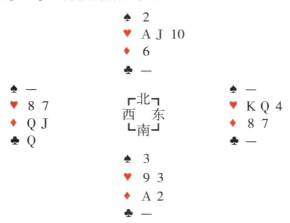

在这个 5 张牌的残局中，南北家只有 3 个快速赢墩，如果能投入东家，就有机会得到第 4 墩。

打牌过程是这样的：南家打出 ♠3，明手跟 ♠2，东家遭遇次级挤牌，不能

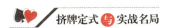 

垫小 ♥，否则南北可以先送出 1 墩 ♥，然后就可以多做出 1 个 ♥ 赢墩。东家只好垫 ♦7，南家接下来兑现 ♦A，完成对东家 ♦ 花色的剥光。最终东家无法摆脱被投入的命运。

我们可以看到，南家打牌的次序必须准确无误，如果南家先兑现 ♦A，他就会失去在这门花色上的控制力。南家再出 ♠3 时，东家可以垫小 ♥，保留 1 张 ♦，这时对东家的投入打法已经不成立。

为更好地理解剪枝挤牌及剥光打法的区别，以及剪枝挤牌发生作用的条件，我们再看一下这种残局的两个变化。

### 定式【80A】　简单剥光打法

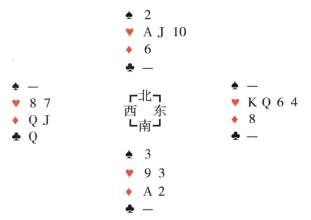

当东家持有 4 张 ♥、1 张 ♦ 时，南家兑现 ♠3 和 ♦A 的顺序可以不分先后，这时并不存在挤牌打法，仅仅是一个剥光投入残局。东家无法避免被投入。

### 定式【80B】　剪枝挤牌失败型

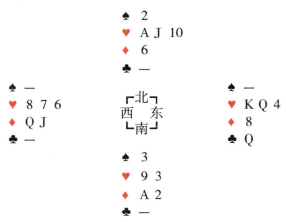

这个 5 张牌的残局，则是一个挤牌失败的例子，东家还有 1 张完全不受南北家控制的 ♣Q，因此挤牌失败，南家兑现 ♠3 时，东家可垫 ♦8，也可以垫 1 张小 ♥，防守方总可以拿到两墩牌。

### 实战牌例〖46〗：上屋抽梯（班尼托·葛罗佐，Benito Garozzo）

直到今天，在 All-Time 的世界桥牌大师积分排行榜上，葛罗佐仍高居第三。下面这副牌展示出葛罗佐细腻至极的牌风和技艺，也可以从一个角度诠释，他能取得如此高的成就绝非偶然。

**南家发牌　双方无局**

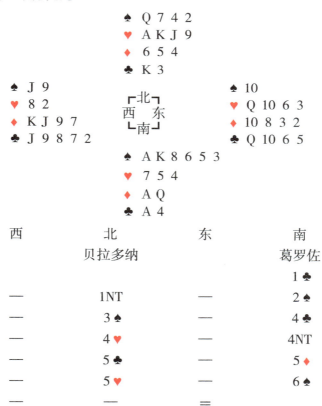

| 西 | 北 | 东 | 南 |
|---|---|---|---|
|  | 贝拉多纳 |  | 葛罗佐 |
|  |  |  | 1♣ |
| — | 1NT | — | 2♠ |
| — | 3♠ | — | 4♣ |
| — | 4♥ | — | 4NT |
| — | 5♣ | — | 5♦ |
| — | 5♥ | — | 6♠ |
| — | — | = | |

如果只从庄家手中和明手的牌来考虑，完成 6♠ 的最佳路线应该是这样的：肃清将牌，然后飞 ♥J，如飞成功则胜券在握，如果东家以 ♥Q 赢得并回打 ♦（最好的防守），南必须在飞 ♦K 和击落 ♥10 之间做出选择。看来第二方案要略胜一筹，因为南家如果用 ♦A 进手，兑现所有的将牌和 ♣ 大牌以后，不仅有可能击落 ♥10，而且有可能对防守方实施 ♥ 和 ♦ 两个花色上的挤牌。

但是，西家首攻♥8，必定会改变前面所讲的全部计划。因为它表明西家的♥不是单张就是双张，这样，东家必然持有♥Q、♥10领头的4张或5张套。因而，上面这条做庄路线看似存在不错的机会，实质上并不比单纯飞♦K高明多少。

胸有成竹的葛罗佐则采取了一种截然不同的打法。他并没有飞♦K，而恰恰充分利用了首攻得出的东家持有♥Q-10结构的信息，来完成定约。

面对西家首攻，他用明手♥K赢得后，先兑现♣K，接着连打4轮将牌，形成这样的局面：

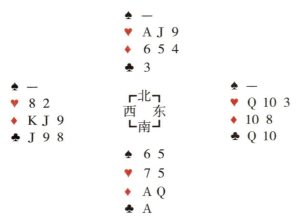

尽管东家持有对红心花色的两轮控制，♦K又处于不利位置，但庄家只要掌握东家手中余下的牌，这个满贯是打不宕的。葛罗佐在这里就像个太极高手，展现出强大的控制力，而这种控制力的源泉就是对东家的次级挤牌。

其实，从第二轮清将起，每一轮清将都是在对东家实施次级挤牌。这种次级挤牌的结果就是东家不能垫小♥，否则这样庄家可以立即送一墩红心，然后拿到第12墩牌。但同样建立这种次级挤牌的条件也很明确，就是庄家需要保持在两门低花上的控制力，掌控东家红心上手之后的回攻。因此，兑现两门低花大牌的次序尤为重要，需要根据东家的留牌而决定出牌的次序。

现在，葛罗佐打出倒数第二张将牌，东家垫掉♣10，再打最后一张将牌时，东家思索了一阵，垫♣Q。这时，葛罗佐确认东家不会再有梅花，他才打出♣A，明手保留3张♥，东家被迫垫1张♦。葛罗佐此时再打♦A，东家手中别的花色都已被剥光，只留有♥套。因此，最后3张牌的时候，当葛罗佐打出小♥给东家的♥10吃进后，东家只能出♥给明手的♥A-J，将第12墩送给了庄家。

看起来似乎一切顺其自然，例如在最后 5 张牌时，东家如果把两套低花各保留一张，南家就不必考虑兑现两张低花 A 的先后顺序。但如果东家剩两张 ♣，南家必须先兑现 ♦A，逼着东家垫一张 ♣，然后再兑现 ♣A，否则庄家就会失去对 ♣ 这门花色的控制。

　　**简评**：这副牌似乎较为平淡，但实际上丝丝入扣、耐人回味。东家就像被葛罗佐慢慢地一层层地推上楼，每上层楼，葛罗佐就断掉他的一条后路，直到最后被投入。

　　剪枝挤牌基于我们对牌局形势有着精准的判断，能够帮助我们完成一些"看似不可能完成的"定约。

### 实战牌例〖47〗：假痴不癫（克劳迪奥·努内斯，Claudio Nunes）

　　意大利原国手努内斯与范托尼曾是世界排名第一的组合。范托尼这样评价努内斯："思维敏捷，记忆力超好，对数字非常敏感，在掌控局势方面把握得非常好。"这对组合独创的"FLY 叫牌体系"，被桥牌迷称为"范托内斯体系"。

　　南家发牌　双方有局

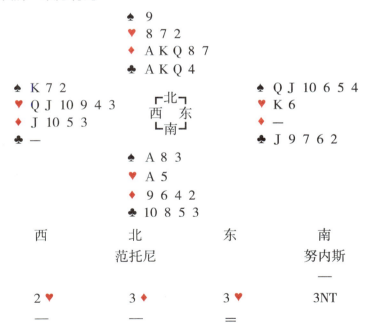

| 西 | 北 | 东 | 南 |
|---|---|---|---|
|  | 范托尼 |  | 努内斯 |
|  |  |  | — |
| 2♥ | 3♦ | 3♥ | 3NT |
| — | — | = |  |

西家首攻♥Q，东家盖上♥K。表面上看，努内斯面对的定约非常乐观：庄家已经有了8墩牌（高花各1墩、低花各3墩），两门低花不是特别恶劣分布的话，庄家很轻易就能完成定约。

但是，努内斯也做好了最艰苦的准备。面对首攻，他很清醒地意识到，如果忍让，防守方转攻黑桃更危险。于是，他用♥A止住首攻。

南家出小方块到明手的♦A，东家垫♠4，明手再拔♣A，西家垫♠7。分布极为恶劣的牌型并未难住努内斯，因为他已经非常清楚地知道防守方的牌型：西家是3-6-4-0，东家是6-2-0-5。接下来的打法，足以表明努内斯早已洞若观火，成竹在胸。

庄家再兑现♣K，西家垫♥3。此时4手牌的形势如下：

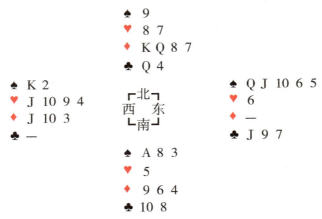

明手再出♣Q，努内斯很清楚西家垫牌有困难了：♦花色是肯定不能垫的，西家必须确保有一个止张。如果西家垫张小♥，努内斯就可以从容地送出一张♦，这样西家最多只能拿到3墩♥，定约无忧。实战中，西家只好选择垫了张"似乎安全"的♠2。

努内斯从明手打出♠9，手上用♠A吃住，击落了西家的♠K。重要的是，对西家的黑桃花色进行了剥光。暗手再出♦9，西家只好盖上♦10，明手用♦K得到。现在，明手送出♥8给西家，西家"愉快"地得到4墩♥，但最后不得不从♦J-3嵌张结构中打出♦，送给明手的♦Q-8，让庄家完成定约。

一切都这样美妙，做庄过程完美无瑕。同时，一切又是那么合情合理，尽在掌控之中。

**简评：** 剪枝挤牌的次序非常关键。如果庄家先动♠A，西家最强的垫牌将是♠K，这样当明手再出♣Q时，西家可以保留3张♥、2张♦（曾用♦10盖

过暗手的 ♦9）和♠2。如果明手再送出♥8时，西家兑现3墩♥后，可以用♠2为桥引让同伴兑现他的♠赢墩。

"天才牌手"海尔格莫则带来下面这副精彩牌局。

### 实战牌例〖48〗：偷梁换柱（吉尔·海尔格莫，Geir Helgemo）

这副牌是海尔格莫和吉米·凯恩在一次网上练习时打出的。海尔格莫也凭借此牌荣获2003年度的IBPA最佳做庄奖。

**南家发牌　双方无局**

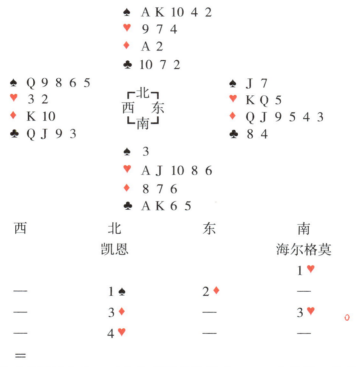

| 西 | 北 | 东 | 南 |
|---|---|---|---|
|  | 凯恩 |  | 海尔格莫 |
|  |  |  | 1♥ |
| — | 1♠ | 2♦ | 3♥ |
| — | 3♦ | — | 3♥ |
| — | 4♥ | — |  |
| = |  |  |  |

坐东西的对手颇具实力，西家找到了最佳首攻——一张将牌，使得庄家无法让明手将吃♦得到第10墩。

海尔格莫用♥A吃住东的♥Q，接着连打♠A、♠K垫去手上一张♦，之后再将吃♠。如果两个防守人都跟出第三轮♠的话，事情就简单了，庄家可以连打三轮梅花，防守方进手后必须连调两轮将以免明手将吃梅花，这样明手♥9停住，将吃第四张黑桃，再用♦A过桥兑现做大的第五张黑桃。当然，如果那样也就没有最佳做庄奖了。结果外面黑桃是5-2分配，东在第三轮黑桃上垫了♣8。庄家将吃后打出♥J，东不能忍让，否则无法阻止庄家连打梅花形成交叉

将吃局势。东♥K拿后回出将牌到明手的♥9，此时西家哪一门黑花色都不能垫，于是抛去了♦K，避免被投入，东西两家都做出了最顽强的防守。

此时，海尔格莫正确地调整挤牌时机，从明手送出♦2，东家正确地扑上♦J，避免同伴被投入。

现在东不能换攻♣，因为庄家放小后西将被投入，被迫帮助庄家做出♠或♣上的赢墩。东家只好出小方块到明手的♦A，西家意外发现自己无法垫牌（次级挤牌）。♣是肯定不能扔的，由于明手已无进张，♠套不再是直接威胁，看起来西"可以"扔掉一张♠，实战中他也是这样做的。但这只不过是将不可避免的失败命运略为延迟而已。

海尔格莫用最后一张将牌将吃♠（对西家的剥光打法，同时做大明手的♠10）。此时的残局形势如下：

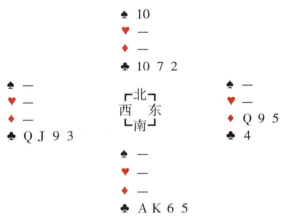

最后，海尔格莫向明手的♣10出小♣（投入打法），西家不得不拿这一墩，而他空有♣Q-J-9-3的结构，却不能阻止庄家取得余下三墩，因为明手还有♣10-7-2和一张好的♠10。足够美妙，不是吗？

**简评：** 让我们引用专家的观点来赞誉庄家吧。"经典的海尔格莫。这副牌又一次体现了他那透视复杂局势之后迅速找到成功之路的非凡才能。这种在牌局早期就预见到最终残局的能力，使他表现得像一名牌桌上的魔法师。"

最后，让我们再来欣赏另外一位挪威选手的精彩表演。

## 实战牌例〖49〗：连环计（特洛德·罗尼，Trond Rogne）

下面这副牌是挪威牌手罗尼在一次国际桥牌赛中打出来的，他也依靠在这副牌中的精彩表现荣获 1988 年度的最佳做庄奖。

**东家发牌　双方有局**

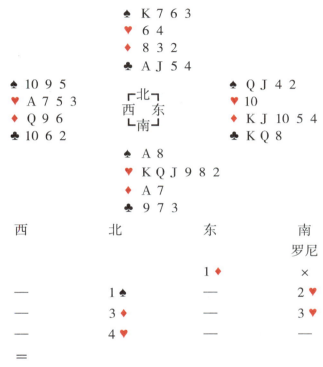

| 西 | 北 | 东 | 南 |
|---|---|---|---|
| | | | 罗尼 |
| | | 1♦ | × |
| — | 1♠ | — | 2♥ |
| — | 3♦ | — | 3♥ |
| — | 4♥ | — | — |
| = | | | |

罗尼坐南，主打 4♥ 定约。这副牌做庄的关键在于如何不失两墩梅花。

西家首攻 ♦6，东家出 ♦K，罗尼用 ♦A 拿住。从这墩牌来看，西家是持有 ♦Q 的。第二墩，南家打出 ♥K，西家用 ♥A 吃住，东家掉下 ♥10。西家再出 ♦Q 拿到这一墩，然后接着出 ♦9，庄家将吃。目前，西家已经显露出持有 6 点牌力，不出意外，其余大牌点力均应该在东家手上。

罗尼接下来连续调两轮将牌，东家连垫两张 ♦，到目前为止，4 家已经都没有方块，而且东西两家黑花色的牌至今一张未见。此时 7 张牌的残局形势如下：

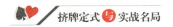

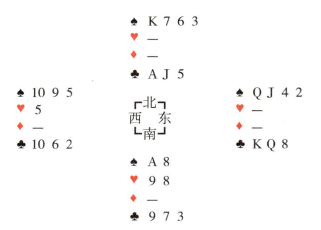

由于东家只有单张红心，因此罗尼判断他持有 4 张黑桃的可能性较大，如果东家在持有 ♣K 和 ♣Q 的基础上再持有 ♣10，那么接下来的 ♥9 清将过程中，东家将无法垫牌，南家有机会做大手上的 ♣9。

罗尼从手上出 ♥9，清掉西家最后一张将牌，明手继续垫 ♣5，东家垫牌有些困难（第一次次级挤牌），为保留 4 张黑桃，被迫垫掉 ♣8。罗尼没有看到 ♣10，略感失望，但突然他又心生一计。因为 ♣8 也足够大，暗手的 ♣9-7 组合，如果能顶掉 ♣10，也有机会成为大牌。

想到这里，他接着兑现 ♥8！这时西家首先为难了，为保护 ♣10，他不能垫小梅花，所以他只好垫去 ♠5（对西家的剪枝挤牌）。明手再垫 ♠J，然后东家继续为难（第二次次级挤牌），4 张黑桃还是不能垫，所以他只好垫 ♣Q。

最后，罗尼看到时机已经成熟。他用手上的 ♣3 打到明手的 ♣A；然后兑现 ♠K，再出小黑桃回到暗手 ♠A 中。这时西家的黑桃花色已经被剥光，再用手上 ♣9 顶掉西家的 ♣10，最后一墩，西家只好打回 ♣6 送给暗手的 ♣7，目送庄家完成定约。

**简评**：在梅花上 ♣K、♣Q、♣J 均成为配角，而不起眼的小牌成为完成定约的关键。大开大合，非常精彩，令人回味无穷。三次挤牌，两次针对东家，这两次挤牌性质完全相同。而针对西家的这个挤牌，则基于次级挤牌，最终产生了剥光的效果。这副牌荣获年度最佳做庄奖实至名归。

# 第五节　涉及两个防守人的次级挤牌

次级双挤非常复杂，实战中较为罕见。在本节中，我们只涉及特定牌张组合下的次级双挤。

这种挤牌的结构与将吃双挤基本定式【37】非常相似。此处我们也可以看出，将吃挤牌的威力很强，将吃双挤可以无输墩，但无将牌可发挥作用时，就只能打出次级挤牌。

**基本定式【81】　涉及两个防守人的次级挤牌基本型一**

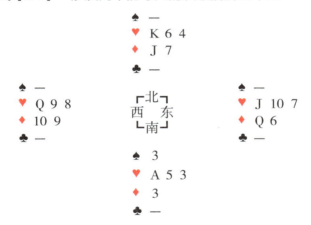

这个残局中，东西双方的牌同基本定式【37】完全相同。在这种局势中，我们依然可以把 ♥ 花色视为强花色，而 ♦ 花色为弱花色。

这种挤牌可以看作是两个挤牌的合成，一个是对西家的护张挤牌和一个对东家的简单次级挤牌（相当于是西家参与部分防守的次级挤牌）。

打牌过程中，东西两家至少有一家要保留其对强花色 ♥ 的防守力量，其结果就是在弱花色 ♦ 上，防守方就会露出破绽，从而让南北方多做出一个赢墩。

**实战牌例〖50〗：指桑骂槐**（马西默·德·阿莱里奥，Massimo D'Alelio）

意大利蓝队主力阿莱里奥的过人之处在于，当形势艰难时，他总是能机智地发现那些潜在的成功机会。下面这副牌是 1975 年阿莱里奥在马贝拉节比赛上打出的一副满贯定约。

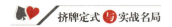 

南家发牌　双方无局

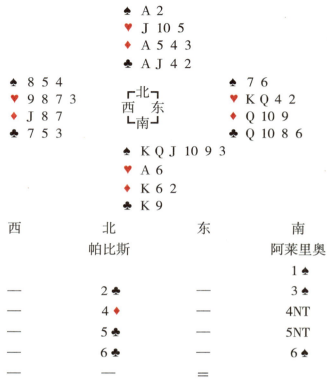

| 西 | 北 | 东 | 南 |
|---|---|---|---|
| | 帕比斯 | | 阿莱里奥 |
| | | | 1♠ |
| — | 2♣ | — | 3♠ |
| — | 4♦ | — | 4NT |
| — | 5♣ | — | 5NT |
| — | 6♣ | — | 6♠ |
| — | | = | |

我们可以从明暗两手的牌看到，11个大牌赢墩是现成的，问题是要找出第12墩。

如果首攻是梅花的话，南家只要在明手放小牌就可确保定约无虞。东家跟小牌则♣9可赢得，东家放上♣Q则明手的♣J升级，东放♣10则手中♣K盖吃，清光将牌后再送出♣9。

如果首攻是方块的话，庄家难度就会大些，但是南家仍处于有利地位。以手中♦K赢下后（除非东家将吃首攻），南家先肃清将牌，再送出一墩方块。此时防守方最严厉的回攻是红心，南以♥A赢得，续出♣K，接着是♣A，将吃♣。若♣Q未出现，就打光手中的将牌。只要是方块3-3分布，或者是西家有♣Q，同时有4张♦，他就会在♦—♣两套上受挤，定约都能完成。如果防守方在赢进方块后续攻♦，而方块又分布不均的话，庄家还可以再飞梅花。

然而，阿莱里奥运气不佳。西的首攻既非♣也非♦，而是一张♥9，真是一针见血的首攻，明手出♥J，东家则盖上了♥Q，南家只好用♥A取得首墩。

犀利的首攻遏杀了先送一墩♦的打法，这样，满贯的完成似乎依赖于在♣套中发展出3墩。尽管飞♣Q要比将吃第三墩击落♣Q的成功率高一些，阿莱里奥还是选择了后者。因为，这一手不能达到目的还有别的机会，而飞♣Q失败就意味着定约的失败。

赢得首墩后，阿莱里奥兑现♣K、♣A，然后用大将牌将吃一墩♣。♣Q并未出现，然而他另有良策。接着明手用♠A上手，暗手继续用大将牌将吃第四墩♣（四家梅花全部被剥光）。然后，再调两轮将牌，从而清光外面的将牌，形成如下5张牌的残局局面：

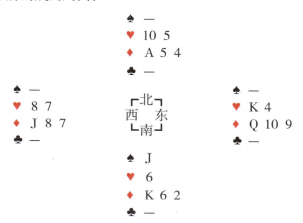

现在，阿莱里奥打出整个残局中唯一的黑花色牌♠J，西家只好垫♦7（如果垫♥7，庄家从手上出♥6，明手的♥5马上就成为第12个赢墩），明手垫♦4。这时，轮到东家为难了，如果他垫方块，庄家的第三张方块就成为大牌；如果他垫♥4，庄家出♥6，明手只要放小，就能逼出♥K，明手的♥10也成为第12个赢墩（注：最后局势为基本定式【81】）。

下面这种次级将吃双挤同样是从基本定式【37】基础上演化过来的。

**基本定式【82】  涉及两个防守人的次级挤牌基本型二**

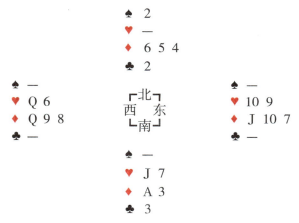

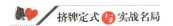

这种局势中，♠为将牌。可以这样理解，将吃胁张花色♥成了强花色，而♥花色则为弱花色。在强花色♥上，两名防守方均不能垫牌，只好双双放弃对弱花色♦的防守，让挤牌方在弱花色上多做出一个赢墩。

在这样的局势中，进张要求非常高。例如，此处南北方的♣2和♣3如果互换位置，挤牌就会失败。

### 实战牌例〖51〗：声东击西（阿尔伯特·多默，Albert Dormer）

下面这副牌是英国名将多默在1991年斯平果尔德锦标赛上打出来的。

北家发牌　双方有局

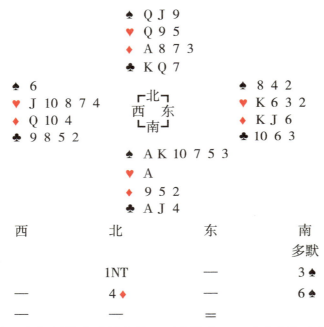

|  | 西 | 北 | 东 | 南 |
|---|---|---|---|---|
|  |  |  |  | 多默 |
|  |  | 1NT | — | 3♠ |
|  | — | 4♦ | — | 6♠ |
|  | — | — | = |  |

多默坐南，主打黑桃小满贯定约。西家首攻♥J，庄家仔细审视这个定约。南北联手只有11个赢墩，而且方块上的两个输张似乎是无法避免的。

多默沉思了一会儿，发现红心的结构或许可以帮助他渡过难关。

于是，首墩中明手放小♥，东家也出小，庄家则用♥A赢得。然后庄家开始奔吃将牌，仅让手上剩下一张小将牌（用于将吃）。在此期间他让明手垫掉了两张♦小牌。然后，多默开始兑现♣Q，然后是♣A，形成如下5张牌的残局：

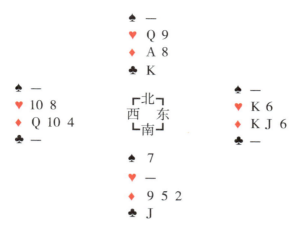

此时，庄家打出♣J，首先是西家感到压力，难以垫牌。他思索了一会儿，垫去♥8，东家则垫去♦6。多默已经对牌情洞若观火，他从明手打出♥Q，东家只好盖上♥K，庄家手上将吃，西家跌出♥10。这样，明手的♥9便升级为赢张了。因而庄家完成了定约。

如果，庄家在出♣J时，西家垫♦4也无济于事。因为接下来东家也会感到难以垫牌，假如他垫♥6，明手就可做大一墩♥Q；假如他垫掉一张小♦，那么，明手在兑现♦A之后，再送出♦8，这时东家、西家的♦大牌同时跌出，暗手的♦9便成为庄家的第12墩。


# 第六节　牌局中期挤牌

前面我们所涉及的挤牌，大多发生在残局阶段。在实战中，挤牌并不仅仅出现在残局。在一些情况下，牌局进入中期阶段，防守方就会遇到垫牌难题。

牌局中期挤牌大都可以归类为三门花色次级挤牌，局势大体与【65A】【65B】【65C】原理一致，但通常会比上述局势更复杂些。

这类挤牌大多发生在无将定约，通常的情况是这样的：一个防守人要兼顾三门花色，其中有两门花色是赢张花色（挤牌方的弱花色），而在另外一门则是有止张花色（挤牌方的强花色）。这时，庄家打出第四门花色时，他就会出现垫牌困难。为了防守住强花色，只好选择放弃其中一个弱花色的赢墩。

下面就是这样一个牌例。

## 实战牌例〖52〗：无中生有（埃里克·罗德威尔，Eric Rodwell）

下面这副牌出现在 2000 年百慕大杯赛循环赛中，美国队和意大利队两支劲旅狭路相逢。同以往一样，这两支队伍的碰撞总能发出耀眼的火花。

南家发牌　局况不详

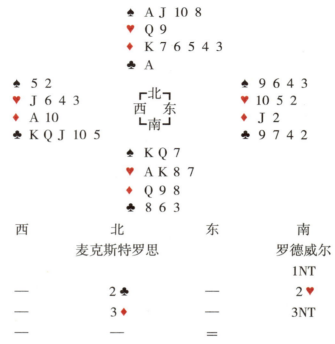

```
              ♠ A J 10 8
              ♥ Q 9
              ♦ K 7 6 5 4 3
              ♣ A
♠ 5 2                        ♠ 9 6 4 3
♥ J 6 4 3      ┌北┐          ♥ 10 5 2
♦ A 10       西   东         ♦ J 2
♣ K Q J 10 5   └南┘          ♣ 9 7 4 2
              ♠ K Q 7
              ♥ A K 8 7
              ♦ Q 9 8
              ♣ 8 6 3
```

| 西 | 北 | 东 | 南 |
|---|---|---|---|
| 麦克斯特罗思 | | | 罗德威尔 |
| | | | 1NT |
| — | 2♣ | — | 2♥ |
| — | 3♦ | — | 3NT |
| — | — | = | |

西家首攻 ♣K，当明手的 ♣A 被直接顶下后，这副牌的结局会是怎样呢？罗德威尔可不指望意大利的高手们存在低级失误的机会，因此在经过一番长考后，他看到一丝希望。

用 ♣A 赢得首墩后，罗德威尔立即兑现黑桃大牌。打出最后一张黑桃前，果真进入罗德威尔期待的局势：

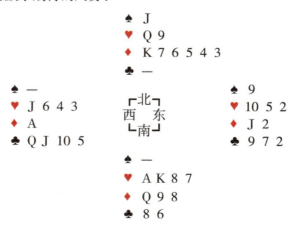

```
              ♠ J
              ♥ Q 9
              ♦ K 7 6 5 4 3
              ♣ —
♠ —                          ♠ 9
♥ J 6 4 3      ┌北┐          ♥ 10 5 2
♦ A          西   东         ♦ J 2
♣ Q J 10 5     └南┘          ♣ 9 7 2
              ♠ —
              ♥ A K 8 7
              ♦ Q 9 8
              ♣ 8 6
```

明手继续出♠J，暗手垫掉♣8，而西家这时无牌可垫了。如果西家垫红心，那么定约人便可拿到四墩红心；如果他抛掉一张梅花，那么定约人便可从容地树立在方块上的赢墩；当然，西家垫♦A更是不可能考虑的。这样，罗德威尔"幸运"地完成了这个定约。

在另一张牌桌上，波契尼和杜伯因选择4-3配合的满贯定约6♠，由位于北家的杜伯因做庄。东家哈曼首攻的是梅花，真是一矢中的，只有这个首攻才能葬送黑桃小满贯定约。

**简评**：所谓高手，就是指在绝境中依然能看到希望，尽管有时这种希望微乎其微。罗德威尔并没有把完成定约的希望寄托在对手犯错上，而是在看似不可能中寻找机会。

另外，还有这样一种情况：一个防守人要防守两门花色，在第三门花色中有进入同伴手上的桥引。这时，庄家打出第四门花色时，他仍然有垫牌困难。无奈之下，他只好放弃与同伴的联络，定约人则利用断桥达成目标。

## 实战牌例〖53〗：反间计（米切尔·佩隆，Michel Perron）

这副牌发生在20世纪80年代美国队与法国队间一次友谊赛上。尽管当时美国队实力非常强大，但法国队经常扮演美国队"克星"的角色。这次，法国队的佩隆就让美国名将艾森伯格成为"受害者"。

**北家发牌　双方无局**

|  | ♠ 4 2 |  |
| --- | --- | --- |
|  | ♥ 5 |  |
|  | ♦ A 8 3 2 |  |
|  | ♣ K Q 10 8 7 5 |  |

| ♠ K J 10 6 | 北 | ♠ 9 8 7 |
| --- | --- | --- |
| ♥ A Q J 8 6 4 2 | 西　东 | ♥ 3 |
| ♦ 9 5 | 南 | ♦ Q 10 7 6 |
| ♣ — |  | ♣ A 9 6 4 3 |

|  | ♠ A Q 5 3 |  |
| --- | --- | --- |
|  | ♥ K 10 9 7 |  |
|  | ♦ K J 4 |  |
|  | ♣ J 2 |  |

| 西 | 北 | 东 | 南 |
|---|---|---|---|
| | | 艾森伯格 | 佩隆 |
| — | — | | 1♥ |
| — | 2♣ | — | 2NT |
| — | 3NT | — | |
| = | | | |

西家首攻♠10，表示有两张比10大的牌。没有特别的理由需要忍让，所以佩隆用手上的♠Q止住首攻。

定约的前景似乎十分光明，庄家第二墩自然地出♣J，树立梅花套。但是风云突变，西家垫了一张红心，东家当然忍让这墩。庄家继续出♣2，明手出♣K，东家此时用♣A停住。

梅花的恶劣分布，使定约人树立梅花套的愿望落空，在这门花色上的快速赢墩一下子从5个降到3个。此时庄家需要同时在两门红花色上取得飞牌成功，才能刚好完成定约。但明手只有一个♦A进手张。佩隆只能把希望寄托在挤牌打法上。

东家进手后，继续攻同伴首攻花色♠9，佩隆忍让。东家再出♠8，南家用♠A止住。此时，4家牌的形势如下：

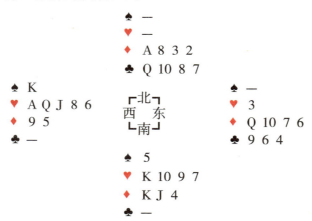

这时，完成定约显得尤为艰难，即使飞中东家♦Q，在这门花色上依旧形成阻塞。佩隆此时却看到了希望。

他主动从手上打出了♠5！这张牌真是一石二鸟，既相当于投入了西家，又让东家出现了垫牌困难。西家♠K进手，明手垫掉一张小梅花。此时，东家却遇到垫牌困难。梅花肯定不能垫，垫方块又担心定约方能够连拿4墩方块，最后东家只好垫掉宝贵的沟通桥引♥3。

　　西家上手后，深知拿♥A也无太大好处，选择换攻♦9，佩隆得到自由飞后，连拿3墩方块大牌，并用第4张方块投入东家♦Q手上。东家只好打回梅花，送佩隆完成定约。

　　简评：对西家的一次投入，对东家的一次挤牌、一次投入。佩隆向我们展示了大师魔术般的技艺。

　　下面这副牌局，从挤牌的最终结果来看，符合前两种情况，但中间过程及变化，体现出桥牌中时机、联通的重要性。

**实战牌例〖54〗：上屋抽梯（鲍比·沃尔夫，Bobby Wolff）**

　　"我从不放弃任何一次主打3NT的机会"，这是沃尔夫的名言，由此可见这位大师对3NT定约的偏爱。下面这副牌出自1998年度麦考伦双人赛，当时来自世界各地的16对桥牌精英聚集在伦敦争夺麦考伦杯。因为巨星璀璨，吸引了众多桥牌爱好者观战。在众多观众的注视下，沃尔夫告诉大家，他的偏爱绝不仅仅是口头上的。

**东家发牌　南北有局**

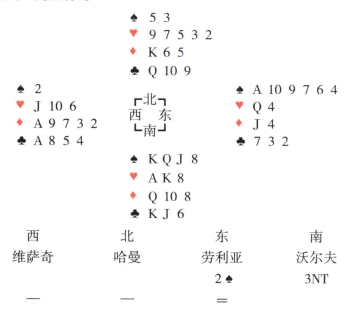

| 西 | 北 | 东 | 南 |
|---|---|---|---|
| 维萨奇 | 哈曼 | 劳利亚 | 沃尔夫 |
|  |  | 2♠ | 3NT |
| — | — | = |  |

　　比赛备受关注，这场对局恰好被安排在转播赛场上，四大高手对阵，意大利的劳利亚、维萨奇组合是上届赛事冠军，对阵当时世界头号种子——美国的黄金搭档哈曼、沃尔夫组合。

劳利亚坐东弱二开叫，沃尔夫直接跳叫到他最偏爱的定约 3NT。西家维萨奇做出了最好的方块首攻。解说员看了 4 手牌后，向大家预测定约将失败。

沃尔夫经过仔细分析，认为东家有 ♠A，西家应持 ♣A，在对方建立方块套之前，至关重要的是先打梅花，消灭西家的进手。而事实上沃尔夫的思考远不止如此。

首墩方块上，东家出 ♦J，南家用 ♦Q 赢得。南家打出 ♣J，维萨奇忍让，明手用 ♣Q 盖过。随后明手出 ♠3，东家直接扑上 ♠A，然后继续攻方块，西家用 ♦A 进手，接着小方块送出。东西方做出了最强防守，在转播大厅中大家一致认为"庄家仍旧只有 8 墩牌"。但沃尔夫知道兑现长套的巨大威力，下面是沃尔夫打出最后一张黑桃时的残局形势：

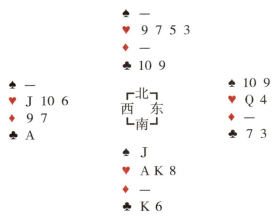

```
                    ♠  —
                    ♥  9 7 5 3
                    ♦  —
                    ♣  10 9
  ♠  —                            ♠  10 9
  ♥  J 10 6       北               ♥  Q 4
  ♦  9 7        西     东           ♦  —
  ♣  A            南               ♣  7 3
                    ♠  J
                    ♥  A K 8
                    ♦  —
                    ♣  K 6
```

沃尔夫再兑现 ♠J，维萨奇无法垫牌了，他知道如果垫 ♦ 赢张，庄家可以安全地树立 ♣ 赢墩。因而他扔了张红心，指望东家能够抵挡这门花色，沃尔夫则愉快地兑现红心，定约超一完成。

分析家们研究，如果东家在第一轮黑桃时放小，会怎么样？假设东家放小 ♠，南家需要用 ♠8 飞过，再接着打黑桃，最后还是同样的终局。如果东家上 ♠9，沃尔夫则用黑桃大牌赢得这墩，然后出 ♣6，如果西家继续忍让，庄家手上打光红心，依靠树立 4 墩红心、1 墩黑桃、2 墩方块、2 墩梅花完成定约。如果西家用 ♣A 赢得后，再攻 ♦，那么只要庄家不动红心，西家将再无机会进手，庄家可依靠 2 墩红心、3 墩黑桃、2 墩方块、2 墩梅花来完成定约。

如此说来，沃尔夫这个看似野心勃勃的定约居然"铁打不宕"。

**简评：** 这副牌中梅花套是庄家的重点花色，庄家借这门花色保持自身联通的同时，还破坏了西家的进手。另外，这副牌在次序、时机处理方面变化很多，非常值得回味。

在有将定约中，牌局中期挤牌也会出现。

### 实战牌例〖55〗：反间计（鲍比·理奇曼，Bobby Richman）

理奇曼是澳大利亚国家队成员，曾代表国家角逐过百慕大杯赛。理奇曼主打的下面这副牌，曾由新西兰桥牌记者发表于世界桥牌协会的期刊上，并被提名为 1979 年最佳桥局。

**西家发牌　东西有局**

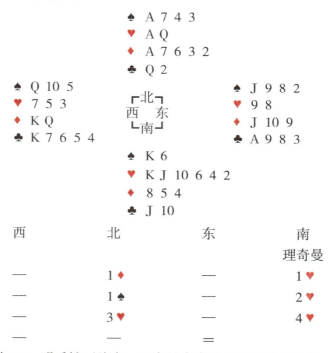

| 西 | 北 | 东 | 南 |
|---|---|---|---|
| | | | 理奇曼 |
| — | 1 ♦ | — | 1 ♥ |
| — | 1 ♠ | — | 2 ♥ |
| — | 3 ♥ | — | 4 ♥ |
| — | — | = | |

西家首攻 ♥5。明手摊下牌来，理奇曼庆幸首攻还算比较友好。

但是看来定约方只能拿到 9 墩。即使把四家的牌都摊开，也难于找到第 10 个赢墩。看上去定约人无法不在两门低花上各失 2 墩。

或许你会想从桌上打张小 ♦，让西进手，防家接着拿了两墩 ♣。此时的形势有利于对东家的 ♠ 与 ♦ 进行将吃挤牌。但这条路也很难行得通，因为防家赢得 ♣ 后，肯定会转攻 ♦ 打掉明手的主要进手张。接下来我们看看理奇曼是如何打的。

他借首攻清将，连出四轮将牌，明手垫掉两张 ♣，此时 9 张牌的局势如下：

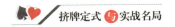

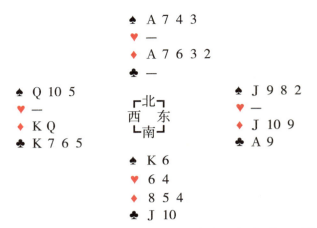

&spades; A 7 4 3
&hearts; —
&diams; A 7 6 3 2
&clubs; —

&spades; Q 10 5
&hearts; —
&diams; K Q
&clubs; K 7 6 5

北
西　东
南

&spades; J 9 8 2
&hearts; —
&diams; J 10 9
&clubs; A 9

&spades; K 6
&hearts; 6 4
&diams; 8 5 4
&clubs; J 10

庄家再打 &hearts;6，明手垫掉 &diams;2，东家意外受挤。东家明显不能垫 &diams;，也不能垫 &spades;，否则定约人通过一次 &spades; 将吃就能树立一墩 &spades;。实战中，东家正确选择垫 &clubs;9，如此一来，就切断了两个防守方之间在 &clubs; 上的联络，防守方不可能有机会连拿两墩梅花。

理奇曼利用有利时机，马上送出一墩 &diams;，西家进手后攻出梅花给东家的 &clubs;A，东家只好换攻 &spades;，庄家用 &spades;K 止住，再打方块给 &diams;A，然后再送一张方块给东家，东家打不出梅花，只好目送庄家的梅花失张被明手的方块赢张垫掉。理奇曼奇迹般地完成了定约。

## 第六章 挤牌投入（Strip Squeeze）

此前介绍过，挤牌投入也属于次级挤牌的一种。在本章，我们将全面关注这类打法。之所以整章介绍，是由于此类挤牌在实战中较为常见。

在一些教科书中，当谈及此类挤牌时，容易将其归到投入法大类中。同时，从打法思路上又容易将其与读牌技巧相提并论，因为这类挤牌确实可以通过精确的读牌来实现。

笔者认为，挤牌投入是指通过挤牌而形成的投入局势的打法。因此，准确地说，这种局势既不同于传统的剥光投入，也不同于上章中我们提到过的剪枝挤牌。

本章中，我们把挤牌投入分为两大类：一类是嵌张类挤牌投入，此类打法中，挤牌方实施挤牌然后投入，被投入的防守方被迫向挤牌方的嵌张出牌；另一类是进张类挤牌投入，即通常所说的踏脚石挤牌，被投入的防守方被迫打出挤牌方自身联通出现问题的花色，帮助挤牌方兑现赢张。

## 第一节　简单挤牌投入（Squeeze Throw-in）

简单挤牌投入属于嵌张类挤牌投入。我们仍然可以按照次级挤牌的结构分析挤牌投入的局势。

挤牌投入的牌张结构是这样的：挤牌方在强花色上存在一个嵌张结构，对挤牌方来说，这种情况下强花色的结构比一般次级挤牌要强。其结果就是，防守方在强花色上既不能垫牌，又不能承受在弱花色上被投入，否则防守人被迫在强花色上多送给挤牌方一墩。因此，这种情况下，挤牌方不需要在弱花色上树立另外的赢墩。

最基本的挤牌投入局势可以看成是基本定式【2】的次级版本。这时，挤牌方在强花色上的嵌张结构，是由两手联合组成的。

## 基本定式【83】 挤牌投入基本型一

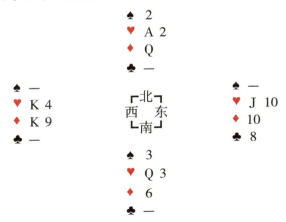

这种局势的特点是：

1. 强花色上的嵌张结构，是由南、北两家联合组成的。

2. 这种局势下，北家与南家牌型结构是可以完全相同的。

3. 这个局势是双向的。

打牌过程是这样的：南家打出♠3，西家不能放弃对♥花色的防守，只能垫♦9。南家此时送出♦6，西家只能上手即遭投入，无奈地将最后2墩送给南北方。

我们可以从这个残局对比挤牌投入与简单投入。如果在这个局势中，西家持有3张♥、单张♦K，那就是简单投入。

甚至，南北家在强花色♥上的牌可以互换，在其他挤牌中很少可以看到这样位置的牌张组合。因为，在其他挤牌类型中，北家的牌是没有机会进手的。

## 定式【83A】 挤牌投入变型一

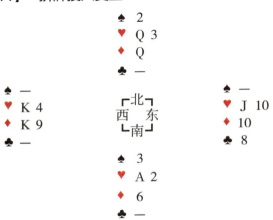

西家在强花色上仍然不能垫牌，也无法摆脱被投入的命运。

下面这个残局涉及 3 门花色。

### 定式【83B】 挤牌投入变型二

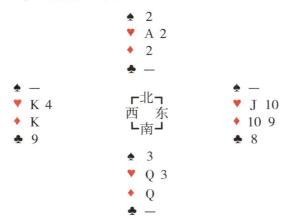

西家为保护两门红花色，只好垫掉第三门花色上的赢张 ♣9。

在基本定式【83】的基础上，可以衍生出一些变化。下面这种挤牌投入是一种比较常见的结构，强花色嵌张结构由一家持有，而挤牌张和强花色嵌张结构则分属两手。

### 基本定式【84】 挤牌投入基本型二

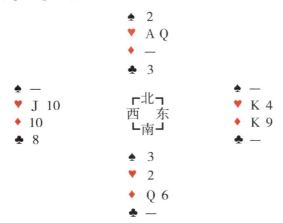

这个残局的特点是：

1. 挤牌张位于南家，而北家持有强花色的嵌张结构。

2. 挤牌方在强花色上要有联通，南家的 ♥2 必不可少。否则，东家可以在强花色上垫牌。

3. 弱花色的投入张 ♦Q 在南家手上，这门花色上南北方可以做到无联通。

4. 这个挤牌是双向的，但重点针对东家。因为对西家可以实施红心花色上的飞牌。

### 定式【84A】 挤牌投入变型三

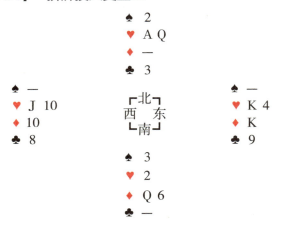

东家为保护两门红花色，只好垫掉第三门花色上的赢张 ♣9。

### 定式【84B】 挤牌投入变型四

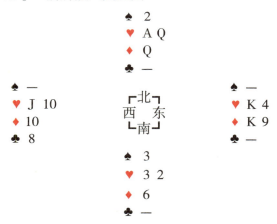

这个残局相当于北家持有弱花色的投入张 ♦Q，但必须要求南家也持有弱花色上的小牌（此处为 ♦6）。由此可见，挤牌投入可以有很多灵活的变化。

### 实战牌例〖56〗：釜底抽薪（何塞·达米亚尼，Jose Damiani）

达米亚尼担任国际桥牌联合会主席期间，为推动桥牌运动的发展做出了巨大贡献。

**北家发牌　南北有局**

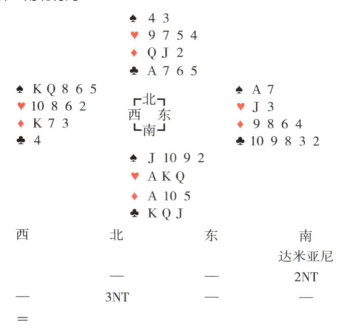

| 西 | 北 | 东 | 南 |
| --- | --- | --- | --- |
| | | | 达米亚尼 |
| — | — | | 2NT |
| — | 3NT | — | — |
| = | | | |

在这副牌的比赛中，达米亚尼坐在南家，主打 3NT 定约。

西家首攻 ♠6，东家以 ♠A 吃进并续出 ♠7，西家用 ♠K 赢得接着兑现 ♠Q，对此达米亚尼在思考后明智地垫掉明手的 ♦Q，东家垫 ♦6，西家续出第四轮黑桃，明手抛掉 ♦J，东家再垫 ♦4。

虽然连续失了 3 墩黑桃，但达米亚尼看到：只要对方在红心或梅花中有一门是 3-3 平均分布，定约即可完成。此外，庄家还有飞东家 ♦K 的机会。

于是，达米亚尼在手中赢得第四轮黑桃后，兑现掉手中的红心大牌 ♥A-K-Q，结果发现东家原本只有双张红心并垫 ♣2。庄家再试梅花，拿掉手中的 ♣K-Q，可又看到西家原本只有单张梅花并垫 ♣3。在此形势下，庄家似乎只能以 ♣A 进入明手，孤注一掷地去飞东家的 ♦K 了。

达米亚尼没有采取这条做庄路线，因为他已清醒地意识到：无论 ♦K 在东家还是西家手中，他都有机会拿到完成定约所需的第 9 墩牌！其原因在于：打牌的进程已经清楚地表明了防守方两家原始牌型，西家为 5-4-3-1，而东家是 2-2-4-5。目前的情形是：西家持有两张方块及获得树立的 ♠8 和 ♥10，东家则持有两张方块与 ♣10-9。据此，如果 ♦K 在西家手中，当暗手出 ♣J 打给明手的 ♣A 进手时，西家就会出现垫牌困难。如果西家没有垫牌困难，♦K 大概率会在东家手中，那么庄家就可在明手 ♣A 取得进手后，向自己手中的 ♦A-10 对

东家进行飞牌。此时 4 张牌的残局形势如下：

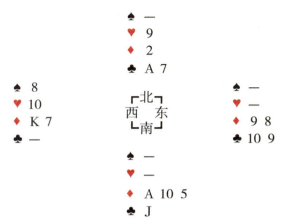

此时，面对庄家打出的 ♣J，西家面露难色并在略微思索后垫 ♠8。达米亚尼以明手的 ♣A 吃进后，送出 ♥9 投入西家之手，这时西家只有方块可出，定约人甚至不用考虑 ♦K 在谁家手里，而坐享方块花色上的自由飞，顺利地完成定约（注：最后局势为定式【84A】）。

简评：本局中，除最后挤牌投入打法精妙，早期连续解封垫掉明手的 ♦Q、♦J，体现了达米亚尼纯熟的基本功及大师的远见。同时，我们从这副牌中也能看到，庄家在没有更多信息指引的情况下，能否打出挤牌投入，主要依据是防守方的垫牌。因此，防守方有机会打出假牌迷惑庄家。例如，在本局最后阶段，西家如果能不动声色地垫掉 ♦7，定约人将面临非常艰难的选择。

下面这种定式则是强花色嵌张结构与挤牌张由一家持有，而另一家仅持有弱花色的投入张。

## 基本定式【85】　挤牌投入基本型三

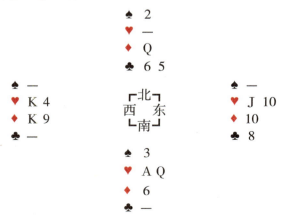

这个残局的特点是：

1. 挤牌张与强花色嵌张结构都集中在南家一个人手上。

2. 北家与南家在强花色♥上甚至可以做到完全无联通，但这也要求，打出挤牌张的一方持有强花色嵌张结构。

3. ♦6和♦Q合作发挥了投入张的作用，这两张牌缺一不可。

**实战牌例〖57〗：关门捉贼（埃里克·库克什，Eric Kokish）**

库克什是中国广大桥牌爱好者较为熟悉的加拿大桥牌名家。他曾经应聘担任中国桥牌队的主教练，并且也是至今为止中国桥协邀请来华执教的唯一外籍专职教练，他为我国桥牌运动的发展做出了巨大贡献。他本人曾经是加拿大队的主力队员，下面这副牌出自1993年举行的北美秋季桥牌大赛。

南家发牌　双方无局

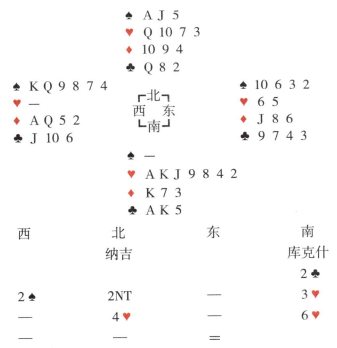

| 西 | 北 | 东 | 南 |
|---|---|---|---|
|  | 纳吉 |  | 库克什 |
|  |  |  | 2♣ |
| 2♠ | 2NT | — | 3♥ |
| — | 4♥ | — | 6♥ |
| — | — | = |  |

西家首攻♠K，明手摊牌后，库克什做出如下判断：假如庄家以明手的♠A吃进首墩并垫去手中的一张小方块，那么随后只能寄希望于东家持有♦A，可这种打法显然是不明智的，因为从西家曾经争叫的2♠来看，其手中不仅持有以♠K–Q领头的至少六张黑桃，而且♦A也肯定在其手中！

对此，库克什并没有感到绝望，相反他已冷静地发现：只要尚未露面的

♠Q 和 ♦A 在西家手中，他就有办法来完成定约。

接下来，库克什采用如下打法：第一墩，明手出 ♠5，手中以 ♥2 将吃，庄家随即拿掉手中的另外 6 张红心，并从明手垫 2 张方块，西家垫出 3 张小黑桃、2 张小方块和 1 张梅花，东家则在跟出 2 张将牌后垫出其全部 4 张梅花。庄家接着兑现 ♣A 和 ♣K，西家跟出 ♣J 和 ♣10，东家垫掉 ♦6 和 ♠2。于是便形成这样 4 张牌的残局：

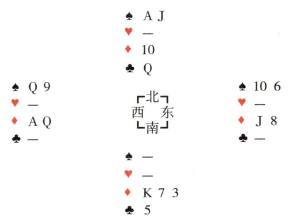

库克什现在打出 ♣5 给明手的 ♣Q，西家陷入垫牌困境：西家的 ♠ 肯定不能垫，否则明手 2 张 ♠ 全大了。实战中，西家只好无奈地垫掉♦Q，库克什于是从明手出 ♦10 投入给西家的 ♦A。最后，西家只好从 ♠Q-9 中出牌，送给明手的 ♠A-J 拿到最后两墩牌。库克什就这样漂亮地完成了定约（注：最后局势为基本定式【85】）。

**简评：**这副牌值得注意的是，庄家在挤牌张花色上的选择。由于最终要求从北家打出挤牌张，因此，挤牌张花色只能是梅花。

挤牌投入的灵活性表现为，甚至可以由一手牌实现对某一防守人的挤牌。这也是本书中唯一一个仅靠一手牌就能实现挤牌的定式。

## 基本定式【86】 挤牌投入基本型四

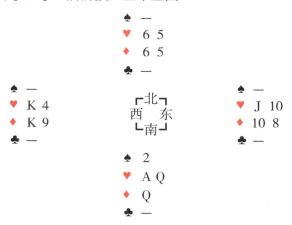

这个残局的特点是：

1. 南家一个人完成了对西家的挤牌投入，北家、东家的牌均无关紧要。

2. 南家、北家的牌型结构可以完全相同。

3. 这个挤牌投入是双向的，对东家也有效，投入东家后挤牌方选择♥花色上的飞牌。这样，即使在北家完全没有进手的情况下，挤牌方仍有飞牌的机会。

## 定式【86A】 挤牌投入变型五

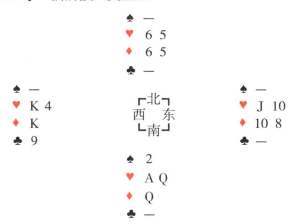

这个变型涉及三个花色，挤牌的目的和结果同其基本定式相同，西家仍然无法摆脱被投入的命运。

### 实战牌例〖58〗：笑里藏刀（艾利·克勃森，Ely Culbertson）

1931年克勃森同伦兹间的"世纪大战"极大地促进了现代桥牌运动的发展，一时间桥牌运动风靡全美。下面这个牌局是"世纪大战"中的第99副，这副牌充分体现了克勃森超人的"直觉与灵感"及纯熟的做庄技巧。

南家发牌　盘式桥牌

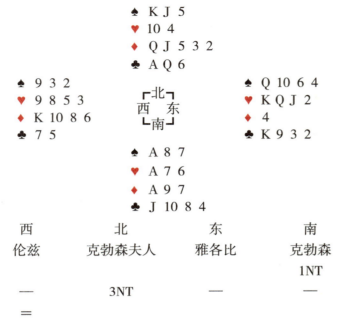

♠ K J 5
♥ 10 4
♦ Q J 5 3 2
♣ A Q 6

♠ 9 3 2
♥ 9 8 5 3
♦ K 10 8 6
♣ 7 5

♠ Q 10 6 4
♥ K Q J 2
♦ 4
♣ K 9 3 2

♠ A 8 7
♥ A 7 6
♦ A 9 7
♣ J 10 8 4

| 西 | 北 | 东 | 南 |
|---|---|---|---|
| 伦兹 | 克勃森夫人 | 雅各比 | 克勃森 |
| | | | 1NT |
| — | 3NT | — | — |
| = | | | |

克勃森夫妇的叫牌非常简明，没有给西家首攻提供更多指引。伦兹首攻♦6，正中庄家下怀。克勃森让明手出小，手上以♦9赢得。然后继续出♦A、♦7，伦兹只好以♦K赢得第三轮方块，雅各比则先后垫掉♣2和♠4。

伦兹此时换攻♥，克勃森忍让两轮后用♥A止住，明手垫掉♣6。至此，庄家已经有♠A-K、4墩方块、♥A和♣A共计8墩牌，完成定约所需的第9墩牌，可通过飞♣K或飞♠Q的打法来获得。

克勃森却并未选择飞牌打法，而是直接拿掉明手的♣A并兑现♦Q，东家则连续跟出♣3和♣9，从而形成如下5张牌的残局：

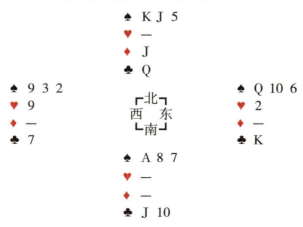

♠ K J 5
♥ —
♦ J
♣ Q

♠ 9 3 2
♥ 9
♦ —
♣ 7

♠ Q 10 6
♥ 2
♦ —
♣ K

♠ A 8 7
♥ —
♦ —
♣ J 10

此时，克勃森打出明手的 ♦J，结果东家受挤：♣K 肯定是不能垫的；如果垫 ♥2，庄家即可续出梅花投给他的 ♣K，从而迫使他打出黑桃。实战中，雅各比冒险垫掉 ♠6，试图迷惑克勃森。

但克勃森洞若观火，不为所动，他连续打出 ♠A、♠K，击落东家的 ♠Q！这样，明手的 ♠J 便成为完成定约所需第 9 墩牌（注：最后局势为定式【86A】）。

赛后，有位记者曾就这副牌的打法采访克勃森，而他的回答也很独到："在赢得两墩红心后，雅各比向椅背上靠了靠，表现得颇为轻松。很明显，东家认为他肯定能够击败定约，由此我认定他持有 ♣K 及 ♠Q。"

简评：这个牌例虽距今已经近一个世纪，但在攻防两端双方都有精彩的发挥，我们从中可以看到，当时桥牌的打法已经处于较高的水平。

# 第二节  灵活的挤牌投入

挤牌投入的灵活性在于，挤牌方实施挤牌投入打法时，失张可以不限于一个，这样就赋予了挤牌投入更多的灵活性。挤牌投入有可能出现在牌局中局阶段，而且经常会涉及 3 门花色。

## 实战牌例〖59〗：连环计（乔吉奥·贝拉多纳，Giorgio Belladonna）

贝拉多纳被称为"桥坛魔术师"，他有神奇的能力打成一些看似不可能完成的定约。下面这副出现在 1967 年帕尔马双人赛中的牌局，是个拿 9 墩牌都有些困难的 3NT 定约，竟然被他打成超二的结果，这在双人赛上无疑是一个绝对的顶分。

**东家发牌  双方有局**

```
              ♠ A 5
              ♥ A Q J
              ♦ Q 6 5 3
              ♣ K 10 9 4

  ♠ 7 6 2          北          ♠ Q J 10 9 4
  ♥ 7 6 5 3 2   西    东       ♥ K 8 4
  ♦ J 9 8          南          ♦ A 7
  ♣ 3 2                        ♣ Q J 6

              ♠ K 8 3
              ♥ 10 9
              ♦ K 10 4 2
              ♣ A 8 7 5
```

215

| 西 | 北 | 东 | 南 |
|---|---|---|---|
| | 阿瓦雷利 | | 贝拉多纳 |
| | | 1♠ | — |
| — | × | — | 2NT |
| — | 3NT | — | — |
| = | | | |

西家首攻♠7，南北联手已有 26 个大牌点，东家开叫 1♠，基本可以断定对方的大牌几乎全在东家的手中，要剥夺他的出牌权是不可能的，而且第三轮♠可能会是一次"投入"的机会。因此，贝拉多纳明智地用♠A 赢得了对方的首攻。

南北联手只有 5 个快速赢墩，如果方块顺利拿到 3 墩的牌，还需要多做出 1 墩红心或梅花，但在此之前，要避免东家拿到 1 墩 ◆A、1 墩红心或梅花、3 墩黑桃。定约充满挑战。

首先，要处理方块套，这里涉及单套打法。根据叫牌，◆A 标明在东家，所以最好的办法是从明手出小方块给手上的 ◆K。如果东家放小牌让 ◆K 赢进，就再向明手打一张小 ◆，如果 ◆J 没有出现，明手就放小牌。这种打法在东家持有方块 A–9、A–8、A–7、A–9–8、A–9–7、A–8–7、A–J 时都能取得成功，仅仅在东家持有 A–J–9、A–J–8、A–J–7 时会失败。

果然，第二墩贝拉多纳从明手打一张小 ◆给 ◆K，再从手中打出小 ◆，明手也放小牌，东以 ◆A 赢进。东家再出 ♠Q，庄家立即以手中的 ♠K 赢得。然后，贝拉多纳出方块打给明手的 ◆Q，东家垫了张 ♥4，此时 4 家牌的形势如下：

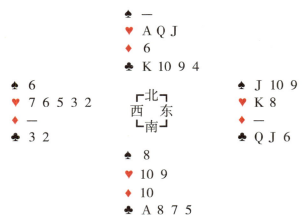

现在，明手打出 ◆6 给暗手的 ◆10，东家不好垫牌了：如果垫梅花，就会

让庄家打通这门花色；如果垫黑桃赢张，东家就再也拿不到 3 墩黑桃了，而且，定约方可以兑现梅花大牌，然后投入给东家，让东家在 ♥ 花色上送给定约方第 9 墩牌。实战中，东家冒险垫了张小红心，把 ♥K 留成单张。

对有些牌手，这一招可能会起作用，但对贝拉多纳无疑是在后院玩火。贝拉多纳从东家垫牌的迟疑中判断出东家手中的牌张，于是他打了张小 ♥ 给明手的 ♥A，击落了东家的 ♥K。然后他又兑现了 ♥Q，东家只好垫赢张 ♠9。这时的残局如下：

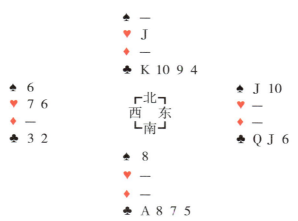

明手再出 ♥J，东家又受挤，为了保留对 ♣ 的控制，只好再忍痛割爱垫掉赢张 ♠10。

这时，明手出 ♣10，东家只好盖上 ♣J，南家用 ♣A 吃进。然后贝拉多纳再送出 ♠8 给东家的 ♠J，东家又被投入，只好把 ♣Q-6 送给明手的 ♣K-9 嵌张里。

谁能想到，牌力强大的东家，最终只拿到了一墩黑桃和一墩 ♦A。一副看起来完成都不易的 3NT 定约，在贝拉多纳的手上被神奇地打成了超二的结果。

**简评**：对一个防守人的两次挤牌投入，精彩至极。当然这只是贝拉多纳众多经典牌局中"普通"的一局，但从中展示出来的扎实基本功、出众的读牌能力、娴熟的技巧都让人赞叹不绝。

有时候防守方迫于挤牌压力，需要垫一张与同伴联络的牌，这种挤牌就会涉及 3 个花色，而且发生在牌局刚刚进入中局阶段。

### 实战牌例〖60〗：空城计（埃里克·莫瑞，Eric Murray）

莫瑞是加拿大桥牌界元老级的人物，1962年他成功入选北美队并成为第一个跻身"百慕大杯"赛场的加拿大人。下面这副牌就出现在那场赛事中。

南家发牌　南北有局

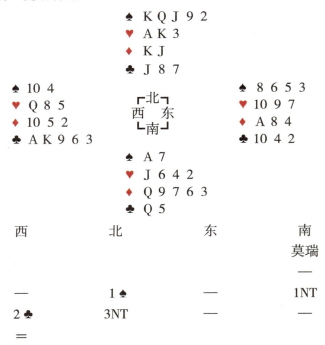

```
                        ♠ K Q J 9 2
                        ♥ A K 3
                        ♦ K J
                        ♣ J 8 7
   ♠ 10 4                              ♠ 8 6 5 3
   ♥ Q 8 5           ┌ 北 ┐           ♥ 10 9 7
   ♦ 10 5 2         西      东         ♦ A 8 4
   ♣ A K 9 6 3       └ 南 ┘           ♣ 10 4 2
                        ♠ A 7
                        ♥ J 6 4 2
                        ♦ Q 9 7 6 3
                        ♣ Q 5
```

| 西 | 北 | 东 | 南 |
|---|---|---|---|
|  |  |  | 莫瑞 |
| — | — | — | — |
| — | 1♠ | — | 1NT |
| 2♣ | 3NT | — | — |
| = |  |  |  |

这场比赛由北美队对阵英国队。莫瑞代表北美队，坐南主打3NT定约，西家首攻♣6。

在另一室中，叫牌过程、首攻与本桌完全相同。结果英国队的庄家并没有完成定约，因为他在以♣Q赢得首攻后，采取了树立方块套的做庄路线，结果定约宕了一墩。

莫瑞同样以♣Q赢得首墩后进一步分析，自己手上已有8墩牌，但只要一脱手，西家就会取得4墩梅花打宕定约。但是，西家如果持有5张梅花、3张红心带♥Q的话，当庄家兑现黑桃赢墩时，他就会出现垫牌困难。

因此，第二墩起，莫瑞连续兑现了4轮黑桃大牌，在此期间，暗手、西家都垫了两张♦小牌，此时4家形势如下：

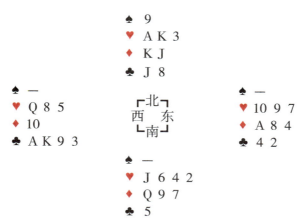

现在，明手打出最后一张黑桃♠9，暗手垫♥2，西家不好垫牌了。如果西家垫梅花的话，庄家就有充足的时机在方块套上多拿一个赢墩；如果西家垫小红心的话，♥Q就会被击落。实战中，西家最后选择垫掉♦10。

莫瑞已然洞悉了西家的牌张情况，大胆地摆出空城计。为防止东家有♣9，明手送出♣J，西家欣然收下。西家并连拿4墩梅花，明手、暗手都需要垫牌，莫瑞笃定西家不再有小方块，再使空城计，将两手的5张方块全部垫掉！最后3张牌，明手、暗手、西家各持有3张红心。

最终，西家只好从手中打出♥5，莫瑞坚定地从明手放小，结果庄家的♥J和明手的♥A–K得到最后3墩牌，完成定约！

# 第三节　单花色挤牌（One–Suit Squeeze）

大多数挤牌都是包含两门以上花色的。但是，在挤牌投入的打法中，可以打出针对单一花色的挤牌。这种挤牌是指防守人在一门花色上，无论是垫中等大牌，或是垫小牌，挤牌方均可以借助特定的牌张结构，使这位防守人被投入，不得不向挤牌方的嵌张出牌。

**基本定式【87】　单花色挤牌基本型一**

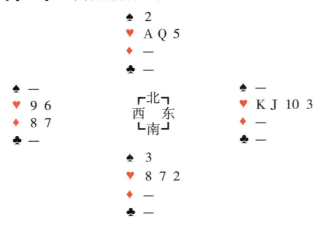

这是一个 4 张牌的残局，其特点和打牌过程为：

1. 东家只有 ♥ 一种花色，其他花色都已经被剥光。

2. 南家打出 ♠3，东家如果垫 ♥3，则下轮南家出 ♥2，无论西家怎么出，北家出 ♥5，东家都会被投入，不得不将最后两墩 ♥ 送给北家。

3. 南家打出 ♠3，东家如果垫 ♥J（或 ♥10），试图依靠同伴摆脱被投入的命运，则下轮南家出 ♥7，西家此时最正确的打法是上 ♥9，则北家一定要用 ♥Q 盖上，逼东家用 ♥K 取，而最后两墩，东家不得不承受垫 ♥J（或 ♥10）的后果，将自己的 ♥10-3 送给南北家 ♥A-8 的嵌张里。

4. 这里东家的两张中等 ♥ 大牌 ♥J、♥10 均比西家的 ♥9 要大。否则，东家有机会在同伴的帮助下，避免被投入。

这种局势还可以是以下的残局：

**基本定式【88】　单花色挤牌基本型二**

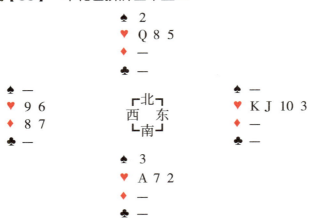

在打法上，这种局势完全等同于基本定式【87】。

**实战牌例〖61〗：瞒天过海（让·贝斯，Jean Besse）**

瑞士名将贝斯原是一位数学家，并在电脑方面有很深的造诣，因此他被誉为"教授牌手"。凭借数学家的天赋，贝斯在桥牌界有着极高的实力和威望。下面就是 1966 年欧洲锦标赛上贝斯打出的一个牌例。

北家发牌　双方有局

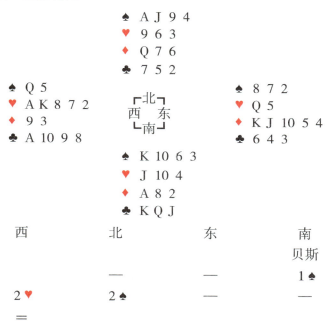

|西|北|东|南|
|---|---|---|---|
| | | |贝斯|
| | | |1 ♠|
|2 ♥|2 ♠|—|—|
|=| | | |

西家首攻 ♥K，东家跟出 ♥Q，西家续拿 ♥A 并再出第三轮红心给东家将吃，东家回出小梅花，西家以 ♣A 得进。这样，防守方便一连拿到 4 墩牌。

此时，西家若换出 ♦9，即可使东家擒获明手的 ♦Q，从而再拿到两墩方块击败定约。然而在实战中，西家继续出 ♣10，给庄家得以喘息的机会。贝斯以 ♣Q 进手后，鉴于东家曾将吃过一次红心而选择兑现 ♠A、♠K 的将牌打法，结果成功地击落了西家的 ♠Q。

过了将牌处理这一关，贝斯要完成定约仍然要避免丢两墩方块。贝斯分析，西家"二盖一"争叫 2♥ 表示其持有 11–15 点大牌，而他已经相继打出 ♥A、♥K、♣A 和 ♠Q 共计 13 点大牌，因此 ♦K 大概率是在东家手中，也就是说，飞西家 ♦K 的打法，很难成功。

于是，贝斯兑现 ♠J 和 ♠10，西家先后垫 ♥7 和 ♣8，东家则垫掉 ♦4 和 ♣6。此时最后 4 张牌的残局形势如下：

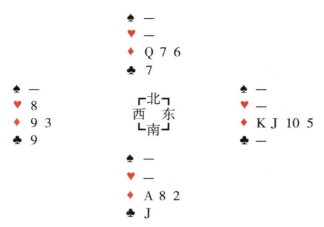

面对庄家打出的 ♣J，东家为难了：因为如果垫掉 ♦5，则庄家就将接着打出小方块并从明手放小投入东家之手，从而迫使他回出方块送给明手的 ♦Q 和庄家手中的 ♦A 拿到最后两墩牌。因此，东家在实战中尽了最大努力——垫掉 ♦10，期待西家持有 ♦9-8。

贝斯续出 ♦2，并用明手的 ♦Q 盖打了西家的 ♦9，东家只得以 ♦K 吃进，但随后东家只得从 ♦J-5 出牌，庄家依靠手中的 ♦A-8 拿到最后两墩牌，完成定约（注：最后局势为基本定式【88】）。

还有一种单花色挤牌的情况，挤牌方在最后 4 墩牌里只需要拿到 2 墩，也就是说，可以送给防守方两墩牌。

**基本定式【89】　单花色挤牌基本型三**

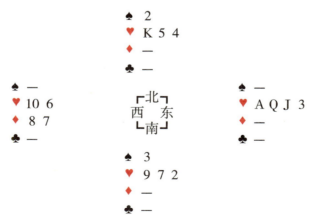

这种 4 张牌的残局形势，其特点是南北方只需取得 2 墩即可。同样地，南家打出 ♠3，东家单套受挤。其打法同基本定式【87】【88】，在此不再赘述。

**实战牌例〖62〗：借尸还魂**（佩特罗·福奎特，Pietro Forquet）

这副牌出现在一次意大利国内的锦标赛上，从中可以看到桥牌顶级高手的缜密与细腻。

**南家发牌　双方有局**

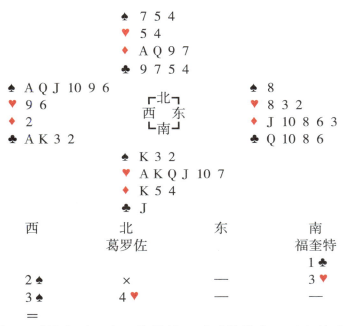

| 西 | 北 | 东 | 南 |
|---|---|---|---|
| 葛罗佐 | | | 福奎特 |
| | | | 1♣ |
| 2♠ | × | — | 3♥ |
| 3♠ | 4♥ | — | — |
| = | | | |

西家的2♠叫品表示至少6张黑桃，开叫的牌力。西家首攻♣A，再出♣K，东跟出♣8和♣6。摆在福奎特面前的关键问题是如何处理黑桃，使之不失3墩，而♠A显然是在西家手上。

福奎特决定先要尽可能了解西家的牌情。他先调了两轮将牌，东西两家都正常跟出。现在确定知道西家至少有6张黑桃（从叫牌中得知）、2张♥和2张♣。如果他剩下的3张都是♦的话，定约就简单了，明手的最后一张方块可以垫去手上一个黑桃失张。此时，福奎特并没有急于从手上调第3轮将牌，因为明手会有垫牌困难。福奎特并没有小看明手♠7的重要性。

福奎特从手中出小方块到明手的♦A，再将吃一张梅花。他看到，西家又跟出梅花，这就说明方块3-3的机会没有了。西家的方块最多只有2张（2张红心，3张梅花和至少6张黑桃）。接下来，他调第三轮将牌，明手现在可以垫掉无用的♦7，保留全部3张黑桃和1张梅花。

在第三轮将牌时，西为防止落入终局打法，垫掉♠Q。当庄家兑现♦K时，

西家又垫了♠J。然后，福奎特打出♦5给明手的♦Q，西家垫掉♣3。这时最后4张牌的残局如下：

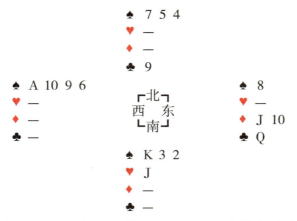

现在明手出♣9，暗手用♥J将吃回手。西家在单套受挤，如果他垫♠6，庄家会出小♠送给他，迫使他再送给南家的♠K一墩。即使西家剩下的是♠A-10-8，南家也只能这样打。

西家此时做出了最好的防守，垫去了♠9，这样就给庄家出了最后一个难题：西家手上的3张♠是♠A-10-8还是♠A-10-6？如果是前者，此时手上出小♠就是正确的打法。如果是后者，出小♠东家就有可能上手，西家成功地避开投入陷阱。

福奎特从西家垫♠9时的犹豫中找到了答案。福奎特果断打出♠K，西家用♠A赢进，击落了东家的♠8。西家再兑现♠10。但不得不把最后一墩送给明手的♠7（注：最后局势为基本定式【89】）！

# 第四节　超级挤牌投入

本节将介绍几种并不常见的"挤牌＋投入"的打法，笔者称它们为超级挤牌投入。笔者试图通过这几个定式，展现挤牌投入的巨大威力。

第一种局势，是利用投入张进行挤牌，投入一个防守人的同时，对另一个防守人实施挤牌。

**基本定式【90】　超级挤牌投入一**

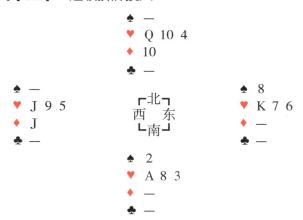

对西家来说，其正面临着一个护张挤牌。这个局势中，挤牌张 ♠2 是一个输张，也是一个投入张。当南家打出 ♠2 时，西家为保留 ♦J，只能垫掉 ♥5，明手现在可垫掉 ♦10。东家 ♠8 进手后即被投入，只能出红心，南家连飞带打，赢得 3 墩红心。

南家打出 ♠2，西家如果认为明手无进手张而垫 ♦J 也不行，在投入东家后，明手的 ♥Q 就成为一个确定的进张，可以兑现做大的 ♦10。

奥特里克和凯尔西在他们的经典著作《桥海历险记》中介绍了此类并无进张通往威胁张的挤牌，威胁张就像在月球上一样，因此，书中将此类挤牌形象地称为"月球威胁挤牌"。

**实战牌例〖63〗：借刀杀人（爱华特·肯普森，Ewart Kempson）**

肯普森是英国桥牌专家，《桥牌》杂志编辑。1952 年欧洲队式锦标赛上，他担任英国女子桥牌队教练，带队夺得赛事冠军。下面这副牌出自 1949 年英国北—南方桥牌赛上。

南家发牌　双方有局

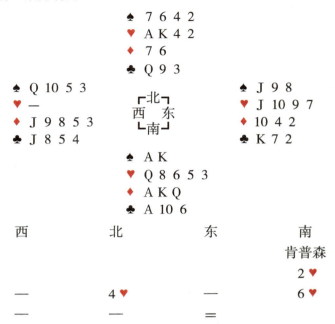

```
                    ♠ 7 6 4 2
                    ♥ A K 4 2
                    ♦ 7 6
                    ♣ Q 9 3
    ♠ Q 10 5 3              ┌─北─┐        ♠ J 9 8
    ♥ —               西 │      │ 东        ♥ J 10 9 7
    ♦ J 9 8 5 3              └─南─┘        ♦ 10 4 2
    ♣ J 8 5 4                               ♣ K 7 2
                    ♠ A K
                    ♥ Q 8 6 5 3
                    ♦ A K Q
                    ♣ A 10 6
```

| 西 | 北 | 东 | 南 |
|----|----|----|----|
|    |    |    | 肯普森 |
|    |    |    | 2♥ |
| — | 4♥ | — | 6♥ |
| — | — | = |  |

从现代叫牌来看,这副牌的叫牌过程较为粗糙。但是6♥还是"不错的"定约,至少在第二墩情况暴露前是这样的。

西家首攻 ♦5,肯普森用 ♦A 停住。如果将牌不比 3–1 分布更坏,肯普森直接可以摊牌了。但是,第二墩肯普森出 ♥3,西家垫出 ♦3,定约一下子成为"不可能完成的任务"。

肯普森分析得出,要完成定约,一定需要特定的牌张结构。于是肯普森开启了他的神奇之旅。首轮将牌明手 ♥A 取得后,出黑桃交给暗手的 ♠A,再出 ♠K。第二轮将牌到明手的 ♥K,明手出 ♠6 让暗手将吃(剥光了东家的黑桃花色),庄家手上兑现 ♦K。

庄家再出 ♦Q,明手并不垫牌(目的是保留挤牌结构),而是将吃!这时又剥光了东家的方块花色。明手出 ♥4 递给暗手的 ♥Q,此时最后 4 张牌的残局如下:

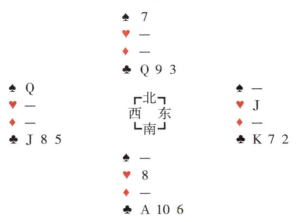

现在，肯普森祭出杀招，送出 ♥8！首先西家受挤，为保留 ♠Q 只好垫
♣5，明手则扔掉 ♠7。东家此时被投入，只好出梅花，庄家从而全取 3 墩梅花，
完成定约（注：最后局势为基本定式【90】）。

第二种局势，则是对一个防守人进行次级挤牌加投入的打法。这种打法可
以看作是次级挤牌基本定式【68】和挤牌投入定式【83A】的结合体。一方面，
利用次级挤牌，在弱花色上做出一个赢墩，另一方面，利用挤牌投入局势，如
同定式【83A】，逼迫防守人从嵌张结构中出牌，使得原来没有进手可能的北家，
有机会兑现次级挤牌所带来的赢墩。

这种局势，挤牌方在强花色上为 3 张牌的投入结构。因此，这是一个 5 张
牌的残局。

### 基本定式【91】  超级挤牌投入二

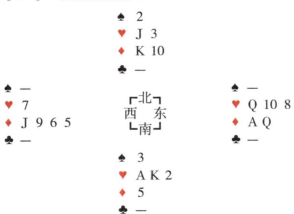

打牌过程是这样的：南家打出 ♠3，东家无法垫牌。东家在强花色 ♥ 上不
能垫牌，只好垫 ♦Q，留下孤张 ♦A。南家手上送出 ♦5，北家出 ♦10 即可逼下

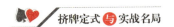

东家的 ♦A。此时，北家的 ♦K 已经做大，但无法进手。在这一墩上，东家却被投入！于是，北家就有进手的机会了。东家被投入后顽强地攻出 ♥Q，南家用大牌止住后，再用 ♥J 进入明手，兑现做大的 ♦K。这样，挤牌方就能取得最后 5 墩牌中的 4 墩。

### 实战牌例〖64〗：借尸还魂（新睿桥友"佚名"）

新睿桥牌是目前国内非常成功的桥牌在线平台，现已云集了众多高手。下面这个牌例就是新睿桥友"佚名"打出来的，在此与大家分享（本牌例为笔者根据软件中的实战过程整理，做庄思路未与主打人确认）。

东家发牌　南北有局

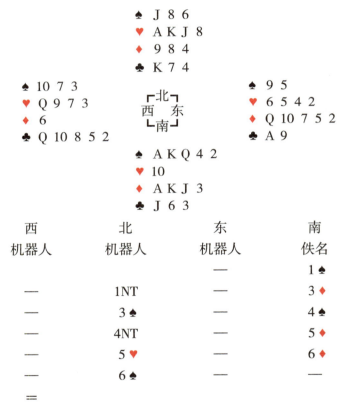

```
                    ♠ J 8 6
                    ♥ A K J 8
                    ♦ 9 8 4
                    ♣ K 7 4
  ♠ 10 7 3                        ♠ 9 5
  ♥ Q 9 7 3      ┌─北─┐          ♥ 6 5 4 2
  ♦ 6         西 │     │ 东       ♦ Q 10 7 5 2
  ♣ Q 10 8 5 2   └─南─┘          ♣ A 9
                    ♠ A K Q 4 2
                    ♥ 10
                    ♦ A K J 3
                    ♣ J 6 3
```

| 西 | 北 | 东 | 南 |
|---|---|---|---|
| 机器人 | 机器人 | 机器人 | 佚名 |
| | | — | 1♠ |
| — | 1NT | — | 3♦ |
| — | 3♠ | — | 4♠ |
| — | 4NT | — | 5♦ |
| — | 5♥ | — | 6♦ |
| — | 6♠ | | |
| = | | | |

南北家叫牌积极进取，最终叫到了 6♠ 定约。

西家首攻 ♦6，明手摊下牌来。对庄家来说，明手的大牌点力尚可，但牌型较差，6♠ 注定是一个艰难的定约。

庄家此时冷静地分析，南家在叫出 3 个关键张及持有 ♦K 的情况下，西家首攻出来的 ♦6 极有可能是个单张。如果可能飞中 ♥Q，加上 ♦ 花色上获得的自由飞，定约人就有了 11 个赢墩。但同时，西家未能攻出 ♣A，也很有可能表明他并未持有 ♣A。在 ♣A 位置不利的情况下，庄家在两门低花上各有一个输张需要处理，只能依靠挤牌。

面对首攻 ♦6，明手放 ♦9，东家盖上 ♦10，庄家用 ♦J 取得。南家先处理将牌，♠A、♠K 两轮将牌时，东西两家均有跟出。

庄家手上出 ♥10，西家放小，明手放小成功飞过。然后南家再出将牌进入明手，兑现 ♥K、♥A，手上则垫掉两个小 ♣，遗憾的是 ♥Q 未被击落，明手再出 ♥J，手上将吃。最后 5 张牌的残局如下：

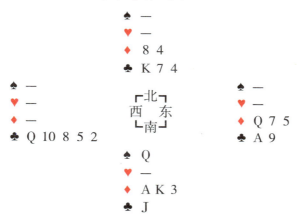

现在，庄家兑现 ♠Q，明手垫 ♣4，东家无法垫牌。东家肯定不能垫 ♦，只好垫 ♣9。现在庄家从手上送出 ♣J，西家、明手都跟小，投入东家的同时，又做大了明手的 ♣K。

更绝妙的是，本来在简单次级挤牌中，明手的 ♣K 即使做大也无法上手，但由于东家被投入，明手现在有机会用 ♦8 进手兑现 ♣K 赢张。

**简评：**绝处逢生！这副牌展现出挤牌的无穷魅力，看起来不可思议的打法，但又合情合理。这副牌也是一个可以被称为"月球威胁"的挤牌。

第三种局势，则是通过挤牌投入可以为庄家带来两个赢墩。这种挤牌其实是从十字交叉次级挤牌定式【70A】演化过来的。

## 定式【70B】 十字交叉型次级挤牌变型二

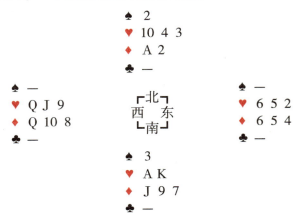

现在，假设将南家的 ♥ 花色 ♥A–K 结构换成为 ♥A–Q，西家持 ♥K–J–9，如果需要这种挤牌依然成立的话，就要给北家的红心再增加一张牌（让红心成为两赢墩胁张花色）。

## 基本定式【92】 超级挤牌投入三（Belladonna Strip Squeeze）

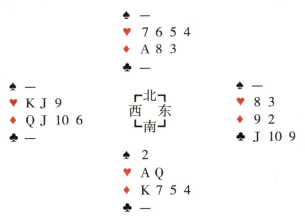

这种 7 张牌的残局中，南北家只有 4 个快速赢墩，但是通过挤牌投入可以多做出 2 个赢墩。这种局势是贝拉多纳在加拿大温尼伯（Winnipeg）打出来的，《桥牌大百科全书》中将其命名为"贝拉多纳剥光挤牌"。

这个残局的特点是：

1. 在 ♥ 花色上，南家拥有一个嵌张结构，威胁西家，同时，这门花色本身还是一个两赢墩的次级胁张，即西家一旦垫掉小红心，南北家通过送出这门花色，立刻会增加 2 个赢墩。

2. 在 ♦ 花色上，南北家持有一个长胁张的次级胁张，西家垫掉这门花色后，可以为挤牌方多做出一个赢墩。

南家打出 ♠3，西家面临一个艰难选择：垫红心，直接为挤牌方带来两个赢墩。而垫方块，南北家出方块，第三轮方块上西家将会被投入，庄家做好一个方块赢墩的同时，还会得到红心花色上的一个自由飞，这样也是增加两个赢墩。

这个残局可以简化成 6 张牌的残局，即 4 家牌均减少一张 ♦，相当于南家早期兑现了 ♦K，但北家的 ♦A 则是必须保留的。

### 实战牌例〖65〗：趁火打劫（乔吉奥·贝拉多纳，Giorgio Belladonna）

1970 年夏里夫桥牌表演队访问北美，与美国 Ace 桥牌队展开 4 场对抗赛。为推广加拿大桥牌运动，其中一场比赛被安排在加拿大温尼伯市举行。在此，诞生出以下这副伟大的牌例。笔者个人观点，如果评选"20 世纪最精彩的牌例"，这副牌绝对可以入围前三名。

**西家发牌　南北有局**

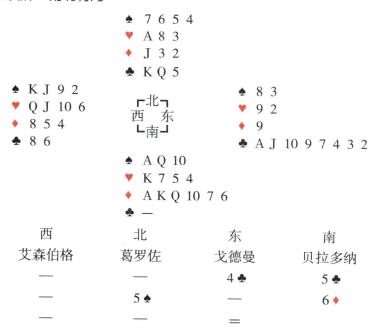

| 西 | 北 | 东 | 南 |
|---|---|---|---|
| 艾森伯格 | 葛罗佐 | 戈德曼 | 贝拉多纳 |
| — | — | 4♣ | 5♣ |
| — | 5♠ | — | 6♦ |
| — | — | = | |

叫牌起点就是 4 阶，东家阻击叫 4♣，持有贝拉多纳的牌看上去加倍是最合适的。然而，只要有一星半点的理由就不肯减慢叫牌节奏的贝拉多纳却叫出了 5♣。西不叫，葛罗佐叫 5♠，东不叫，贝拉多纳发现自己处于进退维谷的境地。

如果北只有 4 张黑桃，5♠ 定约将是不容乐观的，而叫 6♦ 又毫无把握。

看来不得不在两条都布满荆棘的路中进行选择了。贝拉多纳考虑了很久，还是选择了一旦成功将带来巨大好处的 6♦ 定约。

在另一桌上，南北方的小雅各比和沃尔夫也叫到 6♦ 定约，不过小雅各比选择了飞黑桃，定约很快以失败告终。

在这一桌，西家艾森伯格首攻 ♣8，明手出 ♣K，东家盖上 ♣A，庄家将吃。

定约前景并不光明，红心确定有一个输张，♣K 大概率又是在西家手上，因此，贝拉多纳经过长考，决定采用挤牌打法，因为很可能西家手中的两门高花都不少于 4 张。

第二墩，他手上用 ♦A 清将，再出小将牌到明手的 ♦J，用 ♣Q 垫掉手上的 ♠10！然后，再打两轮将牌，形成如下 7 张牌的残局：

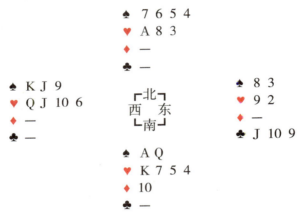

当贝拉多纳出最后一张将牌时，西家已难逃受挤的厄运。如果西家垫一张 ♥，庄家可以连续打 3 轮 ♥，不但树立了第四墩 ♥，同时也完成了投入，迫使西家向南家 ♠ 的嵌张结构出牌；如果西家垫一张 ♠，贝拉多纳则扔掉明手的一张小 ♥，拔去 ♠A，送出 ♠Q，明手就树立出两个 ♠ 赢张。

**简评**：对于这样的打法，怎样赞美都不为过。以至于多年以后，当时的西家、身经百战的艾森伯格回忆起这副牌时，仍由衷钦佩地说："作为防家，这是我见到的打得最精彩的一手牌。"

在"贝拉多纳剥光挤牌"残局中，挤牌方通过挤牌投入可以多做出 2 个赢墩。同样地，下面这种局势也可以为挤牌方赢得两个赢墩，它其实也是一个挤牌投入和一个次级挤牌的结合体。

## 基本定式【93】　超级挤牌投入四（Two-Winner Strip Squeeze）

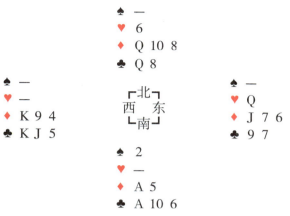

这个残局的特点是：

1. 在两门低花上，南家、北家均持有一个嵌张结构，威胁西家，即西家在两门低花上都存在被投入的可能。

2. 同时，在两门低花上，南家、北家又持有一个次级胁张，即无论西家垫掉哪一门低花，南北两家都可以在该门花色上多做出一个赢墩。

南家打出 ♠2，明手抛掉 ♥6，西家受挤。如果西家垫 ♦4，庄家就先后出 ♦A、♦5 投入他的手上，西家只能向着南北家的梅花嵌张出牌，与此同时，庄家也做大了明手的 ♦Q。如果西家选择垫 ♣5，庄家就先后出 ♣A、♣6 投入他的手上，西家也只能向着南北家的方块嵌张出牌，而这时暗手的 ♣10 也做大了。

这种结构与贝拉多纳剥光挤牌的不同点在于，南北方并不持有两赢墩胁张。

### 实战牌例〖66〗：浑水摸鱼（新睿桥友"tiger98"）

近期，好友"tiger98"在新睿中打出了下面这副牌，亦是难得的佳作。

**南家发牌　东西有局**

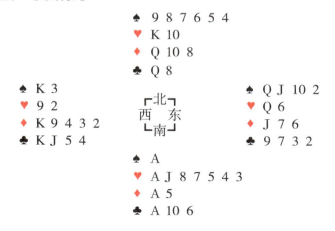

| 西 | 北 | 东 | 南 |
|---|---|---|---|
|  |  |  | 1♥ |
| — | 1♠ | — | 3♥ |
| — | 4♥ | — | 4NT |
| — | 5♣ | — | 5♦ |
| × | 5♥ | — | 6♥ |
| — |  | = |  |

　　定约的确是叫高了，庄家在两门低花上均有一个不可避免的输张，梅花上还可能不止一个。这个 6♥ 定约几乎是"不可能完成的任务"。

　　西家首攻 ♥2。庄家并没有放弃，鉴于西家曾经加倍过 5♦，表明其在方块上有大牌，如果他在梅花上也持有大牌时，可以对其实施终局打法。经过长考之后，庄家开始踏上一条神奇之旅。

　　首墩将牌，明手上 ♥10，东家盖上 ♥Q，南家用 ♥A 吃住。

　　明手只有一个进手张 ♥K，因此，庄家必须利用好这个宝贵的进手张。庄家第二墩拔掉手上的 ♠A，再出小将牌进入明手，此时两家均有将牌跟出，明手出小黑桃，给手上将吃。这轮黑桃将吃至关重要，后面我们会发现它的作用。

　　接下来，庄家就开始连续兑现将牌，形成如下 6 张牌的残局：

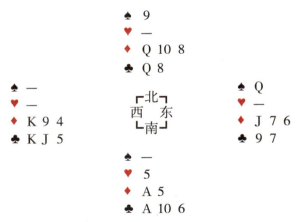

　　此时，南家再出 ♥5，明手抛掉 ♠9，西家受挤。如果他垫 ♦4，庄家就用 ♦A 和 ♦5 投入他的手上，西家只能向着庄家的梅花嵌张出牌，与此同时，庄家也做大了明手的 ♦Q。如果他选择垫 ♣5，庄家就用 ♣A 和 ♣6 投入他的手上，西家也只能向着庄家的方块嵌张出牌，这时暗手的 ♣10 也做大了。

　　**简评**：需要说明的是，要打成最后的残局，西家是不能够有第三门花色的，否则西家可以跳出投入陷阱。因此，在本副牌中对西家牌张的要求是，西家持有 ◆K、♣K 和 ♣J 三家大牌，并且他的黑桃花色不能多于 2 张。

第五种局势，则是在投入过程中，会形成一种双向投入，即两个防守人都会遭遇到挤牌投入，这样在特定牌张组合下，投入任何一个防守方，挤牌方都能多做出一个赢墩。

### 基本定式【94】　超级挤牌投入五

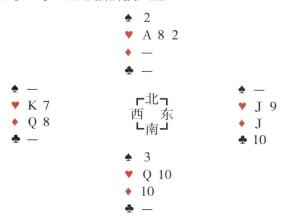

最后 4 张牌，南北方只有 2 个快速赢墩，但是通过挤牌投入，南北方可以获得第 3 个赢墩。这种局势的特点是：

1. 强花色 ♥ 上，这种嵌张组合呈现谁先动谁吃亏的结构。

2. 弱花色 ◆ 上，西家、东家都有被投入的可能。

南家打出 ♠3，首先，西家要避免被投入，他必须垫 ◆Q，否则这是对西家最典型的挤牌投入。

还是在这一墩上，现在又轮到东家受挤了。这时东家必须保留 ◆J；如果他垫保护张 ♥9，南家就有出 ♥Q 倒飞 ♥K、击落 ♥J 的手段，因此，这墩他只能垫 ♣10。

然后，南家出 ◆8 送给东家的 ◆J，东家被投入了。东家出 ♥J，南家就上 ♥Q；东家出 ♥9，南家就上 ♥10，最后两墩 ♥ 都会被南北方得到。

在这种局势下，还可以增加一些内容，形成更奇妙的残局。

## 基本定式【95】 超级挤牌投入六

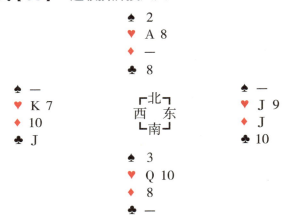

```
                    ♠ 2
                    ♥ A 8
                    ♦ —
                    ♣ 8
    ♠ —           ┌北┐           ♠ —
    ♥ K 7        西   东          ♥ J 9
    ♦ 10          └南┘           ♦ J
    ♣ J                          ♣ 10
                    ♠ 3
                    ♥ Q 10
                    ♦ 8
                    ♣ —
```

这种局势中，南北方增加了在♣花色上的威胁张，这样就出现了东西双方都有机会参与♦和♣花色上的防守。其中的变化是这样的：

1. 南家打出♠3，西家首先不能垫♥7，否则南家就直接击落了单张♥K。

2. 西家不能垫♣J，否则，东家为保留♣10，只能垫♦J或♥9。东家垫♦J，就演变成对西家的挤牌投入；东家垫♥9，就失去了对♥J的保护，南家就可以出♥Q，飞铲东家的♥J而在红心上取得两墩。

这样，西家只好垫掉♦10，东家此时为了保留♦J和♥9，只好垫掉♣10。

这时，南家送出♦8给东家的♦J，此时不再是投入打法，而是转化成为基于基本定式【2】的输张挤牌。

### 实战牌例〖67〗：反间计（让·贝斯，Jean Besse）

这又是贝斯奉献的一个精彩的主打牌例。这副牌被评为1979年最佳牌局之一。

**南家发牌　南北有局**

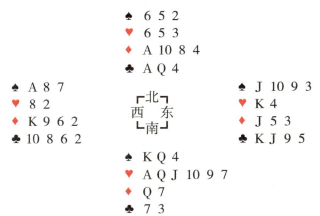

```
                    ♠ 6 5 2
                    ♥ 6 5 3
                    ♦ A 10 8 4
                    ♣ A Q 4
    ♠ A 8 7       ┌北┐          ♠ J 10 9 3
    ♥ 8 2        西   东         ♥ K 4
    ♦ K 9 6 2     └南┘          ♦ J 5 3
    ♣ 10 8 6 2                   ♣ K J 9 5
                    ♠ K Q 4
                    ♥ A Q J 10 9 7
                    ♦ Q 7
                    ♣ 7 3
```

| 西 | 北 | 东 | 南 |
|---|---|---|---|
| | | | 贝斯 |
| | | | 1 ♥ |
| — | 1NT | — | 3 ♥ |
| — | 4 ♥ | — | — |
| = | | | |

贝斯坐南，主打 4♥ 定约。看起来定约人在黑桃上有 2 个输张，方块和梅花各有 1 个输张，定约前景黯淡。

西家首攻 ♣2，明手放上 ♣Q 飞，结果输给东家的 ♣K。东转攻 ♠J，定约人盖上 ♠Q，西家用 ♠A 吃进。西继续攻 ♠8，东跟出 ♠3，南家用 ♠K 止住。

第四墩贝斯出小梅花到明手的 ♣A。然后从明手出小将牌，东家放小，南家用 ♥Q 成功飞过，再出 ♥A 清光了外面的将牌，接着继续调三轮将牌，形成如下 4 张牌的残局：

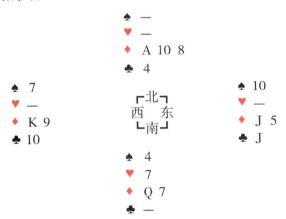

此时，贝斯继续打出最后一张将牌 ♥7，西家担心在黑桃花色被投入，选择垫掉 ♠7 而保留 ♣10，明手则垫 ♦8，东家必须保留 ♠10 和两张 ♦，只好垫掉 ♣J，形成以下残局（注：局势为基本定式【95】）。

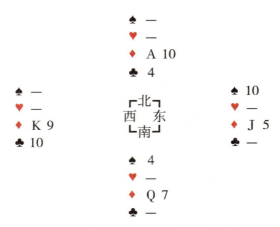

贝斯现在送出 ♠4 给东家的 ♠10！西家被自己同伴的赢张挤住。贝斯取得了最后两墩（注：最后局势为基本定式【2】的输张挤牌）。

# 第五节　进张类挤牌投入

前 4 节主要介绍的是嵌张类的挤牌投入，本节我们关注另外一类，也就是进张类挤牌投入。此外，在嵌张类挤牌投入中也会存在进张问题。

## 第一小节　踏脚石挤牌（Stepping-stone Squeeze）

踏脚石挤牌是由特伦斯·里斯分析并命名的。它可以看作是在半阻塞单挤变型【1G】的基础上演化过来的：

**基本定式【96】　踏脚石挤牌基本型一**

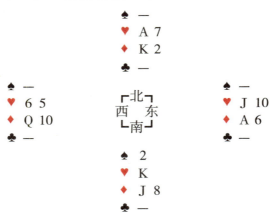

这种 4 张牌的残局形势，其特点和打牌过程如下：

1. 南北家在强花色 ♥ 上，有 2 个快速赢墩，但由于形成阻塞问题，只能兑现到 1 个赢墩。但是，在强花色 ♥ 上，东家仍然不能垫牌，否则明手的 ♥A 超吃 ♥K 后，南北可以取得 2 个赢墩。

2. 西家持有 ♦Q，也参与到防守进程中。东家是挤牌目标，他可以在北家之后垫牌，因此，南北方无法在弱花色 ♦ 上做出新的赢墩。

南家打出 ♠3，北家垫 ♦2，东家为保留两张红心，只好垫掉 ♦6。南家这时必须先出 ♥K 解封，再送出方块给东家的 ♦A。最后一墩，东家打回红心，送给明手的 ♥A。

形象地说，东家是挤牌方进入明手、拿到 ♥A 赢墩的"踏脚石"。这种挤牌也是双向的。

## 实战牌例〖68〗：假道伐虢（赫维·穆伊尔，Herve Mouiel）

法国名将穆伊尔是位很有才华的牌手，在牌桌上经常能打出精彩绝伦的牌局。他主打的下面这副牌，获得 1994 年 IBPA 年度最佳做庄奖。

**南家发牌　双方有局**

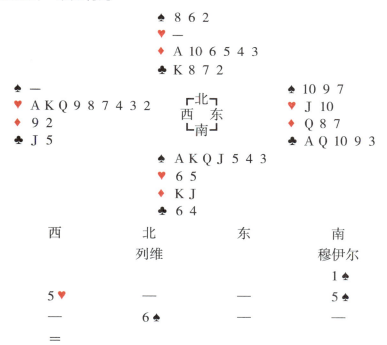

| 西 | 北 | 东 | 南 |
|---|---|---|---|
|  | 列维 |  | 穆伊尔 |
|  |  |  | 1♠ |
| 5♥ | — | — | 5♠ |
| — | 6♠ | — | — |
| = |  |  |  |

西家首攻 ♥A，明手将吃，东家跟出 ♥J。

穆伊尔分析，从西家 5♥ 阻击来看，东家持有 ♣A 的可能性更大。他很庆幸，

西家没能发现梅花这一致命首攻。由于明手可以将吃两次♥，定约人已有 11 墩在手。现在的关键问题是如何利用方块套垫掉 1 个梅花输张。但穆伊尔并没有把希望仅仅放在击落双张♦Q 上。庄家分析，西家持有红心长套，他的其他花色都很短。而东家要防守两门低花，最后终局的垫牌会出现困难，而且东家持有♦Q 的可能性更大。

因此，明手在将吃首轮红心后，立即从明手出小♦，东放小后，他坚定用♦J 飞！接着，他又出小♥交给明手将吃，然后开始动将牌，连续兑现 6 轮将牌后的残局形势如下：

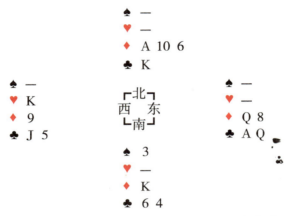

穆伊尔现在打出最后一张将牌♠3，明手垫♦6，东家陷入垫牌困境。东家为了保留两张方块，只好不情愿地垫掉♣Q。穆伊尔已经完全清楚了东家的牌情，他随即兑现♦K，然后出小梅花给东家的♣A，东家将会为庄家解决没有桥进入明手的问题，把最后一墩交给明手的♦A（注：最后局势为基本定式【96】）。

如果庄家早期不飞东家的♦Q，那么最后会形成如下 5 张牌的残局：

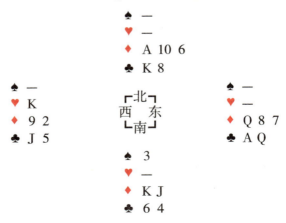

庄家此时出将牌♠3，明手垫♣8，东家可以垫♣Q。南家兑现♦K，然后再送出♣4给东家。这时东家唯一正确的回牌，是攻出♦8。这会让庄家处于两难的境地：如果南家用♦J赢得，暗手就会再输一墩给西家的♣J；如果北家用♦A盖吃南家的♦J，明手就会再输一墩给东家的♦Q。这是由于南北方的方块形成阻塞，如果北家的♦10同南家的♦J位置互换，就不会出现上述问题。这种情况下，终局打法就是嵌张类挤牌投入的打法（注：最后局势为定式【84B】）。

　　简评：这副牌中关键的一招是飞东家的♦Q。诚然，这种"看似不必要的"飞牌存在风险，但在这副牌中，则是唯一正确的打法。

　　我们在基本定式【96】的基础上，把东西两家弱花色的牌张调整一下，就会得到一个新的局势：

### 基本定式【97】　踏脚石挤牌基本型二

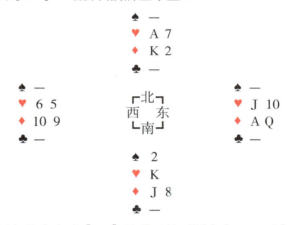

　　这个残局与基本定式【96】最明显的不同点在于，西家并没有参与防守。对南北家来说，多了一种打法，即当东家只好垫掉弱花色上的♦Q后，他既可以按【96】的打法来打，也可以按次级挤牌来打，即不兑现♥K，而是直接送出小♦，做大手上的♦J，然后手上的♥K就是兑现♦J的进手张。

　　这种挤牌局势也可视为次级挤牌基本定式【67】的变型。如果给4手牌的♥花色各增加1张小牌，即为基本定式【67】。

**实战牌例〖69〗：借刀杀人**（罗萨琳·芭兰德瑞格特，Rosaline Barendregt）

　　"白宫杯"国际青年桥牌赛是荷兰桥协举办的一项重要青年赛事，2008年共有24支队伍参加了角逐。在这届比赛中，荷兰女牌手罗萨琳奉献了如下牌例，她也凭借这副牌获得了2008年度IBPA"青年最佳奖"。

南家发牌　东西有局

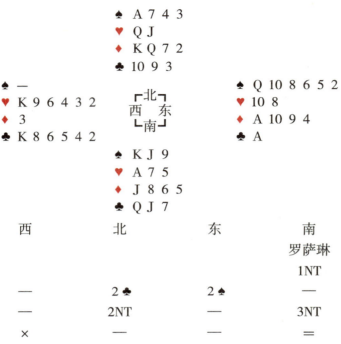

```
                          ♠ A 7 4 3
                          ♥ Q J
                          ♦ K Q 7 2
                          ♣ 10 9 3
        ♠ —                               ♠ Q 10 8 6 5 2
        ♥ K 9 6 4 3 2       北            ♥ 10 8
        ♦ 3             西      东         ♦ A 10 9 4
        ♣ K 8 6 5 4 2       南            ♣ A
                          ♠ K J 9
                          ♥ A 7 5
                          ♦ J 8 6 5
                          ♣ Q J 7
```

| 西 | 北 | 东 | 南 |
|---|---|---|---|
|  |  |  | 罗萨琳 |
|  |  |  | 1NT |
| — | 2♣ | 2♠ | — |
| — | 2NT | — | 3NT |
| × | — | — | = |

叫牌过程中，北家如果对 2♠ 加倍并非惩罚性加倍，只好以 2NT 显示实力。南家看到自己的 ♠ 结构位置有利，所以加叫到 3NT。西家最后的加倍是基于东家在单有局的情况下主动二阶争叫。

西家首攻 ♣2，东家用 ♣A 拿到，然后转攻 ♥10，庄家手上放小，西家用 ♥K 得墩后再出小 ♥，明手用 ♥Q 取得。

从首攻及叫牌过程来看，西家的 ♠ 是缺门，而东家的 ♣A 很像是单张。定约人可以取得 4 墩 ♠、2 墩 ♥、2 或 3 墩 ♦，以及 1 墩 ♣，但明暗两手之间的联通十分不好。要全取 4 墩 ♠ 需要明手有 3 个进张，这会遭到对手的竭力破坏。另外，在 ♦、♣ 上连续脱手时，对手的 ♥ 长套也会构成威胁。

罗萨琳先从明手出黑桃，东家放小，她以 ♠9 进行标明的飞牌，西家果然告缺，垫了一张小 ♣。庄家再打 ♦ 到明手的 ♦Q，所有人都跟小。庄家再飞一次 ♠。

现在定约到了关键时刻，如果 ♦ 花色是理想的 3-2 分布，定约就太简单了，♦ 套可以形成非常舒服的进手，但如果不是，赢墩和联通两方面会同时出现问题。此时，庄家避开了拔 ♠K，再出 ♦ 的简单打法，而是从手上出 ♦J，保留额外的机会。西家再次垫牌，显示出其 0-6-1-6 的牌型，而东家正确地忍让，不给明手额外的进张。

由于定约人在方块花色上降为 2 个赢墩，不得不从梅花上拓展新的赢墩。对庄家有利的是，东西两家的联通也不好。

庄家决定借西家之手让东家出现垫牌困难，她从手中打出 ♣Q，西家用 ♣K 取得这一墩，接着再出小 ♣（回出小 ♥ 也一样），庄家停在暗手，东家在两轮梅花中连垫 2 张小 ♠，此时最后 4 张牌的残局形势如下：

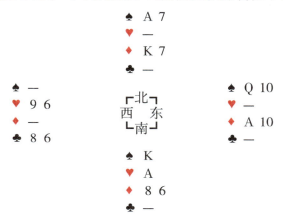

现在南家兑现 ♥A，明手垫掉 ♦7，东家无法垫牌了。东家为了保留两张黑桃，只好垫掉 ♦10。罗萨琳现在既可以直接顶下东家的 ♦A，也可以拔掉 ♠K 后投入东家，以踏脚石的方式拿到 ♠A 作为第 9 墩（注：最后局势为基本定式【97】）。

东家也可以在第 7 墩时做出另外一种努力。他在吃住 ♦J 后，借庄家黑桃花色形成阻塞之际，立即出 ♦10 顶下明手的 ♦Q。但庄家依然可以送出 ♣Q，之后兑现 ♣J 和 ♥A，就能在 ♠ 和 ♦ 两套上完成对东家的单挤。西家也可以拒拿 ♣Q，但针对东家的投入，并以其为桥兑现 ♠A 的打法依然存在。残局会是这样的情况：

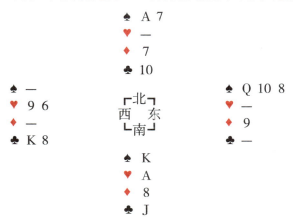

庄家兑现完 ♥A 和 ♠K 后，用 ♦8 投入东家的 ♦9，取得 ♠A 赢墩，这样庄家最终拿到 4 墩 ♠、2 墩 ♥、2 墩 ♦ 和 1 墩 ♣，完成定约。

**简评：**毫无疑问，这副牌堪称教科书般的牌例。攻防双方斗智斗勇，非常精彩，其中的变化精妙，耐人寻味。

## 第二小节　其他进张类挤牌投入

以下这种挤牌形势，是从挤牌投入基本定式【84】的基础上变化过来的。

**基本定式【98】　踏脚石挤牌基本型三**

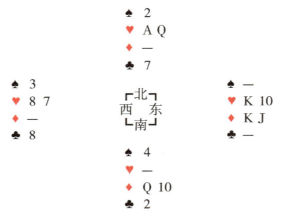

这个残局也可看作是双向投入的打法，其最独特之处在于：南北家在强花色 ♥ 上居然是没有联通的！

南家打出 ♠4，东家如果垫掉 ♦J，南家依然可以按照基本定式【84】的打法，打成单纯的挤牌投入。

由于南家没有 ♥，东家看上去可以垫 ♥10，然后南家需要借助于西家为桥进入明手，即用 ♣2 投入西家，西家其他花色都已被剥光，只好打出小 ♥，这样明手的两墩 ♥ 就已经全好了。

这个残局对西家的牌要求较高，以确保能绝对地进入北家。

这种局势，也可以用"踏脚石"挤牌投入理解，只不过这次有所不同。挤住东家，而西家才是真正的"踏脚石"。

**实战牌例〖70〗：假道伐虢**（克劳德·德尔穆利，Claude Delmouly）

这副牌是 1983 年法国、荷兰两国桥牌队在荷兰斯赫弗宁恩的比赛中出现的。德尔穆利凭借在这一副牌中的高超技巧，荣获 1983 年最佳桥牌手的奖项。

北家发牌　南北有局

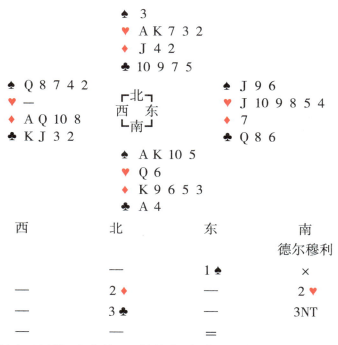

| 西 | 北 | 东 | 南 |
|---|---|---|---|
| | | | 德尔穆利 |
| — | 1♠ | × |  |
| — | 2♦ | — | 2♥ |
| — | 3♣ | — | 3NT |
| — | — | = |  |

叫牌过程略显怪异。东家的 1♠ 是约定叫，表示不超过 10 点牌力。南家加倍，表示有 1NT 开叫实力。北家的 2♦ 是转移叫，最后南北方叫到 3NT 成局定约。

西家首攻 ♠4，东家出 ♠J，南家用 ♠K 取得。德尔穆利先从手上出 ♦3，西家 ♦8，明手的 ♦J 取得这一墩。明手再出 ♦2，东家垫 ♥4，定约人出 ♦5，被西家的 ♦10 得到。

西家不愿主动出黑桃和方块，于是转攻 ♣2，明手出 ♣9，东家盖上 ♣Q，南家用 ♣A 赢取。然后暗手主动出 ♣4，西家用 ♣J 吃进，西家继续兑现 ♣K，然后再出 ♣3 送给明手的 ♣10，南家先垫方块后垫黑桃。最后一轮梅花时，东家出现失误，看到明手无其他进手张，所以错误地垫掉一张小红心（正确的做法是垫黑桃）。

德尔穆利从明手出小红心到南家的 ♥Q，然后是明手的 ♥K，西家垫了两轮黑桃。此时最后 4 张牌的残局如下：

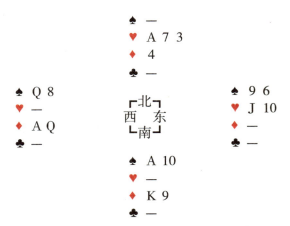

如果明手有小黑桃的话，当明手出 ♥A，就可以打出对西家的挤牌投入。在目前的局势下，当明手出 ♥A 时，手上垫 ♦9，西家不能垫 ♦Q，否则依然是挤牌投入，实战中西家垫 ♠8，这个垫牌似乎是"安全的"。

但是德尔穆利另辟蹊径，送出 ♥3 投入东家的 ♥J，暗手垫 ♦K，可怜的东家被投入后只有黑桃可出，德尔穆利对牌情已经非常清楚，果断下 ♠A，击落西家的 ♠Q，暗手的 ♠10 取得了庄家需要的第 9 墩牌（注：最后局势为基本定式【98】）。

在挤牌投入的局势中，也会有涉及进张转移类型的，只不过这种类型较为罕见：

## 基本定式【99】　进张转移类挤牌投入

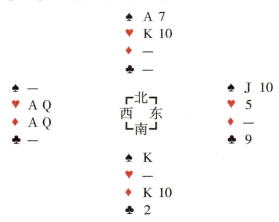

这种 4 张牌残局的特点与打牌进程如下：

1. 南北家最后只需要拿到 4 墩中的 2 墩，其实挤牌方已有 2 个 ♠ 快速赢墩，但由于桥路不通，只能兑现到 1 个 ♠ 赢墩。

2. 由于东家没有其他大牌进手，无法利用他作为踏脚石兑现明手的 ♠ 赢墩。

南家打出 ♠K，西家如果垫掉 ♦Q，南家就让明手放小 ♠，自己从手中再打方块，投入西家，明手垫 ♠A，这样最后可以拿到明手的 ♥K。

南家打出 ♠K，西家垫 ♥Q 也不行，这时南家就让明手的 ♠A 超吃过去，从明手打出红心，投入西家，这样最后可以拿到暗手的 ♦K。

### 实战牌例〖71〗：暗度陈仓（福中，Fu Zhong）

中国男子桥牌队虽然未能取得女队那样辉煌的战绩，但福中、赵杰组合曾获得世界双人赛冠军，是中国男队中为数不多的世界冠军。

东家发牌　南北有局

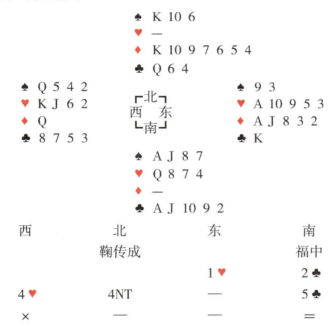

| 西 | 北 | 东 | 南 |
|---|---|---|---|
|  | 鞠传成 |  | 福中 |
|  |  | 1♥ | 2♣ |
| 4♥ | 4NT | — | 5♣ |
| × | — | = | |

这副牌出现在 2002 年全国 A 类俱乐部总决赛上，北京奔驰队与上海 EAA 队对抗进入白热化。

西家首攻 ♥K，这个首攻帮了庄家的忙，也使得最后的残局成立。明手将吃首墩，然后打小方块，东跟小，暗手将吃，西家跟出 ♦Q。福中再出小红心到桌上将吃，然后打 ♣Q，幸运的是东家 ♣K 单张，暗手 ♣A 盖吃后再清光全部的将牌。

经过长考，福中判断西家持有黑桃 4 张或以上，而且持有 ♠Q 的可能性更大。因此，福中准确地打出♠J！西家的防守也非常准确，♠Q不盖（否则庄家做好4墩黑桃，11墩到手）。福中再打黑桃，明手♠10飞过，东跌落♠9，形成以下4张牌的残局：

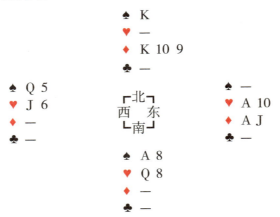

此刻，福中已经对全手牌判断得非常准确，明手继续打♠K！东家缴械投降。如果东家垫♦J，庄家则跟♠8让明手大，明手再出方块而暗手垫掉♠A，西家被投入，暗手的♥Q成为第11墩牌；如果西家垫♥10，则庄家用♠A超吃♠K，再出红心投入西家，桌上的♦K将成为第11墩牌（注：最后形势为基本定式【99】）。

简评：此类挤牌的出现，必然是建立于精确读牌的基础上。福中不愧为世界冠军，他在这副牌中展示了深厚的功力和高超的做庄技巧。笔者认为，这副牌足够精彩，如果当时有及时全面的新闻报道，福中完全有机会凭这副牌参选当年IBPA最佳做庄奖。

# 第六节　迫选挤牌（Winkle Squeeze）

迫选挤牌也是由特伦斯·里斯分析并命名的。迫选挤牌是基于对一个防守人实施挤牌投入，而强迫这个防守人在遭受投入或主动（被动）进行解封这二者之间进行选择，但无论他（或他的同伴）怎样选择，都会损失一墩牌。在这里，主动解封是指这个防守人主动垫掉大牌，而被动解封是指其同伴使用鳄鱼妙招，鲸吞他的大牌。

## 第一小节　嵌张类迫选挤牌

站在挤牌方的视角，我们可以这样理解，迫选挤牌是对我们前面所提到的挤牌投入的条件要求有所放宽，这种放宽主要表现在弱花色上的牌张组合。当然，这种挤牌如果成立，就需要在放宽条件的同时追加一定牌型的附加条件。

**基本定式【100】　迫选挤牌基本型一**

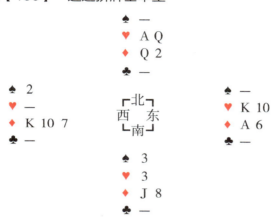

这种局势可以看作是在基本定式【84】变化过来的。这种 4 张牌的残局形势，其特点与打牌进程是：

1. 南北家在弱花色 ♦ 上实力更弱了。因此，东家有机会规避挤牌投入打法。

2. 南家打出 ♠3，北家垫 ♦2，东家为避免投入，必须垫 ♦A。

3. 南家再出 ♦8，由于西家已经没有别的花色（这点非常重要），西家已经无力阻止南北方获得一个 ♦ 赢墩了。

4. 南家出 ♥3 到明手的 ♥A，然后再出 ♦Q，也是可行的打法。

因此，我们将这种挤牌称为迫选挤牌，即逼迫东家进行选择，但无论他怎样选择（垫 ♦A 或不垫 ♦A），防守方都会损失一墩牌。

接下来，我们再关注一下这个挤牌的变型，我们将西家的 ♦K 和东家的 ♦A 互换位置，就会得到下面的局势：

## 定式【100A】 迫选挤牌变型一

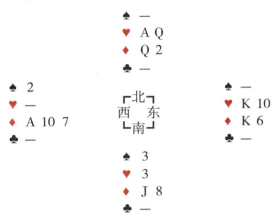

```
              ♠ —
              ♥ A Q
              ♦ Q 2
              ♣ —
♠ 2                        ♠ —
♥ —          ┌北┐         ♥ K 10
♦ A 10 7    西    东        ♦ K 6
♣ —          └南┘         ♣ —
              ♠ 3
              ♥ 3
              ♦ J 8
              ♣ —
```

这种 4 张牌的残局形势，其打牌进程如下：

1. 南家打出 ♠3，北家垫 ♦2，东家如果选择垫 ♦K，则同基本定式【100】完全相同。

2. 事实上，由于 ♦K 并非最大牌，东家此时也可以选择垫 ♦6。

3. 南家再出 ♦8，这时轮到西家为难了：上 ♦A（鳄鱼妙招）解救同伴，但最终还是要送给南北方获得一个 ♦ 赢墩。

如果说基本定式【100】是"单指向的"，仅针对东家的迫选挤牌，那么【100A】则是"双指向的"，同时针对东西两家进行的迫选挤牌。

## 实战牌例〖72〗：金蝉脱壳（亨利·司瓦克，Henri Szwarc）

下面这副牌是司瓦克在 1986 年法国选拔奥林匹克代表队时打出的。司瓦克凭借这副牌获得了当年的所罗门最佳做庄奖。

**南家发牌　东西有局**

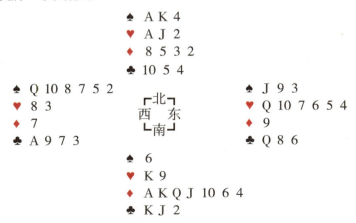

```
                    ♠ A K 4
                    ♥ A J 2
                    ♦ 8 5 3 2
                    ♣ 10 5 4
♠ Q 10 8 7 5 2                      ♠ J 9 3
♥ 8 3              ┌北┐            ♥ Q 10 7 6 5 4
♦ 7               西    东          ♦ 9
♣ A 9 7 3         └南┘            ♣ Q 8 6
                    ♠ 6
                    ♥ K 9
                    ♦ A K Q J 10 6 4
                    ♣ K J 2
```

| 西 | 北 | 东 | 南 |
|---|---|---|---|
|  |  |  | 司瓦克 |
|  |  |  | 1♦ |
| — | 2NT | — | 4♦ |
| — | 4♥ | × | 4NT |
| — | 5♥ | — | 6♦ |
| — | — | = |  |

东家加倍 4♥ 是示攻性加倍，因此西家首攻 ♥8，明手放小，东家出 ♥10，南家用 ♥K 取得。

定约人已经有 11 个大牌赢墩，定约的成败在于如何处理梅花套，如果我们看了 4 家的牌，当然知道飞东家的 ♣Q 就好了。但是，司瓦克有一个完美的打法，只要不是 ♣A、♣Q 全在西家，他就能确保定约万无一失。

司瓦克赢得首墩后，连打 6 墩方块。明手垫 2 张 ♣，西家垫 3 张 ♠、1 张 ♥ 和 1 张 ♣，东家垫 2 张 ♠ 和 3 张 ♥。此时的残局形势如下：

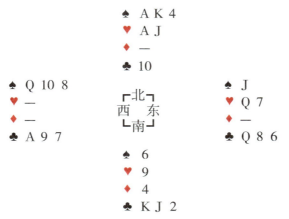

司瓦克再兑现 ♠A、♠K，东家和南家各垫 1 张小 ♣，此时，明手再出 ♠4 交给暗手将吃，东家为保留 2 张 ♥，只好垫小 ♣，留成孤张 ♣Q，同时西家只剩 3 张 ♣。现在司瓦克可以从手上 ♣K 或 ♣J 任意一张牌，都可以收到同样的效果。如果东家的那张梅花是 ♣A，那么他就肯定会被投入，从而送给明手最后两墩 ♥；如果东家的那张梅花是 ♣Q，那么他或者会被投入，或者同伴下 ♣A 解救他，但这样南家的 ♣K 或 ♣J 又要成为大牌（注：最后局势为定式【100A】）。

简评：当我们做庄时，需要在某个花色上判断 A、Q 位置，是我们非常不愿意面对的难题。而这副牌中，司瓦克借助于挤牌，找到了一条绝妙的路线，

从而轻松跳出猜断的陷阱。

我们还注意到，基本定式【100】中，西家只有弱花色的牌。如果西家有强花色的脱手牌，情况就会有更多变化。

### 基本定式【101】 迫选挤牌基本型二

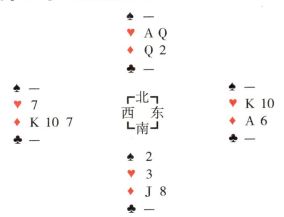

这种局势也可以看作是在基本定式【84】的变型。这种新局势的打牌进程是：

1. 南家打出 ♠2，西家垫 ♦7（正确垫法，垫 ♥7 后挤牌方的处理就会更容易），北家垫 ♦2，东家为避免投入，必须垫 ♦A。

2. 这时，南家再从手上直接送出 ♦8 将是失败的打法，因为西家上 ♦K 后可出 ♥7，投入北家，这样虽然南家的 ♦J 已经做大，但再也无机会拿到。

3. 南家正确的打法是，出 ♥3 到明手的 ♥A，先剥光西家的 ♥，然后再出 ♦Q，这样西家只剩 ♦，最终南家的 ♦J 可以拿到 1 墩。

这种残局中，打牌的次序至关重要。也可以看出，在这种局势中，能否准确对西家进行剥光，是打法成功与否的关键。

在这种基本型中，如果将西家的 ♦K 与东家的 ♦A 互换，则无论南北方打牌次序如何，防守方均有办法应对，将南北方在 4 墩牌中的赢墩限制为 2 墩。

### 定式【101A】　迫选挤牌失败型一

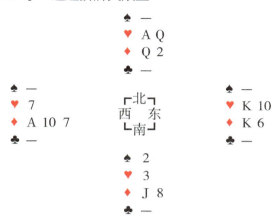

现在，南家打出♠2，西家垫♥7（正确垫法，保留♥7），北家垫♦2，东家可以先垫♦6！下一墩如果南家先送出♦8时，西家可使出鳄鱼妙招，出♦A吃掉同伴的♦K。然后换攻♥7，这样南北方被困在明手，不得不再输1墩♥。如果南北方先兑现♥A，以求剥光西家的♥，再送♦时，西家就没有必要盖吃同伴的♦K了，同伴手上的两张牌就全大了。

如果西家在强花色上有2张牌，南北方就确定无法剥光西家的强花色。那么，无论♦A、♦K是在西家或东家，挤牌方均无计可施。

### 定式【101B】　迫选挤牌失败型二

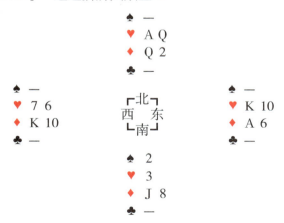

南家打出♠2，西家必须垫♦10！这是唯一正确的垫牌。现在轮到北家为难了，为保留♥花色的嵌张结构，只好垫♦2。东家则垫♦A！这样，下一墩南家送出♦8时，西家直接♦K上手，南家手上的♦J虽然成为大牌，却被困在了

北家，无法避免再丢一墩 ♥。

看清楚这两种失败的形势，不仅有利于我们做庄，也有利于我们防守。防守人可避免出现垫牌错误，让挤牌方做出额外的赢墩。

还有这样一种迫选挤牌，最终可以形成双向投入的效果。

**基本定式【102】　迫选挤牌基本型三**

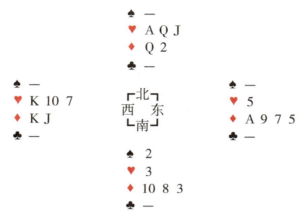

这种局势可以看作是基本定式【100】的变型。强花色 ♥ 上，南北方需要进行一次飞牌，这也切断了南北方在这门花色上的联通。弱花色 ♦ 上，东家可继续使用鳄鱼妙招，就需要南北家在弱花色上多一些实力。其打牌进程是：

1. 南家打出 ♠2，西家为保留 3 张 ♥，只好垫 ♦J，北家垫 ♦2；

2. 下一墩南家先从手上出小 ♥，飞牌进入明手；

3. 明手再出 ♦Q，东家将面临迫选状态；

4. 如果东家不出 ♦A 吃掉同伴的 ♦K，西家就被投入，将最后两墩 ♥ 送给北家。但如果东家出 ♦A 吃掉同伴的 ♦K，自己又会在 ♦ 花色上被投入，不得不将 ♦9-7 送给南家手上的 ♦10-8。

## 实战牌例〖73〗：笑里藏刀（让·贝斯，Jean Besse）

这副有趣的牌其实并不是在比赛中打出来的，而是三位世界级专家面对的一道题目。让我们来看看他们分别是怎样表演的。

题目出给三个高手，主打下面这个 6♥ 定约，西首攻 ♥6。定约的情况是：南北方有 3 个 A，但第四门花色上缺 A 和 K，又不是单缺，看专家如何处理。三位世界级名家各有杀手锏，笑对牌局。

```
                        ♠ J 7
                        ♥ A J 4
                        ♦ K 7 6 2
                        ♣ A Q J 10
    ♠ K 10 6 5                        ♠ A 9 3 2
    ♥ 6 5            ┌─北─┐           ♥ 9
    ♦ Q 8 3         西 │   │东         ♦ J 10 5 4
    ♣ K 9 6 5        └─南─┘           ♣ 8 7 3 2
                        ♠ Q 8 4
                        ♥ K Q 10 8 7 3 2
                        ♦ A 9
                        ♣ 4
```

　　首先出场的是特伦斯·里斯（Terence Reese）。里斯用桌上的♥A赢进了首攻。但他并未马上再动将牌，这是由于他考虑不给防守方交换信息的机会，否则东家将显示他在黑桃中有大牌。于是在第二墩，里斯兑现♣A，再出♣Q，东家跟小时，暗手扔掉♦9！西家♣K赢进。西家中计，他认为南家是在设法垫掉手上的方块失张，回了一张方块，庄家手上♦A赢进，其余没有难事，肃将后可用♣J-10和♦K垫去手上的三张黑桃，完成了定约。这种心理战术是里斯的拿手技艺，他曾在书上介绍过，此次现身说法，我们的印象就更深刻了。对于西家的上当，也不应苛责。

　　第二位出场的是卡尔·施奈德（Karl Schneider）。他认为由于西家首攻将牌，他必在黑桃和梅花中各有一张大牌，这是他采用保守首攻的原因。因此，在♥A赢进首攻后，他从桌上出了♠J。设身处地，如果你是东家，你会怎么办？东家希望西家手中有♠Q而赢得这墩，因此，他手上跟了小牌。西家倒真是赢得了这墩，但他是用♠K赢进的，这让东家深感意外。西家怎么也不会想到南家缺♠A-K还会主动出黑桃。为了不让南家充分利用桌上的将牌将吃黑桃，西家又攻了一张将牌，南家手上赢进。

　　接下来，施奈德就是按双挤的局势来打。他飞梅花，兑现♣A，手上扔黑桃，再出梅花手上将吃，兑现♦A和将牌，剩余3张牌的残局形势为：

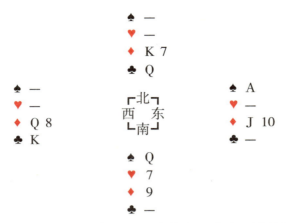

最后，南家打出 ♥7，西家需要防守梅花，东家要防黑桃，两人均无力再保护方块这门花色（注：最后局势为基本定式【13】）。

第三位出场的是贝斯。他与施奈德对牌张的判断完全相同，但采取的是另外一种打法。他先是清光将牌，然后用手上将牌将吃两次方块，接着开始兑现将牌。最后 5 张牌的残局如下：

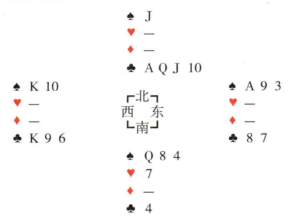

贝斯现在使出杀手锏，从手上出 ♥7，西家为保留 3 张梅花，只好垫掉♠10，北家和东家都垫小 ♣。南家再出 ♣4，明手用♣J 成功飞过，然后出♠J，东家如放小，则西家赢进后即被投入，桌上 ♣A-Q 都好了，如东家放上 ♠A，则南家手上的黑桃 ♠Q-8 又能吃住东家的♠9-3。无论怎样，庄家已经立于不败之地（注：最后局势为基本定式【102】）。

简评：八仙过海，各显神通。三位高手对 4 手牌的判断均是惊人的准确。不同的是三位专家各自的打法。里斯采用的是骗张，瞒天过海，简洁明快。施奈德采用的是空城计，艺高人胆大，主动调整输张，最后形成精妙的双挤。贝斯的打法则惊为天人、无懈可击，残局的迫选挤牌绝妙无比。

## 第二小节　进张类迫选挤牌

同嵌张类迫选挤牌类似，进张类迫选挤牌也是首先基于对一个防守人实施挤牌投入的。这种残局形势如下：

### 基本定式【103】　迫选挤牌基本型四

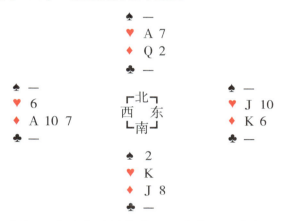

与基本定式【101】及失败局势【101A】【101B】相比，基本定式【103】中南北的强花色♥上的实力更强，以上挤牌局势就可以成功。其打牌进程为：

南家出♠2，北家垫♦2，东家只好保留2张♥。下轮南先兑现♥K，再送出♦8，不论东家西家如何出牌，最后一墩必然被南家或北家拿到。当然，如果西家不持有强花色♥的小牌，这个残局自然成立。

### 实战牌例【74】：隔岸观火（萨宾·奥肯，Sabine Auken）

这副牌出自2013年欧洲桥牌公开双人赛上。一对来自威尔士的选手成了这副牌中的受挤方，由于这副牌非常精彩，威尔士选手推介了这副牌，由此我们可以欣赏奥肯夫人的精湛技艺。

**南家发牌　双方无局**

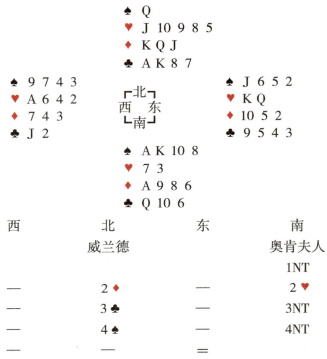

| 西 | 北 | 东 | 南 |
|---|---|---|---|
| | 威兰德 | | 奥肯夫人 |
| | | | 1NT |
| — | 2♦ | — | 2♥ |
| — | 3♣ | — | 3NT |
| — | 4♠ | — | 4NT |
| — | — | — | = |

　　北家的 4♠ 是有进满贯的邀请之意，南家认为实力不足而及早收兵，把定约停在 4NT 上。西家首攻 ♦3，很明显这个首攻有些消极，这也是双人赛所特有的打法，估计定约很难打宕，西家的防守策略能兼顾限制定约的超墩。

　　奥肯夫人计算了一下赢墩，10 墩牌已经在手，没有首攻红心为她带来了超墩的机会。如果能吃住 ♣J 的话，就有 11 墩了，如果再能捉到 ♠J，就会取得 12 墩，这在双人赛上一定会是个好分数。

　　定约人连拿三墩方块，东西两家都有方块跟出，她再打出 ♠Q 解封，接着用 ♣Q 回到暗手。此时 4 手牌的局势如下：

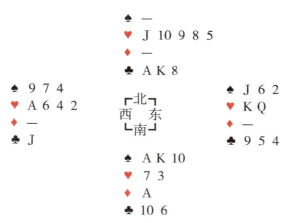

现在庄家兑现 ♦A，西家和明手都垫小 ♥，东家发现他在三个花色上受挤：梅花明显不能垫，又不情愿放弃一个红心大牌。实战中东家垫了张小 ♠，希望同伴能有 ♠10。庄家随即用 ♠A、♠K 击落了东家的 ♠J。此时最后 5 张牌的残局如下：

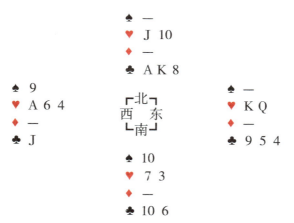

奥肯夫人兑现 ♠10，明手垫 ♥10，东家第二次受挤，这次东家不得不垫掉 ♥Q。庄家出 ♣6 到明手的 ♣K，西家的 ♣J 跌出，然后明手再出 ♣8 到南家的 ♣10。奥肯夫人送出小 ♥，东西两家面临迫选，如让东家的 ♥K 得到，他不得不把最后一墩送给明手的 ♣K。实战中，西家使出鳄鱼妙招，用 ♥A 吃掉了同伴的 ♥K。西家虽然解救了同伴免于投入，但不得不把最后一墩送给暗手的 ♥7（注：最后局势与基本定式【103】大致相同）。

简评：这副牌很有趣，倒数第 4 墩时，庄家手中也可出 ♣10，这种打法在西家掉出 ♣J 或 ♣9 时均可获得成功。当然，最后残局形势就变成嵌张类迫选

挤牌的类型了（注：最后局势为基本定式【100】）。

进张类的迫选挤牌也可演化出双向投入的局势：

## 基本定式【104】　迫选挤牌基本型五

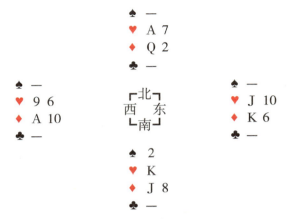

这种局势与基本定式【103】的细微之处是，西家有 2 张 ♥，这样西家也有成为"踏脚石"的机会。具体打法为：南家打出 ♠2，西家为避免投入，只好垫小 ♥，北家垫 ♥2，东家不能再垫 ♥，只好垫小 ♥，这样局势自动转化为基本定式【103】。

这种局势下，西家的处境非常值得"同情"：如果垫 ♥10，那么他就直接被投入，成为踏脚石。但是，垫 ♥6 后，他就会在这门花色上被剥光，接下来如果他保护同伴不被投入，那么自己就会被投入。

这个残局中，东、西方所持的 ♥K 和 ♥A 位置可以互换。

由此，我们也可以看出，在嵌张类迫选挤牌类型中，当西家有 2 张 ♥ 时，这对挤牌方来说是致命的，这也就是定式【101B】失败的原因。但在进张类迫选挤牌中，挤牌方在强花色上实力更强，挤牌产生的威力自然也就更大，可不再受此限制。

### 实战牌例〖75〗：围魏救赵（尤金尼奥·齐亚瑞迪，Eugenio Chiaradia）

齐亚瑞迪是一位富有传奇色彩的人物。在蓝队如日中天之时，他却选择急流勇退，回到故乡圣保罗成为巴西队主教练，从此巴西队迅速成长为一支世界劲旅。齐亚瑞迪为巴西桥牌运动的普及和快速发展，做出了不可磨灭的贡献。

**北家发牌 双方有局**

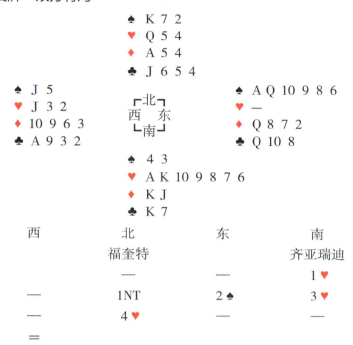

```
                  ♠ K 7 2
                  ♥ Q 5 4
                  ♦ A 5 4
                  ♣ J 6 5 4
♠ J 5                              ♠ A Q 10 9 8 6
♥ J 3 2          ┌─北─┐           ♥ —
♦ 10 9 6 3       西   东           ♦ Q 8 7 2
♣ A 9 3 2        └─南─┘           ♣ Q 10 8
                  ♠ 4 3
                  ♥ A K 10 9 8 7 6
                  ♦ K J
                  ♣ K 7
```

| 西 | 北 | 东 | 南 |
|---|---|---|---|
|  | 福奎特 |  | 齐亚瑞迪 |
| — | — | — | 1♥ |
| — | 1NT | 2♠ | 3♥ |
| — | 4♥ | — | — |
| = |  |  |  |

　　这副牌出现在 1959 年巴勒莫（意大利港口城市）举行的欧洲锦标赛上，这个 4♥ 定约完全可以设计成为一个双明手问题。

　　西家首攻 ♠J 并赢得首墩，西家继续出 ♠5，东家用 ♠Q 赢得，东家再出 ♠A。齐亚瑞迪第一个明智的决定是用 ♥A 将吃，西家垫 ♣2。鉴于已知东持有 6 张 ♠，齐亚瑞迪续出 ♥K，以防西握有 ♥J-×-×，这是他的第二个明智的决定，果然东家在这一墩上垫了一张 ♠。

　　南家出 ♥10，西跟小牌，明手飞过；然后他出第三轮将牌到明手的 ♥Q，清光了西家最后的将牌。此时形势如下：

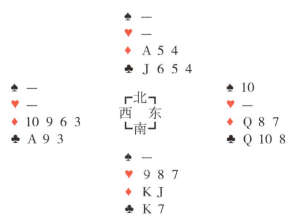

```
                  ♠ —
                  ♥ —
                  ♦ A 5 4
                  ♣ J 6 5 4
♠ —                               ♠ 10
♥ —              ┌─北─┐           ♥ —
♦ 10 9 6 3       西   东           ♦ Q 8 7
♣ A 9 3          └─南─┘           ♣ Q 10 8
                  ♠ —
                  ♥ 9 8 7
                  ♦ K J
                  ♣ K 7
```

如果 ♣A 在东家，定约就可轻松完成。但齐亚瑞迪排除了这种可能性，因为如果东家有这样好的 ♠ 套，再加上 ♣A，他无疑是会开叫的。

如果西家持有 ♣A，怎样才能完成定约呢？如果明手另外还有一个进张，庄家就能用 ♦J 飞牌，再用 ♠A 垫一张 ♣。

尽管没有更多的进张，齐亚瑞迪仍出方块，用 ♦J 飞过，再打两轮将牌，此时最后 4 张牌的残局如下：

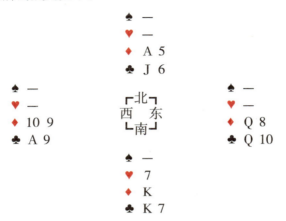

```
                    ♠ —
                    ♥ —
                    ♦ A 5
                    ♣ J 6
♠ —          ┌北┐           ♠ —
♥ —        西    东          ♥ —
♦ 10 9       └南┘           ♦ Q 8
♣ A 9                       ♣ Q 10
                    ♠ —
                    ♥ 7
                    ♦ K
                    ♣ K 7
```

当齐亚瑞迪打最后一张将牌 ♥7 时，西只得垫一张 ♦9 而保留 ♣9，否则，庄家有两种打法可以采用，或者是以"踏脚石"方式投入他手上，或者直接送出 ♣7，从而做大手上的 ♣K。实战中北家垫 ♣6，东家不能再垫 ♦ 只好垫 ♣10。这时，齐亚瑞迪兑现 ♦K，然后送出 ♣7！如果东以 ♣Q 赢得，他就只能出一张 ♦ 给明手的 ♠A，如果西扑上 ♣A，他剩下的一张 ♣ 就只能交给庄家的 ♣K（注：最后局势为基本定式【104】）。

**简评：** 这副牌非常精彩，亮点颇多。牌局初期阶段所采取的安全打法，确保无法将牌超吃，以及清将时采用的安全打法。进入中局，大胆地在方块花色上进行飞牌。残局阶段，则与本书中实战牌例〖72〗司瓦克的打法如出一辙，最后只需东、西两家的 ♣ A 与 ♣ Q 分处两家，就可确保定约无虞。这副牌比司瓦克的那副早了 27 年，只可惜，当时国际桥联还未设有最佳做庄奖，我们是否可以说国际桥联欠了齐亚瑞迪一个最佳做庄奖呢？

# 第七章 其他类型挤牌（Other Squeeze）

除前几章已经介绍过的内容，挤牌还有纷繁复杂的种类，例如止张复合挤牌、撞击复合挤牌、刺猬挤牌等。仅就以上挤牌的其中一种，就会有很多变化。本章我们还是从实战角度出发，仅关注其中一部分局势，来认识和了解这些挤牌。虽然不能面面俱到，但也能感受到挤牌的博大精深。

## 第一节 止张复合挤牌（Guard Squeeze）

我们在第四章中介绍过止张挤牌的结构：

A J

K 4 ┌北┐<br>西 东<br>└南┘ Q

3

这种结构的重要特点是东西两家在这门花色上都不能垫牌。

于是，就会形成这样一个非常有趣的止张复合挤牌残局。

**基本定式【105】 止张复合挤牌基本型一（六角挤牌）**

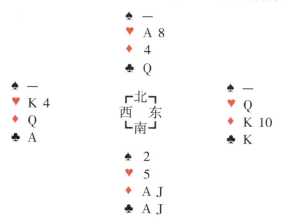

263

这个残局有一个很特别的名字——六角挤牌法（Hexagon Squeeze）。这种挤牌是由乔治·科芬分析和命名的。六角挤牌法体现出挤牌的对称之美，我们可以看出这种三门花色止张复合挤牌的特点：

1. 挤牌是由两个三门花色挤牌构成的，两名防守人均会在三门花色上受挤。

2. 两门花色上形成止张结构，两位防守人均参与防守，此处为♥和♦花色，两名防守人均不能垫牌。

3. 在第三门花色（♣花色）上，两位防守人均参与防守。

打牌进程比较简单，在最后4墩牌南北方有3个快速赢墩，但通过挤牌可以全取4墩。南家打出♣2，西家只能垫♣A，北家垫♦4，东家就会在三门花色上受挤。这种复合挤牌是同步的。

六角挤牌中，两名防守人均在三门花色上受挤，实战中这种类型并不常见。大多数情况下，止张复合挤牌包括对一个防守人的三门花色止张挤牌和对另一个防守人的单挤。

我们先来看一种最常见的止张复合挤牌类型。这是一个与基本定式【62】极为相似的一个局面。

**基本定式【106】　止张复合挤牌基本型二**

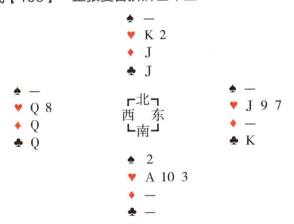

这个局势的特点是，在♣这门花色上，东西两家都参与保护。但在♦这门花色上，只有西家独自防守。因此，南家打出挤牌张♠2，西家必须保留♦Q。如果西家放弃♥花色，就是基本定式【62】；如西家放弃♣花色，则会形成一个对东家在♥和♣两门花色的单挤。其实，准确地说，实战牌例〖36〗就是这种局面。

基本定式【106】还有机会再向前追溯一步，即可得到以下残局：

**基本定式【107】　止张复合挤牌基本型三**

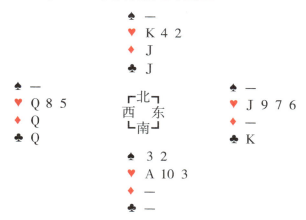

这里，西家参与保护三门花色。因此，南家打出♠3，这时西家就已经受挤了。如果他垫掉♥5，就形成了定式【106】；如果他垫掉♣Q，就形成了同步双挤基本定式【16】。

当然，通常情况下，西家正确的垫牌顺序应当是放弃保护红心花色（双挤中的共同花色），而是保留两门单胁张花色。这样，东西方有分工侧重，避免两人同时参与保护一门花色，从而形成两人都受挤的情形。西家把基本定式【107】垫成基本定式【106】的假设是，南北方最终并不能形成♥花色上的飞牌。

而对南北家来说，基本定式【107】非常有实战价值。只要西家单独防守的花色（此处为♦）单胁张位置有利，南北方达成挤牌的机会就会大增，或形成双挤，或形成止张挤牌。

　**实战牌例〖76〗：借尸还魂**（赫维·穆伊尔，Herve Mouiel）

法国名将穆伊尔年少成名，1984 年法国参加奥林匹克桥牌赛并夺冠的 6 名队员中，他是最年轻的一位。其实，1983 年他就曾与司瓦克联手获得欧洲桥牌赛冠军，到 1992 年法国队再夺奥林匹克桥牌赛冠军时，穆伊尔已经是队中的绝对主力。

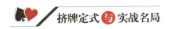
**南家发牌　双方无局**

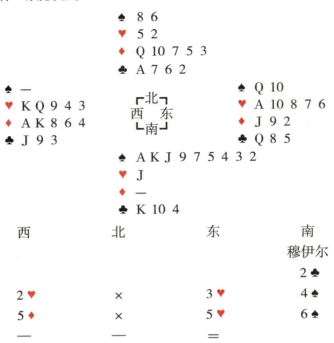

| 西 | 北 | 东 | 南 |
|---|---|---|---|
|  |  |  | 穆伊尔 |
|  |  |  | 2♣ |
| 2♥ | × | 3♥ | 4♠ |
| 5♦ | × | 5♥ | 6♠ |
| — | — | — | = |

穆伊尔开叫 2♣ 是约定叫，北家第一次加倍表示有些实力。

西家首攻 ♦A，穆伊尔开始计划做庄路线。红心、梅花看上去各有一个输张，只有依靠挤牌才能完成定约，但是仅靠梅花和方块两门花色肯定不够，还需要把红心这门花色利用起来。为创造挤牌条件，还需进行输张调整，早期如果能送出一墩 ♥J，就能达到调整输张和树立红心胁张的目的，但是红心胁张太脆弱，防守方拿到红心赢墩后会紧接着再打一轮红心，就足以消灭定约人的红心胁张。

穆伊尔抓住首攻 ♦A 这一绝好机会，并不将吃而是垫掉 ♥J！正所谓，退一步海阔天空。南家用 ♠2 将吃了西家续攻的 ♥K，然后连拿 6 轮将牌。形成如下局面：

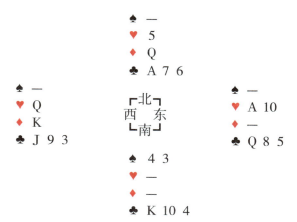

此时，穆伊尔打出♠4，北家垫♣6，西家第一次受挤：如果垫♥Q，就会把东家拉下水，下轮直接形成双挤局面；如果垫♣3，自己承担起对三门花色的防守，下轮就会形成对其的止张挤牌。因此，无论西家如何做出选择，都不能阻止穆伊尔漂亮完成定约（注：最后局势为基本定式【107】）。

简评：这是笔者非常喜欢的一副牌例，穆伊尔在第一墩就设计好最后的终局打法了。首轮的输张垫输张，一方面调整了输墩，另一方面也是最重要的——保护了威胁张免受攻击。绝妙的是，牌局刚刚开始的时候，谁又曾想到，最终是明手的♥5这张小牌，成功地牵制了东西两家呢！

我们再来看另一种同步止张复合挤牌局势。

### 基本定式【108】　止张复合挤牌基本型四

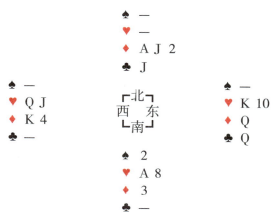

这个止张复合挤牌的特点是：

1. 残局是由两个挤牌构成的，一名防守人（西家）会在两门花色上受挤，

而另外一名防守人（东家）会在三门花色上受挤。

2. 一门花色是两位防守人同时参与防守的，此处为 ♥ 花色。

3. 一门花色上形成止张结构，两位防守人均参与防守，此处为 ♦ 花色。

4. 东家在独立防守 ♣ 花色。

打牌进程是这样的：南家打出 ♠2，西家不能垫 ♦4，只能垫 ♥J（或 ♥Q），放弃在这门花色上的防守。北家垫牌没有困难，垫 ♦2。东家现在已经单独防守 ♥ 和 ♣ 两门花色，这两门花色都不能垫，只能垫 ♦Q。南家兑现 ♥A 后，可以对西家的 ♦K 进行标明的飞牌。

止张复合挤牌也有不同步的局势。这类局势分别是从基本定式【63】和【64】演化过来的。首先，我们来看从基本定式【63】的基础上演化来的局势。

### 基本定式【109】 止张复合挤牌基本型五

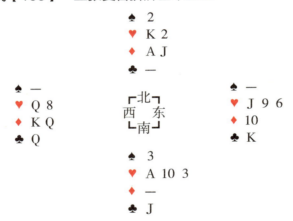

这种局势相当于在基本定式【63】的基础上，为东家增加 ♣K，从而形成复合挤牌：

1. 这也是由两个挤牌构成的，一名防守人（西家）在三门花色上受挤，而另外一名防守人（东家）则在两门花色上受挤。

2. 一门花色是两位防守人同时参与防守的，此处为 ♣ 花色。

3. 一门花色上形成止张结构，两位防守人均参与防守，此处为 ♥ 花色。

4. 西家在独立防守 ♦ 花色。

打牌进程如下：南家打出 ♠3，西家的 ♦ 花色肯定是不能垫的。此时，如果西家垫 ♥8，残局就是基本定式【63】；如果西家垫 ♣Q，将这门花色上的防守任务转交给东家，下墩南家通过 ♥K 进入明手，再出 ♦A 时，东家在红心和梅花两门花色上受到一个单向单挤，从而让南北家全取赢墩。这个复合挤牌是不同步的。

基本定式【109】也有机会再向前追溯一步，即可得到以下局势：

**基本定式【110】 止张复合挤牌基本型六**

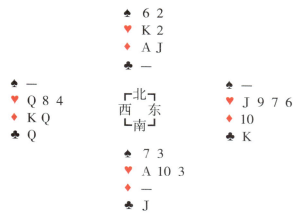

这里，西家也参与防守 ♥ 花色，即同时保护三门花色。因此，当南家打出 ♠7 时，西家就已经受挤了。如果他垫掉 ♥4，就形成了基本定式【109】；如果他选择垫掉 ♣Q，则残局就可简化成为同步双挤基本定式【13】。

我们再来看一下基于基本定式【64】演化过来的局势。

**基本定式【111】 止张复合挤牌基本型七**

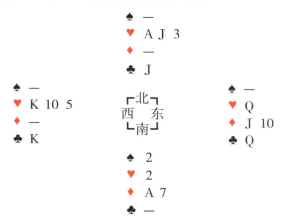

这种局势相当于在基本定式【64】的基础上，为西家增加 ♣K，由此形成复合挤牌：

1. 这也是由两个挤牌构成的，一名防守人（西家）会在两门花色上受挤，而另外一名防守人（东家）会在三门花色上受挤。

2. 一门花色是两位防守人同时参与防守的，此处为 ♣ 花色。

3．一门花色上形成止张结构，两位防守人均参与防守，此处为 ♥ 花色。

4．东家在独立防守 ♦ 花色。

打牌进程略复杂一些：南家打出 ♠2，西家这时还没有垫牌困难，可垫 ♥5。东家则率先在三门花色上受挤，为保留止张 ♥Q 和单独防守的 ♦ 花色，只能垫 ♣Q，放弃对这门花色的防守。下墩南家出 ♦A 时，西家在红心和梅花两门花色上受到一个单向单挤，从而让南北家全取赢墩。这个复合挤牌是不同步的。

同理，基本定式【111】也可以再向前追溯一步，得到以下局势：

**基本定式【112】　止张复合挤牌基本型八**

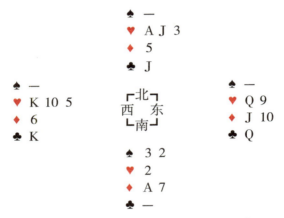

```
                        ♠ 一
                        ♥ A J 3
                        ♦ 5
                        ♣ J
    ♠ 一                 ┌北┐              ♠ 一
    ♥ K 10 5           西    东            ♥ Q 9
    ♦ 6                 └南┘              ♦ J 10
    ♣ K                                   ♣ Q
                        ♠ 3 2
                        ♥ 2
                        ♦ A 7
                        ♣ 一
```

打牌进程如下：南家打出 ♠3，西家可垫 ♦6，明手垫 ♦5，这时西、北两家都没有垫牌困难。东家则率先在三门花色上受到压力，单独防守的 ♦ 花色肯定不能垫。如果他本轮垫了 ♣Q，就会造成西家防守 ♣、东家防守 ♦ 的双挤残局，挤牌方只需要再兑现 ♦A、♠2，就会形成对东西两家的同步双挤基本定式【13】。因此，本轮东家的垫牌只能是 ♥9。这就自然而然地形成了基本定式【111】。

## 实战牌例〖77〗：声东击西（李杰，Li Jie）

李杰大师为 2018 年雅加达亚运会桥牌超级混合团体项目冠军队成员，多次入选中国桥牌男队。下面这副牌是他在 2011 年亚太桥牌锦标赛对阵新加坡队时打出来的，这副牌为不可多得的佳作。

东家发牌　双方有局

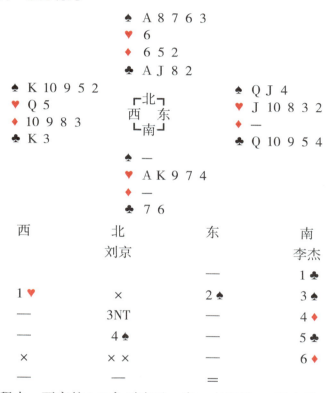

| 西 | 北 | 东 | 南 |
|---|---|---|---|
|  | 刘京 |  | 李杰 |
|  |  | — | 1♣ |
| 1♥ | × | 2♠ | 3♠ |
| — | 3NT | — | 4♦ |
| — | 4♠ | — | 5♣ |
| × | ×× | — | 6♦ |
| — | — | = |  |

叫牌过程中，西家的 1♥ 争叫表示 ♠ 套，南家的 3♠ 则表示 ♥ 和一门低花 5–5 以上套。

西家首攻 ♠5，明手放 ♠A，庄家手上垫 ♣6。第二墩明手出 ♥6，到南家的 ♥A，南家再出 ♥4，交给明手将吃，西家掉出 ♥Q。明手出小将牌到暗手的 ♦A，东家显示将牌缺门，南家继续出 ♥7，西家用 ♦8 将吃，明手无法超将吃，只好垫 ♠3。

西家取得了这墩后，没能发现破坏庄家残局打法的致命杀招——换攻 ♣。实战中西家攻将牌，庄家用手上的 ♦K 吃住。

恶劣的牌型分布给定约蒙上了一层阴影，庄家手上还有一个 ♥ 输张无法交待。李大师并没有因此而绝望，接下来他的表演让人叹为观止。

南家再兑现两轮将牌，此时 5 张牌的残局如下：

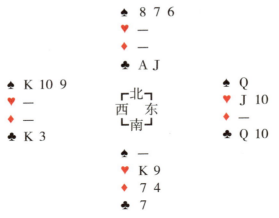

庄家接着出 ♦7，西家垫牌无困难，可垫 ♠9，明手也垫 ♠，东家却受挤（注：此时为基本定式【112】）。首先，很明显东家不能垫 ♥，东家也不能垫 ♠Q，否则将成为一个标准的同步双挤局面（西家防守 ♠，东家防守 ♥，谁都无力再防守 ♣）。所以，东家必须也只能垫 ♣10。现在 4 张牌的残局为：

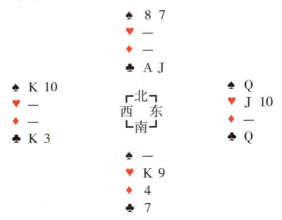

南家再出 ♦4，西家只能垫 ♠，明手也垫 ♠，东家再次受挤（注：此时为基本形势【111】）。东家还是不能垫 ♥，他现在也不能垫 ♣Q，否则同伴的 ♣K 会被飞死。因此，东家现在只能垫 ♠Q。

庄家现在打出 ♥K，西家在两门黑花色上受挤。李大师精彩地完成定约。

**简评**：此牌只应天上有。对东家的两次挤牌、对西家的一次挤牌，全过程如行云流水，令人荡气回肠。能在大赛中打出如此精彩的不同步止张复合挤牌，体现出李杰大师深厚的功力和炉火纯青的技艺。

# 第二节　撞击复合挤牌（Clash Squeeze）

撞击挤牌法是由中国桥牌学者王建华老师分析并命名的。这是一种包含特殊结构的挤牌打法，通常涉及三门花色。其独特之处是有一个特殊类型的长威胁张，被称为"撞击胁张"。

下面我们举例来说明在某一花色上的这种结构：

A 2

┌北┐<br>
西　东<br>
└南┘

K　　　　　　　　　　J 10

Q

南家的 Q 就是对西家的 K 的撞击胁张，同时这种胁张组合对东家也有效，东家也不能垫这门花色。

A 7 2

┌北┐<br>
西　东<br>
└南┘

Q J　　　　　　　　　9 6 5

K 10

同样地，南家的 10 是对西家的 Q 和 J 的撞击胁张，东家也不能垫这门花色。

同止张挤牌相似，牌张结构形成了东西双方在撞击胁张花色上都不能垫牌的情形。撞击挤牌的种类繁多，在此，我们仅举几个撞击双挤的基本局势，以了解这种挤牌的独特魅力。撞击双挤通常包括两个组成部分：先对一个防守人进行撞击挤牌，然后对另一个防守人进行单挤。这两个组成部分，有时是同步完成的，有时则是不同步的。

## 基本定式【113】 撞击复合挤牌基本型一（同步）

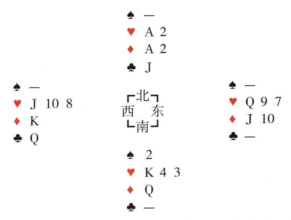

```
                    ♠ —
                    ♥ A 2
                    ♦ A 2
                    ♣ J
    ♠ —                         ♠ —
    ♥ J 10 8      ┌北┐          ♥ Q 9 7
    ♦ K         西    东         ♦ J 10
    ♣ Q           └南┘          ♣ —
                    ♠ 2
                    ♥ K 4 3
                    ♦ Q
                    ♣ —
```

　　最后 5 墩牌，南北方有 4 个快速赢墩，但通过挤牌可以全取 5 墩。打牌进程为：南家打出 ♠2，首先西家在三门花色上受挤，♣Q 明显不能垫，如果他垫 ♦K，南家可以先兑现垫 ♦Q，再通过 ♥A 进入明手，从而拿到 ♦A，最终西家只能垫 ♥8。北家则垫掉已经没有用处的 ♣J。这时，东家在两门红花色上受到一个单挤。

　　这个挤牌是同步的。

## 定式【17E】 撞击复合挤牌变型（不同步）

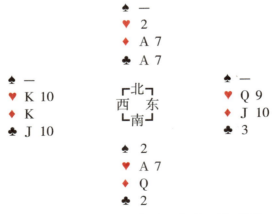

```
                    ♠ —
                    ♥ 2
                    ♦ A 7
                    ♣ A 7
    ♠ —                         ♠ —
    ♥ K 10        ┌北┐          ♥ Q 9
    ♦ K         西    东         ♦ J 10
    ♣ J 10        └南┘          ♣ 3
                    ♠ 2
                    ♥ A 7
                    ♦ Q
                    ♣ 2
```

　　这种局势中，南家打出 ♠2，西家为了保护两门低花，只好垫掉 ♥10，明手垫掉已经发挥作用的 ♣7，东家暂时还可以垫 ♣3。下轮，南家用 ♦Q 进入明手的 ♦A，然后兑现 ♣A，东家在两门红花色受到单挤。或者，庄家直接从暗手出小 ♣ 到明手的 ♣A，直接挤东家。

这种局势并不是一个基本的撞击复合挤牌局势，因为，以上局势完全可以看作是不同步双挤基本定式【17】的变型。如果早期明手把 ♦A 打掉，那就是基本定式【17】。

下面这个局势是真正的不可简化的基本定式。

### 基本定式【114】　撞击复合挤牌基本型二（不同步）

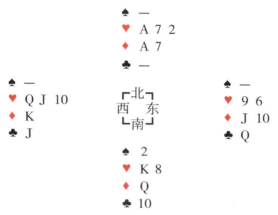

南家打出 ♠2，西家明显在两门红花色上都不能垫牌，只好垫掉 ♣J，明手可垫 ♥2，东家垫 ♥6；然后挤牌方依次兑现 ♥A、♥K，就会在两门低花上挤住东家。

我们再来分析一下基本定式【114】的形成原因，大多数情况下，东西家的 ♦ 结构之所以会形成撞击结构是有原因的，也就是说，这个局势可以再向前追溯一步，得到以下局势：

### 基本定式【115】　撞击复合挤牌基本型三（不同步）

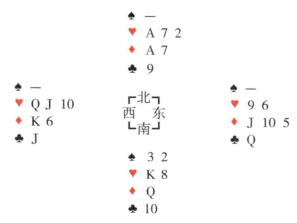

这种 6 张牌的残局中，南家首先打出♠3，西家面临垫牌难题。♥ 花色确定是不能垫的，如果西家此时垫掉♣J，放弃防守这门花色，就会形成西家独自防♥、东家独自看守♣的态势，最终两个防守人都无力防守♦。南北方只需依次兑现♥A、♥K，就会形成一个同步双挤的局势。

因此，此时西家只好先垫♦6，明手垫♣9，东家垫♦5，这就演化成了基本定式【114】。

## 实战牌例〖78〗：指桑骂槐（梅耶尔·施雷佛，Meyer Schleifer）

我们再来看一副被誉为"牌手中的牌手"——施雷佛的精彩牌例。

**南家发牌　局况不详**

```
                    ♠ 3
                    ♥ A 8 7 6 5 3
                    ♦ A 7 6 5
                    ♣ A 4
    ♠ Q 10 6                        ♠ K J 9 7 5 4 2
    ♥ K 10 4          北            ♥ J 9 2
    ♦ Q J 10 8 3   西   东          ♦ 9 2
    ♣ 7 3             南            ♣ 2
                    ♠ A 8
                    ♥ Q
                    ♦ K 4
                    ♣ K Q J 10 9 8 6 5
```

| 西 | 北 | 东 | 南 |
|----|----|----|----|
|    |    |    | 施雷佛 |
|    |    |    | 1♣ |
| — | 1♥ | — | 3♣ |
| — | 3♦ | — | 3♠ |
| — | 4♣ | — | 4NT |
| — | 5♠ | — | 5NT |
| — | 6♣ | — | 7NT |
| — | — | — | = |

这是 1966 年美国兰结双人赛中的一副牌。西家首攻♦Q，明手摊下牌来，施雷佛现在已经有 12 个快速赢墩，很明显第 13 墩只能靠挤牌来得到。

施雷佛用♦K 赢得首墩后，基本可以确定的是西家持有方块套，因此庄家打出他的一大串梅花来，并关注东西两家的垫牌，形成以下的残局形势：

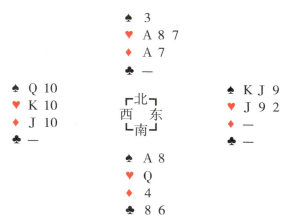

　　庄家现在兑现 ♣8，西家方块明显不能垫。如果他垫 ♠10，南家可以先打到明手的 ♦A 时，再用 ♠A 回到暗手，然后再打 ♣6，这样就打成对东西两家的同步双挤形势（基本定式【13】）。因此，西家只好垫掉 ♥10，明手和东家也各垫一张小 ♥，从而形成如下残局：

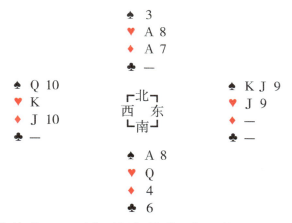

　　庄家接着兑现 ♣6，西家两门红牌明显都不能垫，只好垫 ♠10。见 ♦J–10均未露面，明手垫 ♦7，东家垫 ♠9，暂时无忧。施雷佛再出 ♦4 到明手的 ♦A 时，东家又无法垫牌了。实战中东家只好垫 ♠J，明手再兑现以 ♥A，击落下来西家的 ♥K。最后，在明手出 ♠3 进入南家的 ♠A 时，击落东家的 ♠K 和西家的 ♠Q，靠 ♠8 取得了大满贯定约所需的最后一墩（注：最后局势为定式【17E】）。

　　在这副牌的叫牌过程中，如果北家叫出 5♠ 后东家加倍，西家首攻黑桃会怎样？假设西家首攻 ♠Q，东放小，南家只好用 ♠A 取得，然后打出 6 轮梅花，形成以下局势：

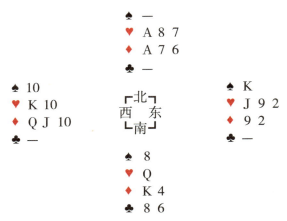

　　庄家现在兑现♣8(注：此时残局为基本定式【115】)，西家方块还是不能垫。如果他垫掉♠10，南家可以先打到明手的♦A，再用♦K回到暗手，然后再打♣6，这样还是对东西两家的同步双挤形势(注：基本定式【13】)。因此，西家只好垫掉♥10，明手和东家也各垫一张小♥，从而形成如下残局：

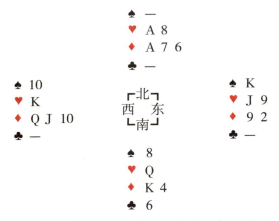

　　庄家接着兑现♣6，现在西家两门红牌明显都不能垫，他只好垫掉♠10。明手垫♦6，东家垫♦2，暂时无妨。施雷佛再依次兑现明手的♦A、暗手的♦K时，东家在两门高花上受挤，定约依然可以完成(注：最后局势为基本定式【114】)。

　　简评：如此具有代表性的一手牌。虽然东西两家都没有打错牌，可是施雷佛先迫使西家放弃黑桃，再对东家施加压力，就好像完全透视了四家的牌。这副牌居然只有在西家首攻♥K时，才会被打宕。

# 第三节　挤将牌

在有将定约中，当涉及三门花色挤牌时，绝大多数将牌花色都是充当挤牌张的角色，对防守方的挤牌针对的是另外三门非将牌花色。但是实战中，也存在挤将牌的情况。

首先，我们看一下著名的塞莱斯挤牌。这是由澳大利亚桥牌专家蒂姆·塞莱斯于 1956 年发现的残局形势。

**基本定式【116】　塞莱斯挤牌（Series Squeeze）**

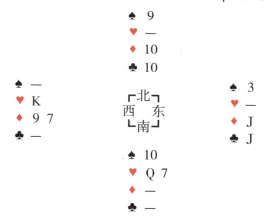

这是一种 3 张牌的残局，♠ 花色是将牌。南、北和东家各有 1 张将牌，南北两家通过交叉将吃只能拿到 2 墩。在三门非将牌花色上，南北两家并没有大牌，虽然 ♥ 花色通过将吃后可做出一个赢墩，但由于东家持有将牌，南家无法兑现这个赢墩。

但是，当南家出 ♥7、北家用 ♠9 将吃时，东家意外受挤。垫任意两门低花，就会做大北家的 1 张低花大牌，同时这张大牌在下一轮又会成为围剿东家将牌的关键张，而用 ♠3 将牌低吃，南家的两张牌又全好了。这样，东家无法阻止南北方全取 3 墩。

**实战牌例〖79〗：擒贼擒王（海瑟·达赫迪，Heather Dhondy）**

英国女将海瑟是 2008 年和 2012 年世界智力运动会女子桥牌锦标赛冠军队的成员，这副牌是她在 2009 年底英国一个桥牌俱乐部双人赛上打出来的。

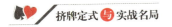

## 西家发牌　东西有局

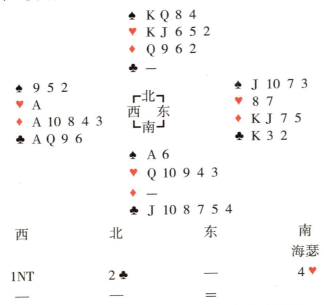

```
                          ♠ K Q 8 4
                          ♥ K J 6 5 2
                          ♦ Q 9 6 2
                          ♣ —
  ♠ 9 5 2                              ♠ J 10 7 3
  ♥ A              ┌ 北 ┐             ♥ 8 7
  ♦ A 10 8 4 3     西    东            ♦ K J 7 5
  ♣ A Q 9 6        └ 南 ┘             ♣ K 3 2
                          ♠ A 6
                          ♥ Q 10 9 4 3
                          ♦ —
                          ♣ J 10 8 7 5 4
```

| 西 | 北 | 东 | 南 |
|---|---|---|---|
|  |  |  | 海瑟 |
| 1NT | 2♣ | — | 4♥ |
| — | — | = |  |

西家的 1NT 是弱无将，12–14 点，北家的 2♣ 表示至少是 5–4 的双高套。

西家首攻 ♥A，接着又打出 ♦A。海瑟知道，如果顺利拿到 3 墩黑桃，再通过交叉将吃可能获得 11 墩牌，由于这是双人赛制，有无可能再取得 1 墩从而超二完成定约呢？

西家打不出第二张将牌，给了庄家展开交叉将吃的机会。南家将吃方块后，出梅花交明手将吃，然后用 ♠A 回手，再让明手将吃梅花。明手兑现 ♠K、♠Q，南家再将吃方块，南出第 3 轮梅花让明手将吃，自己再将吃第 3 轮方块回手，形成以下 3 张牌的残局：

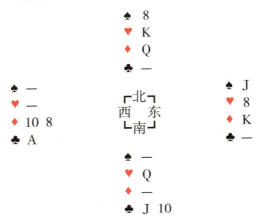

```
                  ♠ 8
                  ♥ K
                  ♦ Q
                  ♣ —
  ♠ —                          ♠ J
  ♥ —        ┌ 北 ┐           ♥ 8
  ♦ 10 8     西    东          ♦ K
  ♣ A        └ 南 ┘           ♣ —
                  ♠ —
                  ♥ Q
                  ♦ —
                  ♣ J 10
```

此时，南家打出♣10，明手用♥K将吃，东家意外发现自己没有可垫的牌了。如果垫♠J或♦K，明手就可以接着兑现这门花色的大牌，成功地擒住他的小将牌；如果垫掉小将牌，庄家就可以轻松地将吃回手，兑现已经做好的♣J。就这样，海瑟成功地取得了4♥超二的好分数（注：最后局势为基本定式【116】）。

**基本定式【117】　倒洗挤牌（Backwash Squeeze）**

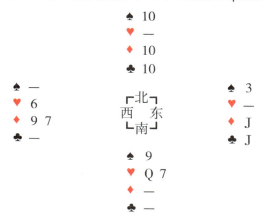

倒洗挤牌同塞莱斯挤牌很相似，这种3张牌的残局的特点是，其实南家的3张牌都已经是大牌了，但由于在将牌花色上形成阻塞，不能用清将方式来擒住东家的将牌。

这时，南家打出♥Q，虽然这是赢张，但北家仍然用♠10将吃，则东家面临的局势与塞莱斯挤牌完全相同。这种局势下，如果南家的♥Q与西家的♥6互换位置，就是塞莱斯挤牌。

这个残局存在次级挤牌的变型，这种次级挤牌形势也与塞莱斯挤牌有几分相似之处。

**基本定式【118】　次级倒洗挤牌**

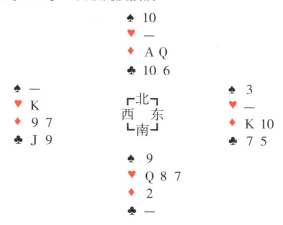

这是一种 5 张牌的残局，♠花色是将牌。这种挤牌也可视为一种剪枝挤牌。

南、北和东家各有 1 张将牌，南北两家通过交叉将吃和 ♦A 只能拿到 3 墩。但南家出 ♥Q 交明手的 ♠10 将吃时，东家垫牌出现困难。将牌肯定不能垫，否则南北两家的牌就全大了。如果垫 ♦10，又会送给明手 ♦Q 一墩牌。因此，垫小 ♣"似乎"是最安全的垫牌。但南家将吃 ♣ 回手，兑现 ♥ 花色赢张，东家可以将吃，但他已经没有脱手张可出，不得不送给挤牌方 2 墩 ♦。这时，我们可以清楚地看到，迫使东家垫小 ♣，其实是要求东家强制垫牌，从而为剥光和投入创造条件。

**实战牌例〖80〗：欲擒故纵**（洛伦佐·劳利亚，Lorenzo Lauria）

这副牌发生在 2008 年北美夏季大赛之一——斯平果尔德杯大赛上，以意大利主力阵容为主的韦德队与美国多名好手组成的萨迪克队狭路相逢。

**西家发牌　东西有局**

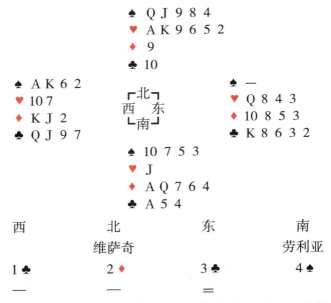

|  | 西 | 北 维萨奇 | 东 | 南 劳利亚 |
|---|---|---|---|---|
|  | 1♣ | 2♦ | 3♣ | 4♠ |
|  | — | — | = |  |

北家的 2♦ 争叫代表双高套。开闭室两队都叫到 4♠ 定约，主打人也都是南家。首攻也相同，两个西家都是首攻 ♣Q。

闭室南家用 ♣A 取得首墩后，拔 ♥A，再出小 ♥ 交暗手将吃。然后清将，西家 ♠K 赢得后，继续出 逼明手将吃。庄家再出小 ♥，暗手用 ♠10 将吃，西家垫 ♦，此时定约已经打不成了。南家还在努力，打小 ♣ 给明手将吃，然后飞 ♦，计划飞 ♦ 成功后取得 1 墩 ♥、2 墩 ♦、1 墩 ♣、暗手将吃 2 次 ♥、明手将吃 2 墩 ♣，接下来明手再将吃 1 次 ♦，然后暗手再将吃 ♥ 希望提升将牌。结果飞 ♦ 失败，东家上手后把将牌清掉，定约最后宕二。

　　开室中，劳利亚表现出路线清晰、读牌准确的特点，打出了近乎双明手的做庄路线。他用 ♣A 赢得首墩后，拔 ♥A、♥K，暗手垫小 ♥；再出第三轮 ♥，暗手用 ♠7 将吃，西家超将吃也无益，只好垫小 ♥，这也是很顽强的防守。

　　此时，庄家出小将牌，西家用 ♠K 赢得后，又拔掉 ♠A，然后出 ♣ 让明手将吃。此时残局形势如下：

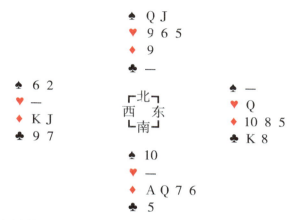

　　现在这个局势下，不是简单的做庄问题，而是一道双明手题目。即北家出牌，如何在 6 张牌的残局形势下获得 5 墩。打 ♦ 没什么好处，即使将吃下西家的 ♦K，也最多能取得 4 个赢墩。清光将牌也不行，明手的 ♥ 套还没好。打 ♥ 怎么样呢？看上去 ♥ 套虽然能做好，但无法清光西家的将牌，定约似乎进入绝境。

　　劳利亚打小 ♥，暗手用 ♠10 将吃，奇迹出现了，西家无法垫牌。西家垫将牌肯定不行，明手再将吃 ♣ 回手后，清光将牌明手的牌就全好了，垫 ♦J 也不行，庄家就会击落 ♦K，再凭借 ♦Q 取 1 墩牌。实战中，西家只好垫小 ♣，但这只解决了暂时的问题。

　　定约人再出 ♣5，明手将吃，顺便剥光西家的梅花，然后兑现手上的将牌，解放东家的小将牌，然后兑现 ♥ 套上的赢张，西家可以将吃，但不得不打回 ♦ 送给定约人最后 2 墩 ♦。

　　**简评：**劳利亚面对将牌不利分布，冷静应对，这种牌确实难度极高并极为罕见。结果上，他看似打出的是双明手打法，但做庄过程中每张牌都非常合理，最后收获意想不到的残局形势。

还有一种情况，防守方在三门花色上出现垫牌困难，这三门花色中包括将牌。实际情况是：此时对防守方来讲，垫将牌是最安全、暂时没有损失的一种垫牌方式，或者是对主打方完成定约难度最大的一种垫牌。但是，这种垫牌只能延缓该名防守人受挤的时间，并不能真正使其摆脱困境。

其实，在本书实战牌例〖13〗菲什比恩那副牌中，我们已经接触过这样的牌例。我们再来看一副这样并不常见的例子。

### 实战牌例〖81〗：擒贼擒王（萨缪尔·斯台曼，Samuel Stayman）

斯台曼是一位享有世界声誉的美国桥坛元老级人物，是首批获得国际桥联特级大师称号的牌手之一，同时又是一位很有造诣的桥牌理论家和桥牌作家。"斯台曼约定叫"已经成为桥牌叫牌体系中重要的一个通用叫品。

北家发牌　局况不计

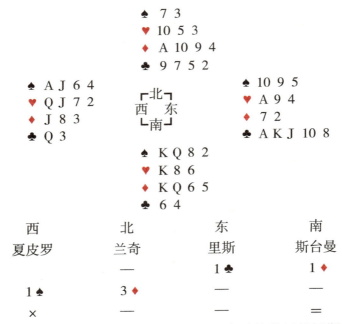

| 西 | 北 | 东 | 南 |
|---|---|---|---|
| 夏皮罗 | 兰奇 | 里斯 | 斯台曼 |
|  | — | 1♣ | 1♦ |
| 1♠ | 3♦ | — | — |
| × | — | — | = |

这是一次赛制很特别的比赛。斯台曼和兰奇对抗英国的里斯和夏皮罗组合，规定只由叫成局的牌决定胜负。如果未叫到成局，便不计胜负。

这副牌由于3♦加倍后已经成局，所以双方要打这副牌。南北家只有17点大牌，牌型也无特别优势，将牌8张，因此斯台曼面临的这个定约可以说是岌岌可危。

西家首攻♣Q，东家用♣K盖吃，再打♣A。里斯这时可以打第三张大梅花，

不过他认为可以等以后 ♥A 上手再出梅花也不迟，所以里斯打回 ♠10。南家的
♠K 被西家的 ♠A 吃住，西家打回 ♥Q，东家直接用 ♥A 赢得。

这时东家打回梅花，斯台曼不敢大意，用手上的 ♦K 将吃，西家不能盖吃，
垫了张小红心。庄家从手上出 ♦5，西家出小牌，明手用 ♦9 成功飞过。明手再
出第 4 轮梅花，暗手用 ♦Q 将吃。现在的残局是：

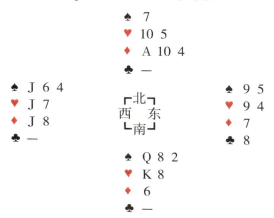

现在夏皮罗还需要垫 1 张牌，突然他发现自己无牌可垫了。如果西家垫小
♠，庄家就可以飞将牌，清掉西家将牌，南家垫 ♥8，兑现 ♠Q，再将吃一轮黑桃，
他的第 3 张黑桃就做大了。如果西家垫 1 张红心，那就更简单了，庄家就可以
飞将牌，清掉西家将牌，两张 ♥ 就都大了。

如果西家此时将牌低吃，定约人就再清将交给明手，此时最后 5 张牌的残
局如下：

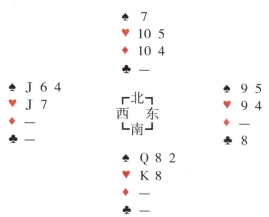

明手再用 ♦10 清将，暗手垫出 ♥8，西家再受到将吃挤牌（注：最后局势

为基本定式【30】）。

就这样，借助这个罕见的局势，斯台曼漂亮地完成了这个艰难的定约。

**简评：** 由此我们可以看出，这种打法下，防守方不垫将牌的话，庄家就能很轻松地完成定约，而垫将牌（将牌低吃）则是给定约方制造了更多的麻烦。虽然，最终防守方无法改变受挤的命运，但仍不失为一种虽败犹荣的打法。

# 第四节　带将牌的特殊类型挤牌

本节将介绍一类带将牌的、较为特殊的挤牌。这种挤牌中，并不存在将吃胁张，将牌在挤牌中发挥的功能是用于进手。因此，我们并不能将这种挤牌列入将吃挤牌。

这种残局形势中，挤牌方通常有 2 张将牌。第一张将牌起到的是挤牌张的作用，而第二张将牌则是进手张。

这种残局最少可以只有 3 张牌，这是一种极为罕见的、没有双胁张的三门花色挤牌。2021 年《桥牌世界》杂志第 8 期中介绍过此类挤牌，杂志中将其命名为三单张挤牌。

**基本定式【119】　有将的三单张挤牌（带将牌的特殊挤牌一）**

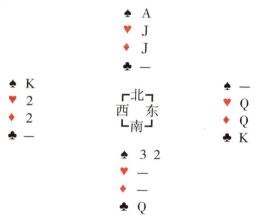

这种 3 张牌的残局中，♠是将牌。由于西家还有 1 张将牌，南北方无法用交叉将吃取得余下 3 墩，只能依靠挤牌来实现全取 3 墩的目的。

事实上，东家持有另外 3 门花色上的顶张大牌，却无力取得 1 墩。南家出将牌♠2，明手的♠A 在清掉西家♠K 的同时，东家受挤。如果垫掉任意一门红花色的 Q，南北方就能在这门花色上多做出 1 墩；如果垫 ♣K，南家就将吃回手，兑现 ♣Q，全取 3 墩。这种挤牌还是双向的。

在这个残局中，南家的第 2 张将牌起到的是进手的作用。

### 实战牌例〖82〗：指桑骂槐（特里·布朗，Terry Brown）

布朗是澳大利亚桥牌界的常青树，年逾古稀的他至今仍然活跃在桥坛上。这位老将凭借此副牌上的精彩表现，荣获 2022 年度 IBPA 最佳做庄奖。

**东家发牌　东西有局**

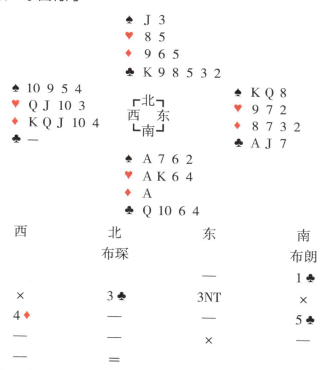

|  | ♠ | J 3 |
|---|---|---|
|  | ♥ | 8 5 |
|  | ♦ | 9 6 5 |
|  | ♣ | K 9 8 5 3 2 |

西家：♠ 10 9 5 4　♥ Q J 10 3　♦ K Q J 10 4　♣ —

东家：♠ K Q 8　♥ 9 7 2　♦ 8 7 3 2　♣ A J 7

南家：♠ A 7 6 2　♥ A K 6 4　♦ A　♣ Q 10 6 4

| 西 | 北<br>布琛 | 东 | 南<br>布朗 |
|---|---|---|---|
|  |  | — | 1♣ |
| × | 3♣ | 3NT | × |
| 4♦ | — | — | 5♣ |
| — |  | × |  |
|  |  | = |  |

这副牌出现在 2021 年澳大利亚秋季大赛公开团体赛上。面对加倍的 5♣ 定约，西家首攻 ♦K。

布朗开始分析定约的前景。从叫牌中可以分析，西家持有 4-4-5-0 牌型。表面上看，虽然庄家明显的输墩只在 2 个黑花色上各有 1 个，但要想得到 11 个赢墩着实不易。边花上的顶张共有 4 个赢墩，以及明手 6 张将牌的 5 个赢墩，还需要庄家发展出 2 个赢墩。如果考虑让暗手将吃两次 ♦，明手明显又缺乏将吃两次及处理将牌所需的进手。

接下来就是考虑对西家实施终局打法了。西家要防守两门高花，但由于高花的威胁张均在南家手上，位置不利决定无法形成对西家的简单挤牌。不过如果西家同时还要承担看护明手 ◆9 的任务，他就有可能力不从心。因此，一个奇异的构思进入庄家的脑海中。

进入实战中，布朗用 ◆A 取得首墩。然后庄家从手中送出 ♠2，东家用 ♠Q 盖住了北家的 ♠J。东家换攻 ♥7，南家用顶张停住。庄家拔 ♠A，再让明手将吃一轮黑桃。明手打出将牌 ♣9，东家直接出 ♣A，再攻 ♥2，南家用 ♥K 止住。

南家让明手将吃一轮红心，暗手再将吃明手的 ◆6。形成如下 4 张牌的残局：

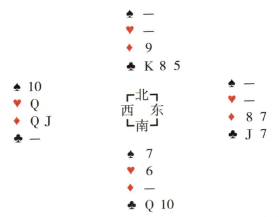

此时，明手已经不能再有机会进行安全的将吃了，必须动将牌。布朗动将牌的次序非常关键，他小心翼翼地从手上出 ♣10，明手上 ♣K，这时西家还可以垫 ◆J。但在下一轮从明手的 ♣5 到暗手的 ♣Q 时，西家的 3 个单张受到三门花色挤牌（注：最后 3 张牌的局势为基本定式【119】）。

实战中，西家不得已垫掉 ♠10，南家则用已经做大了的 ♠7 垫掉了 ◆9。庄家成功地完成了这一高难度定约。

"我打了 50 多年的桥牌，这样的挤牌我还是第一次遇到。"布朗又惊又喜地说道。

基本定式【119】还有无将版本。这种无将版本还可视作是弃货单挤基本定式【11】的三门花色版本。同有将版本的不同点，主要是需要重点解决南家如何进手的问题。

### 基本定式【120】 无将的三单张挤牌

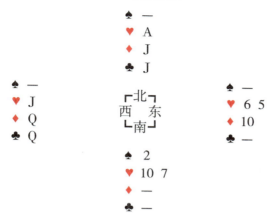

这个残局中，南北家在红心花色上有 2 个赢墩，但由于处于阻塞状态，正常情况下只能拿到 1 墩。但由于西家还要防守两门低花，则西家就会无法垫牌。如果垫两门低花上的 Q，就会给明手带来 1 个赢墩，如果西家垫 ♥J，北家就垫 ♥A 解封！这时南家的 ♥10–7 就已经全好了。事实上，在无将情况下，只有通过解封才能实现南家的继续出牌。

同基本定式【11】相同，这个挤牌也是单向的。

基本定式【119】还存在次级版本，就是施罗德挤牌。这也是一个三单张的三花色挤牌，挤牌方通过挤牌可以多获得 1 个赢墩，但也还要输 1 墩牌。这种残局是德克·施罗德最早打出来的。

### 基本定式【121】 施罗德挤牌

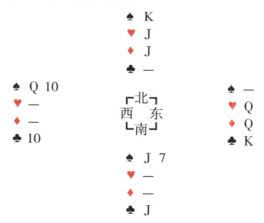

这种 3 张牌、♠是将牌的残局中，看上去南北方只有 ♠K 这 1 个赢墩。但

在北家兑现♠K时,东家受挤。垫掉任意红花色的Q,就会给北家带来1个赢墩。如果东家垫♣K,下一轮南家就将吃任意红花色回手,兑现♣J,在这个过程中,西家可以超将吃,但不得不把♣10送给南家的♣J。

比基本定式【119】略显"正常一些"(即持有双胁张的情况)的是下面这种4张牌的局势,是由笔者于2021年底发现的(笔者不能确定是否为首次发现)。这种局势已被《桥牌世界》杂志收录,刊载于2023年第1期中。

**基本定式【122】 带将牌的特殊挤牌二**

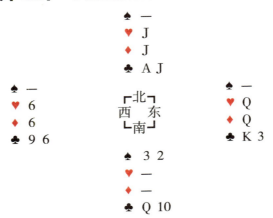

这种4张牌的残局中,♠是将牌。在基本定式【119】的原型上,没有清将的压力时,将北家的大将牌换成♣A,再给各家增加1张♣,就得到这个基本定式。

现在南北方在梅花花色上有一个十字交叉的胁张结构,另外两门花色上,均是单胁张结构。南北方有3个快速赢墩,但是可以全取4墩。

南家打出第1张将牌♠3,明手垫♣J,东家受挤。明显,♥和♦两门花色都不能垫,只能垫♣3。下轮北家♣A击落东家的♣K,再将吃红花色回手,兑现♣Q赢张。

在这种局势中,南北方并没有将吃胁张。如果♠不是将牌,南家没有额外的进手张,挤牌将不成立。

这种挤牌是双向的,但主要是针对东家的。因为,如果是对西家挤牌,打法就会更简单,早期将吃一次任意的红花色,就会简化成一个对西家的单向单挤。

## 实战牌例〖83〗：远交近攻（小新—新睿机器人，Synrey Bridge）

目前新睿桥牌是国内非常受欢迎的桥牌软件之一。新睿桥牌能取得成功，与其机器人——小新日益提高的水平密不可分。小新曾在 2017 年获得第 21 届世界计算机桥牌锦标赛亚军的好成绩。通过下面这副牌，我们可以感受到小新的做庄水平。

东家发牌　南北有局

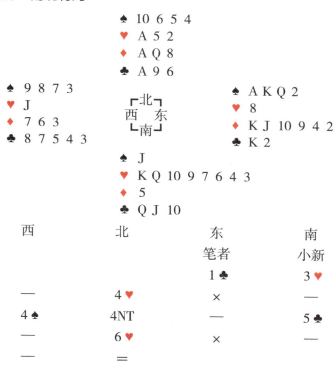

| 西 | 北 | 东 | 南 |
|---|---|---|---|
|  |  | 笔者 | 小新 |
|  |  | 1♣ | 3♥ |
| — | 4♥ | × | — |
| 4♠ | 4NT | — | 5♣ |
| — | 6♥ | × | — |
| — | = |  |  |

这是笔者于 2021 年 12 月在新睿桥牌周赛上遇到的一副牌。为方便阅读，笔者将四家位置调整为由南家做庄。东西采用精确体系，南北使用 CCBA 体系。笔者坐东家，剩余三家为机器人。

东家 1♣ 为强开叫，南家 3♥ 阻击。西家叫出 4♠ 显示配合后，北家认为南家的黑桃不超过 1 张，因此毅然用罗马 4NT 问关键张。得知同伴有 1 个关键张后，南家冲上 6♥。笔者持有强牌，加倍也在情理之中。

西家首攻♠7，笔者用♠Q 取得首墩。东家再出♠A，南家将吃。很明显，定约的成败在于能否飞中♣K，但由于东家的加倍，庄家也知道飞中♣K 的可能性微乎其微。小新并不走寻常路，他有自己的策略，决心秀一下牌技。

南家出♥3，北家用♥A 进手，同时清掉外面的将牌。然后，小新从明手出♠4，东家当然放小，小新此时并不将吃，而是垫♣10！西家用♠9取得这墩，定约虽然宕了，但是接下来小新有精彩的表演。

西家进手后转攻♦6，北家用♦A止住。北再出♦8，东盖上♦10，南家将吃。然后，南家连续打出红心，最后4张牌的残局如下：

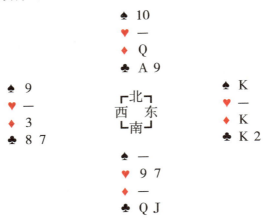

南家再出♥9，北家垫掉♣9，笔者发现自己在三门花色上受挤，♠K、♦K都不能垫，只好垫♣2。而下轮小新在用♣A击落了东家的♣K后，就摊牌了（注：最后局势为基本定式【122】）。

这种局势还可以拓展成为5张牌的残局。

### 定式【122A】 带将牌的特殊挤牌变型

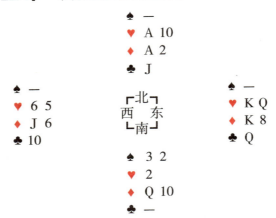

这种局势相当于基本定式【122】中4手牌各增加了1张♥。具体打法则与基本定式【122】完全相同。

这种局势还存在次级版本。

## 基本定式【123】　　带将牌的特殊挤牌次级版一

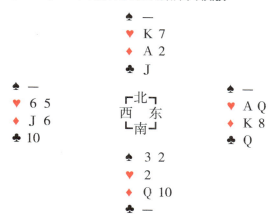

在这种 5 张牌的残局中，♠是将牌。南北双方只有 3 个快速赢墩，但是可以拿到 4 墩。南家打出第 1 张将牌♠3，明手垫♦2，东家受挤。首先确定的是，♣不能垫，如果垫♦8，下轮北家♦A 击落东家的♦K，再将吃♣回手，仍然可以兑现♦Q 赢张。东家只好垫♥Q，南家出♥2，顶下♥A，下轮无论东家回哪门低花，挤牌方都有很好的控制，保证获得余下的全部赢墩。

这种次级挤牌也可以是 6 张牌的残局。

## 基本定式【124】　　带将牌的特殊挤牌次级版二

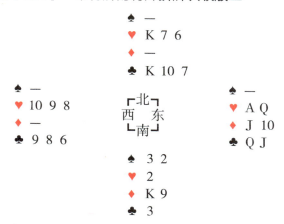

这种残局中，♠是将牌。南北双方共有 4 个快速赢墩，但是可以拿到 5 墩。南家打出第 1 张将牌♠3，明手垫♥6 或♣7，东家受挤。很明显，♣和♦都不能垫。东家只好垫♥Q，南家出♥2，明手放小♥，轻松逼出单张♥A，下轮无论东家回哪门低花，南北方都有很好的控制，保证获得余下的全部赢墩。

这种残局形势是 6 张牌的原因在于，♦ 花色的胁张在南家手上，南家必须有足够的控制，来保证阻止东家在这门花色上的回攻。

### 实战牌例〖84〗：树上开花（芭芭拉·特拉维斯，Barbara Travis）

特拉维斯是澳大利亚队中的主力，也是中国女队的老对手了。这副牌出现在 1987 年的威尼斯杯上，那时中国女队刚在世界大赛上崭露头角，经验方面还显稚嫩。下面这副牌，特拉维斯就给年轻的中国女队上了一堂课。

**东家发牌　双方有局**

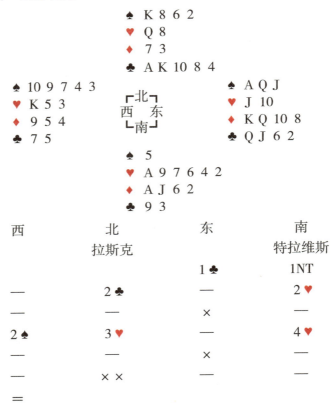

|  | ♠ | K 8 6 2 |
|---|---|---|
|  | ♥ | Q 8 |
|  | ♦ | 7 3 |
|  | ♣ | A K 10 8 4 |

♠ 10 9 7 4 3　　　　　　　♠ A Q J
♥ K 5 3　　　　　　　　　♥ J 10
♦ 9 5 4　　　　　　　　　♦ K Q 10 8
♣ 7 5　　　　　　　　　　♣ Q J 6 2

♠ 5
♥ A 9 7 6 4 2
♦ A J 6 2
♣ 9 3

| 西 | 北 | 东 | 南 |
|---|---|---|---|
|  | 拉斯克 |  | 特拉维斯 |
|  |  | 1♣ | 1NT |
| — | 2♣ | — | 2♥ |
| — | — | × | |
| 2♠ | 3♥ | — | 4♥ |
| — | — | × | |
| — | × × | — | |
| = | | | |

叫牌过程有些诡异。澳大利亚的拉斯克叫牌过程中前松后紧，是早有预谋的。对同伴的 2♥ 她先是放过，未予支持，预料到中方必然会参与争叫，以后东家做争叫性加倍后，她又只是加叫到 3♥，继续伪装牌力较弱。最后，果然诱使到东家加倍，拉斯克这时才显示真正实力，叫再加倍！这也反映了我国女将的经验不足，没有仔细想想拉斯克的 3♥ 为什么不早叫出来。如果她牌力真的较弱，南家又怎会主动叫到 4♥ 呢？接下来的打牌过程，同样展示了澳大利亚女队的老辣。

中国女队西家首攻 ♣7，明手用 ♣A 拿到，接着打出 ♦7，东家上 ♦Q，庄家放过。东家别的花色都不好动，只好换攻 ♥J，西家的 ♥K 赢得。西家继续清将，北家 ♥Q 进手。北家继续出 ♦3，东家出 ♦8，南家用 ♦J 飞牌成功。

南家接着用 ♥A 清光西家将牌，然后再调一轮将，西家、北家都垫了一张黑桃，这时，东家的垫牌已略感压力，只好垫掉 ♠J。此时，四家牌的残局形势为：

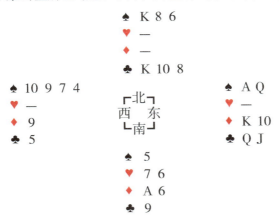

最后 6 墩牌时，南北家共有 4 个快速赢墩，但只能再失一墩。特拉维斯继续打出将牌 ♥7，北家则垫掉 ♠6，东家受挤：垫掉 ♦，多送一墩 ♦；垫掉 ♣，则多送两墩 ♣；垫掉 ♠Q，又会做大明手的 ♠K。实战中，东家垫掉 ♠Q，特拉维斯出 ♠5，明手放 ♠8，东家的 ♠A 应声而落。东家打回 ♦K，南家止住后，用梅花进入明手，然后用 ♠K 垫掉方块输张后，完成这个再加倍的定约。

简评：正是由于中国女队在国际大赛上的不断历练，多年以后，铿锵玫瑰得以绽放。2009 年，中国女队终于在第十七届威尼斯杯上，站上冠军领奖台，一览众山小。

# 第五节　防守方挤牌

本书并不特别介绍挤牌防守，同时关于防守方利用前面所述定式对定约人实施挤牌的内容也不在本节范围内。

本节关注的是防守方让定约方出现垫牌困难的两个特有残局。这两个特有残局，似乎并不能完全定义为挤牌，但可以确定的是，防守方可使定约方出现垫牌困难，并从中受益。

第一种局势，是防守方让定约方陷入必须猜断该如何留牌的状态，专家也

称之为"掷金币挤牌"。

### 基本定式【125】 防守方挤牌型一

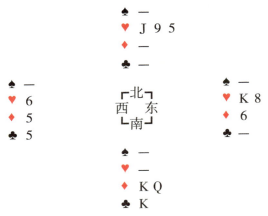

这个残局中,南北方联通出现问题,南家只能借助于防守方进手。残局中,西家打出♥6,北家盖上♥9,这时如果东家用♥K取得,则防守已经结束,南家可以垫♦Q。这样南北方保持对3门花色完美的控制。

因此,东家在这轮必须忍让!下轮北家打出♥时,东家再用♥K吃住。此时,南家要猜东家最后一张牌是哪门低花,来决定留哪一门低花上的K。如果一点线索都没有的情况下,庄家会有一半的概率猜错。

### 实战牌例〖85〗:反客为主(斯皮罗斯·利亚拉科斯,Spiros Liarakos;托诺斯·卡帕亚尼迪斯,Thanos Kapayannidis)

这是1988年欧洲青年联赛中出现的一副牌,希腊的两名青年才俊打出了漂亮的防守。

北家发牌 局况不详

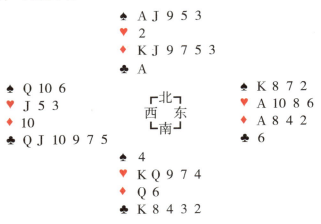

| 西 | 北 | 东 | 南 |
|---|---|---|---|
| 卡帕亚尼迪斯 | | 利亚拉科斯 | |
| | 1♠ | — | 2♥ |
| — | 3♦ | — | 3NT |
| — | — | = | |

西家首攻 ♣Q，明手用 ♣A 取得。庄家立即树立 ♦ 长套，东家用 ♦A 赢得第二轮 ♦。

东家意识到庄家存有联通上的问题，认为这将是打宕定约的唯一出路。于是，东家决定让庄家受困于明手，于是他主动兑现 ♥A，并用小 ♦ 脱手，送给明手出牌。

庄家在暗手有足够多的大牌赢张完成定约，却苦于没有进手来兑现它们。庄家只好再连拿 3 轮 ♦，东家垫 2 张 ♥，西家共扔掉 1 张 ♥ 和 4 张 ♣。

现在，明手只有 ♠ 可出，于是先拔掉 ♠A，西家跟出 ♠10 解封。接着明手再出 ♠3，西家用 ♠Q 超吃东家的 ♠7，最后 3 张牌的残局如下：

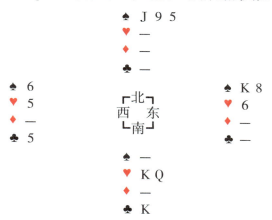

西家再出 ♠6，明手盖上 ♠9，东家很清楚，如果他用 ♠K 取得的话，就将是防守方的最后一墩牌。于是，东家出 ♠8 忍让，放过这一墩！这时南家可以从容地扔掉 ♥Q。

但是，在接下来的一轮 ♠，东家用 ♠K 赢得时，南家就无法淡定了，他根本不知道该垫 ♥K 还是 ♣K 了！这简直就像是在掷金币游戏一样猜断。在经历艰难的猜断后，他垫了 ♥K。无法预料，♣ 原本为 6–1 分配。这是一个错误的选择，于是这个"打不垮"的定约就这样被击败了。

**基本定式【126】　防守方挤牌型二**

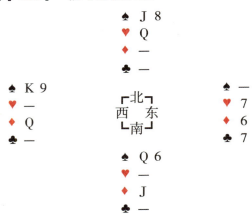

这是第二种局势。严格地说，这种颇有意思的残局并不是真正意义的挤牌。

在最后 3 张牌的残局中，♠ 是将牌。现在西家出牌，目的是如何取得 3 墩中的 2 墩。唯一正确的打法是：西家出 ♠K！北家先跟出 ♠8，南家则陷入两难境地。如果南家正常跟 ♠6，下轮西家继续出 ♠9 投入南家手里，南家的 ♦J 还要再输 1 墩；如果南家在这轮解封，抛掉 ♠Q，西家就出 ♦Q，逼迫北家用 ♠J 将吃，这样最后西家的 ♠9 就能取得 1 个将牌赢墩。北家先垫 ♠J 也不行，西家只需出 ♠9 投入南家即可。

这种局势中，由于北家、南家将牌只能形成一家上手，西家可以根据南北家留牌的情况，采取下一步行动，南北方无法实现两全。

# 第六节　无招胜有招

此前，我们介绍了众多的挤牌定式。但所有的定式都是以取得更多墩数为目的，正如武功招式的真正目的在于克敌制胜。同样地，那些超越定式的无招之式，或许才是挤牌的更高境界。

**实战牌例〖86〗：抛砖引玉（奥马尔·夏里夫，Omar Sharif）**

夏里夫既是电影明星，也是桥牌高手。他主演的电影《日瓦戈医生》《阿拉伯的劳伦斯》已成为电影史上的经典之作，他曾获得奥斯卡最佳男配角提名。同时，他也是一名优秀的牌手，特别是他致力于桥牌运动的普及和推广。

**西家发牌　局况不详**

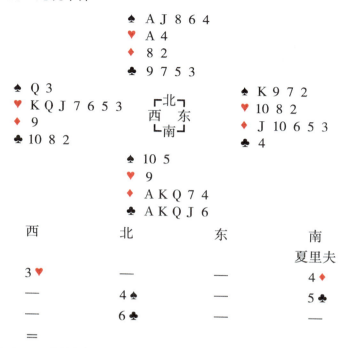

```
                    ♠ A J 8 6 4
                    ♥ A 4
                    ♦ 8 2
                    ♣ 9 7 5 3
♠ Q 3                              ♠ K 9 7 2
♥ K Q J 7 6 5 3      ┌─北─┐        ♥ 10 8 2
♦ 9                 西    东        ♦ J 10 6 5 3
♣ 10 8 2            └─南─┘        ♣ 4
                    ♠ 10 5
                    ♥ 9
                    ♦ A K Q 7 4
                    ♣ A K Q J 6
```

| 西 | 北 | 东 | 南 |
|----|----|----|----|
|    |    |    | 夏里夫 |
| 3♥ | — | — | 4♦ |
| — | 4♠ | — | 5♣ |
| — | 6♣ | — | — |
| = |    |    |    |

西家首攻♥K，夏里夫用明手的♥A止住。第二墩，明手再出♥4，暗手将吃。在场的观众都感觉不解，大家还未看出这个举动的目的。

大多数人的做庄思路是调完将牌后树立方块套，但夏里夫考虑得要更多些。夏里夫开始清将，发现西家竟有3张将牌。正常情况下，西家开叫3♥，应该是7张套，再加上3张梅花，因此，可以推断出，东家持有♠和♦长套。

在南家调第二轮将牌时，东家可以垫小♥。这时我们看看在南家调第三轮将牌时的情形：

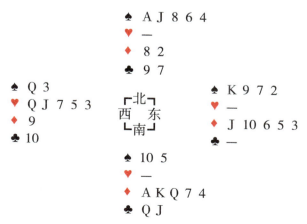

```
                    ♠ A J 8 6 4
                    ♥ —
                    ♦ 8 2
                    ♣ 9 7
♠ Q 3                              ♠ K 9 7 2
♥ Q J 7 5 3        ┌─北─┐        ♥ —
♦ 9                西    东        ♦ J 10 6 5 3
♣ 10               └─南─┘        ♣ —
                    ♠ 10 5
                    ♥ —
                    ♦ A K Q 7 4
                    ♣ Q J
```

南家再出 ♣Q，调下西家的 ♣10，现在东家出现垫牌困难了。因为明手还有 1 张将牌，很明显东家需要保留 5 张方块。东家无奈地垫了张小黑桃。

夏里夫随即从手中出黑桃，明手也放小，主动送出 1 墩。东家上手后打回方块，南家用 ♦A 止住，再出 ♦K，西家告缺，♦ 长套果然无法树立。东家 4-3-5-1 的牌型也基本上浮出水面。南家转向树立黑桃，出到明手的 ♠A，再将吃 1 轮小 ♠，此时黑桃套已经树立起来，明手的最后一张将牌就是进手张。

我们再回过头来看，就会发现夏里夫在第 2 轮将吃红心的重要性了。定约方要想成功挤住东家，使其在 5 张方块和 4 张黑桃中垫 1 张牌。将吃红心相当于仅用南家的 1 张将牌去消减东家的 1 张红心。否则，再想挤住东家，就需要南北方调第四轮将，那么这样北家就没有将牌完成将吃任务了。

接下来，我们再来看一个无招胜有招的牌例，同样非常精彩。

## 实战牌例〖87〗：打草惊蛇（乔吉奥·杜伯因，Giorgio Duboin）

杜伯因是目前意大利桥牌队主力成员，曾两次捧得百慕大杯赛冠军，并获得国际奥林匹克桥牌团体赛的"三连冠"。他状态稳定，战绩卓著，是当今桥牌界绝顶高手之一。

东家发牌　双方有局

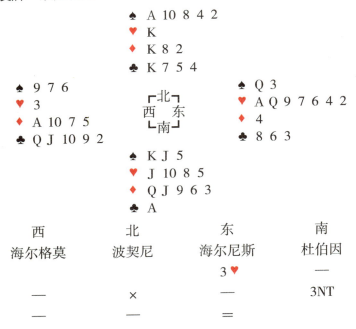

|   ♠ A 10 8 4 2 |
|   ♥ K |
|   ♦ K 8 2 |
|   ♣ K 7 5 4 |

西
♠ 9 7 6
♥ 3
♦ A 10 7 5
♣ Q J 10 9 2

东
♠ Q 3
♥ A Q 9 7 6 4 2
♦ 4
♣ 8 6 3

南
♠ K J 5
♥ J 10 8 5
♦ Q J 9 6 3
♣ A

| 西 | 北 | 东 | 南 |
|---|---|---|---|
| 海尔格莫 | 波契尼 | 海尔尼斯 | 杜伯因 |
| | | 3 ♥ | — |
| — | × | — | 3NT |
| — | — | = | |

这副牌出现在 2007 年百慕大杯意大利对挪威的比赛中。杜伯因凭借这副牌的主打，荣获 2008 年度 IBPA 最佳做庄奖。

比赛中杜伯因坐在开室，众多桥牌爱好者可以通过直播，观看四位当今最顶尖选手同桌竞技。

叫牌过程可以讨论的事项比较多，北家争叫 3♠ 也是一种选择，南家在北家加倍后考虑放过也是一种选择。

但是不管怎样，现在杜伯因是 3NT 定约的主打人。西家首攻 ♣Q，我们看了四家的牌，知道南家很难正确处理 ♠ 套。

杜伯因用手上的 ♣A 赢得第一墩后，立即树立方块套。他出 ♦J，西家用 ♦A 吃住。西家继续出 ♣J，庄家忍让这一轮，暗手垫掉 ♠J，西家再出 ♣，庄家用 ♣K 止住，手上垫 ♦3。

很明显，东家开叫 3♥，应该是 7 张套，同时他还持有 3 张 ♣，又显现了 1 张 ♦。这样东家已经暴露出 11 张牌，那么他另外 2 张牌分布在哪个花色上呢？杜伯因在经过长考后，终于找到了万全之策。

他主动从明手打出单张 ♥K！东家如果此时用 ♥A 吃住，将没有合适的牌回攻：回 ♠ 肯定是没有希望的，如果回攻 ♥，东家与南家在 ♥ 花色上"乒乓"对攻几轮后，最终西家会成为受害者，他的牌会被挤得支离破碎。因此，此轮海尔尼斯发现了唯一能给庄家制造麻烦的打法——放过 ♥K，此举赢得了观众席中挪威拥趸的热烈掌声。

杜伯因以 ♠K 回到暗手，此时残局形势如下：

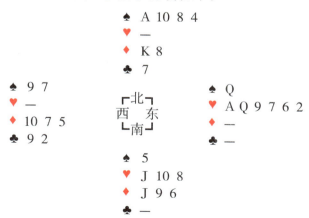

杜伯因继续出 ♥J！西家此时垫牌已经有些困难：♦ 花色能有一止，肯定不能垫，垫小 ♠ 容易暴露牌情。于是，他只好垫掉已经成为赢张的 ♣2，明手垫掉♣7。此时东家如果吃住♥J再出♥，仍然会挤住西家，于是海尔尼斯继续忍让。海尔尼斯两次漂亮的忍让，博得观众的掌声，也让定约继续保留悬念。

现在，庄家要处理♠花色了。而杜伯因的打法居然是，"简单"地从手上出♠5到明手的♠A。杜伯因确认这已是万无一失的打法，这是因为：如果此时东家♠告缺，那么他的牌型就是1-7-2-3，这时南北的3墩♦就都好了，庄家9墩牌已经到手，如果东家跟出一轮小♠，那么他的牌型就是2-7-1-3，庄家就可以先兑现♦K，再用♠投入西家，逼迫他从♦10-7的结构中出牌。而实战中，♠A击落了东家的♠Q，则是意外的惊喜，也是对杜伯因绝妙打法的嘉奖，此时明手的牌已经全好了，3NT定约超二完成。

简评：这绝对是一副登峰造极的牌例，攻防双方都展现出了顶级水准。他们联手向观众们展示了世界顶级牌手的算路和思考方式。杜伯因的打法，轻描淡写、举重若轻，又丝丝入扣、精妙无比，绝对是一副难得的佳作。

# 参考文献

[1] [美]R.L.弗雷耶主编，周家骝译.审定桥牌百科全书[M].广州：科学普及出版社广州分社，1986.

[2] [美]克莱德·洛夫著，连若旸，康蒙，康鹏译.挤牌大全[M].四川：成都时代出版社，2012.

[3] 王建华.桥牌挤压法全书[M].北京：清华大学出版社，1993.

[4] 王建华.桥牌超级挤压法[M].北京：清华大学出版社，1986.

[5] 许根儒，森林，肖梁.桥牌紧逼技巧与实战运用[M].四川：蜀蓉棋艺出版社，1998.

[6] [意]皮特·福奎特著，马智威，李思东，谭坚译.意大利蓝队与桥牌[M].四川：蜀蓉棋艺出版社，1990.

[7] 董齐亮，瞿强立.世界桥牌名家精华录[M].北京：光明日报出版社，1990.

[8] 曹力.世界桥牌名家精彩牌例[M].北京：中国纺织出版社，2000.

[9] 孙祖兴.桥牌世界精彩牌局选[M].江苏：江苏科学技术出版社，1998.

[10] 瞿强立.精彩绝伦桥牌牌局赏析[M].上海：上海辞书出版社，2019.

[11] 程程，刘文，贾敏成.桥牌名家名局精选[M].安徽：安徽科学技术出版社，1995.

[12] 石林，孟明，黄恭庆，苏锡南.桥牌集粹（一）[M].四川：蜀蓉棋艺出版社，1992.

[13] [英]德里克·里明顿著，王子旗译.世界桥牌专家百战集锦[M].北京：北京体育学院出版社，1992.

[14] 李浩 . 名将说牌全辑[M].北京：中国广播电视出版社，2000.

[15] 周铁锚，凌有为 . 世界桥牌名局[M].上海：上海文化出版社，1990.

[16] 乙凡，高利 . 世界桥牌精彩对局赏析[M].北京：北京体育学院出版社，

1989.